La guerra contra las drogas: Un cuento de viejas

Christine D. Shuck

AF764978

Copyright ©2013 por Christine D. Shuck

Revisado: noviembre de 2017

Todos los derechos reservados. Salvo en los casos permitidos por la Ley de Derechos de Autor de los Estados Unidos de 1976, ninguna parte de esta publicación puede ser reproducida, distribuida o transmitida en ninguna forma ni por ningún medio, ni almacenada en una base de datos o sistema de recuperación, sin el permiso previo por escrito del autor.

Tabla de Contenido

Introducción

Era un día soleado y hermoso a finales de noviembre. El cielo estaba azul y solo había unas pocas nubes tenues en lo alto. Estaba descalza en la entrada de mi casa, con mi hija de dos años en brazos. Ella se acurrucó contra mí, todavía somnolienta por la siesta que había hecho en el coche.

No fue como se ve en la televisión. No vinieron con botas militares y arietes. No derribaron nuestra puerta ni nos tiraron al suelo, ni nos esposaron ni nos arrestaron. No sacaron sus armas ni nos gritaron, y los vecinos solo se habrían dado cuenta de que algo pasaba si hubieran estado mirando activamente hacia fuera. El hecho de que no hicieran nada de eso no nos hizo sentir menos aterrorizados aquel lunes de finales de noviembre de 2008, pocos días antes del Día de Acción de Gracias, cuando la Unidad Especial contra los Laboratorios Clandestinos irrumpió en nuestro sótano, donde cultivábamos marihuana.

Bienvenidos a la guerra contra las drogas.

Al final de nuestra experiencia de dos años, habíamos perdido más de 30 000 dólares en ingresos y gastos legales, luchamos por mantener intacta nuestra casa y nuestra familia, y nos vimos obligados a declararnos en quiebra. Pero nuestra familia sigue siendo un e y todavía tenemos nuestra casa. Seguimos reconstruyéndonos financiera y emocionalmente, juntos, por lo que considero que nuestra familia es una de las afortunadas.

Cada día, en todo el país, cientos de miles de personas son detenidas, amenazadas con la cárcel, pierden sus trabajos, sus hogares y sus pertenencias personales. Se les tilda de delincuentes, se violan sus derechos constitucionales y se destroza a sus familias.

Entre 2001 y 2010, se produjeron 8,2 millones de detenciones por marihuana, el 88 % de ellas *solo* por marihuana, sin otras drogas, armas o infracciones.

Más de 750 000 personas en Estados Unidos están actualmente encarceladas por diversos grados de posesión de marihuana, mientras que asesinos, violadores y pedófilos suelen quedar en libertad debido al «hacinamiento». Mientras que los estafadores piramidales se ganan el arresto domiciliario y visitas a prisiones de lujo, miles de niños sufren en hogares monoparentales o se encuentran a merced de un sistema de acogida inadecuado cuando sus padres y madres están encarcelados. Las fuerzas especiales antidroga y los agentes de policía pueden confiscar las posesiones de los ciudadanos de nuestro país y llamarlo justicia, haciendo recaer la carga de la prueba sobre el ciudadano si este desea recuperar sus objetos o su dinero.

Excepto nuestros nombres, Dave y Christine Shuck, he cambiado todos los nombres de este libro. Lo hice para proteger a los inocentes... y a los culpables... Dejaré que ustedes decidan quién es quién.

Este libro trata sobre nuestras experiencias durante los más de dos años que siguieron a nuestra detención, mientras avanzábamos en el programa del Tribunal de Drogas para Adultos del Condado de Cass. Sin embargo, es más que eso: es más que el simple relato de una familia de un pequeño pueblo del Medio Oeste que decidió ignorar la ley. Trata sobre una de las mayores batallas éticas y legales que han asolado este país en el último siglo.

En los dos años que siguieron a la detención, luchamos por pagar nuestras facturas. Vimos de primera mano los juegos y las burdas manipulaciones de nuestra libertad que se llevaban a cabo en nombre de *la justicia* y *la rehabilitación*.

En los últimos días de 2008, nos encontramos ante una elección: ir a la cárcel o pasar por el tribunal de drogas. Entramos en el tribunal de drogas con gran inquietud, con ideas preconcebidas y resentimiento, y descubrimos que la vida no era tan simple como el blanco y el negro, el bien y el mal, o incluso los tribunales y los delincuentes. Salimos de esa experiencia cambiados y con importantes lecciones aprendidas.

Bienvenidos a la guerra contra las drogas.

Un comienzo y un final

Conocí a mi marido Dave en 1984, en nuestro segundo año de instituto. Ambos asistíamos a un pequeño instituto privado en San Francisco. El primer año que pasamos juntos en el instituto, estábamos perdidos en nuestros pequeños y tímidos mundos. Él apenas hablaba con nadie y mordía nerviosamente las cintas de su chaqueta. Yo llevaba allí un año, pero también era muy tímida. Seguiría siéndolo hasta los veinte años. Cuando me atrevía a hablar, era con otros marginados como él, que eran seguros y amigables. Al final de ese primer año juntos, habíamos empezado a sentarnos en la misma mesa y se había desarrollado una amistad tranquila.

Éramos amigos, solo amigos. Sin embargo, al entrar en nuestro tercer año y empezar a salir de nuestros caparazones, me di cuenta con bastante dolor de que estaba locamente enamorada de este chico simpático, amable y guapo. Me convertí en una de las chicas que pasaban una cantidad excesiva de tiempo viendo a los chicos jugar al hacky sack frente al gran ventanal durante el recreo y el almuerzo. Muchos de ellos eran los chicos «populares», y Dave se mantenía al margen de este grupo, sin dejar de relacionarse con mis amigos, pero pasando ahora los fines de semana con el otro grupo en fiestas.

Para mi gran pesar, nuestra amistad durante esa época nunca pasó de la etapa de amistad. Después del instituto, me mudé al sur, a San José, me casé y poco después tuve un bebé. Unos años más tarde, ese matrimonio terminó de forma desastrosa. En 1995 volví a contactar con Dave y lo invité a cenar, pero él estaba comprometido para casarse y puso las excusas oportunas. Una vez más, perdimos el contacto. En 1997, me mudé a Misuri, conocí y me casé con otro desastre y nos divorciamos a principios de 2002. Todavía estaba lamiéndome las heridas de esa experiencia cuando Dave me descubrió en Classmates.com.

Unos días antes de Navidad de 2002, me envió un correo electrónico deseándome Feliz Navidad y preguntándome cómo me iba la vida. Dieciséis años después del instituto, me sentía como una adolescente otra vez, con mariposas en el estómago y los ojos enamorados. A mi hija adolescente le divertía mucho mi transformación.

Después de todo, él era el que se me había escapado. En el instituto nunca tuve el valor de decirle a la cara: «Me gustas mucho. ¿Quieres salir conmigo?». A lo largo de los años, cada vez que me ponía en contacto con antiguos compañeros de clase, siempre preguntaba: «¿Sabes algo de Dave Shuck? ¿Cómo está?». Incluso entonces, sabía que mi voz me delataba. Estaba demasiado interesada, demasiado desesperada por saber noticias. El recuerdo de él permanecía conmigo, atormentándome. Había sido el primer chico del que me había enamorado profundamente, y lo buscaba en los rostros y las sonrisas de otros hombres.

Me había arrepentido mil veces de no haberle dicho nunca lo que sentía. Era como una historia inconclusa. Sin embargo, allí estaba yo, a 2400 kilómetros de distancia, media vida después, y me sentía como si estuviera de nuevo en el instituto. Intercambiamos correos electrónicos. Compartimos largas horas de llamadas telefónicas emotivas, divertidas y nostálgicas. Él llevaba cuatro años divorciado, no tenía hijos, y yo me estaba recuperando de un divorcio traumático y luchando por llegar a fin de mes como madre soltera de mi hija, ahora adolescente. Finalmente, después de dos semanas de llamadas telefónicas casi diarias, admitió que se había sentido terriblemente decepcionado al saber que ya no estaba en California. «Iba a pedirte que saliéramos juntos», dijo.

«¿Qué son 1500 millas entre amigos?», respondí, sonando mucho más segura de lo que me sentía. «Me encantaría ir a cenar contigo. Ven a verme, Dave». Al principio se rió, pero le repetí la oferta y luego la volví a repetir. Para mi alegría y terror, eso fue precisamente lo que hizo.

A finales de enero de 2003, voló para pasar una semana conmigo. Hacía un frío inusual; las temperaturas bajaron hasta los 10 grados bajo cero, tanto que las tuberías de mi cuarto de baño se congelaron y reventaron. Una mañana me caí sobre el hielo y me lesioné la espalda. Pasé el día en el sofá, sumida en un torbellino de dolor, mientras él localizaba la tubería rota en un espacio sin calefacción junto al sótano principal y ayudaba al fontanero a repararla.

Antes de que se marchara al final de la semana, le dije: «Somos buenas personas a las que nos han pasado muchas cosas horribles. Nos merecemos algo bueno. Me gustaría que te quedaras conmigo». Llevarlo al aeropuerto y verlo partir fue una de las cosas más difíciles que he hecho nunca. Lloré mientras conducía de vuelta a casa. Sabía que todavía lo quería, que nunca había dejado de quererlo, ni siquiera después de todos esos años.

Alguna parte de él debía de sentir lo mismo, porque dos meses después hizo las maletas y se mudó a Misuri. Dejó atrás a toda su familia y amigos en San Francisco, el único lugar en el que había vivido, para estar conmigo. Eso fue en marzo de 2003.

Al principio fue difícil encontrar trabajo. Trabajó durante un tiempo en puestos de baja categoría en centros de atención telefónica antes de conseguir un empleo en el campo de la informática como técnico de reparación de ordenadores industriales. Él siguió allí mientras yo dejaba mi trabajo, montaba mi propio negocio y volvía a estudiar a tiempo parcial. Seis semanas después de comenzar mi primer semestre en la UMKC, supimos que estaba embarazada. Nos casamos el 2 de julio de 2006 y nuestra hija P.E. nació el 4 de octubre de 2006.

No podría haber pedido un mejor padre o marido. Dave era y sigue siendo comprometido, cariñoso y atento. Ha amado a nuestra pequeña desde el momento en que la vio en la ecografía, durmiendo dentro de mí, y se enamoró desde el momento en que la tuvo en sus brazos por primera vez. Digo esto porque quiero que se entienda que, con errores o sin ellos, o con malos juicios por parte de cualquiera de los dos, somos una familia. Nos queremos profundamente. Cuando las cosas se ponen feas, nos reunimos, nos alejamos del mundo y nos centramos en lo que es importante: nuestra pequeña familia.

Las computadoras habían perdido su encanto hacía mucho tiempo, pero Dave se quedó en su trabajo. Aguantó allí durante más de cuatro años antes de que lo despidieran a finales de mayo de 2008. El hecho de haber permanecido en un trabajo que había llegado a detestar, para que siguiéramos teniendo unos ingresos fiables y un seguro médico, era un precio que estaba más que dispuesto a pagar. Sin embargo, yo había visto cómo eso lo había llevado a la depresión y a una ansiedad constante, mientras luchaba por mantenerse concentrado en un campo que ya no le gustaba y en un trabajo en el que lo degradaban a diario.

Cuando llegó el momento, me sentí aliviada. «Tómate un mes, incluso dos o tres», le dije. «Recibirás el subsidio de desempleo y necesitas un descanso. Quizás ahora puedas dedicarte tiempo a ti mismo y pensar qué quieres hacer en el futuro». Nos apretamos el cinturón, redujimos nuestros gastos en lo que pudimos y centramos nuestra atención en la familia y el hogar. Empecé a trabajar más horas en mi negocio de limpieza y en el negocio de organización profesional que había iniciado en 2007. Terminé de escribir mi primer libro sobre organización y lo publiqué por mi cuenta.

Dos semanas después de perder su trabajo, Dave dijo: «Quiero montar una microcervecería y elaborar cerveza artesanal».

¿Elaborar cerveza? Ni siquiera me gusta. Apenas puedo tomar un sorbo o dos por cortesía. Pero si eso era lo que él quería, yo haría todo lo posible para que se hiciera realidad. «De acuerdo», le dije. «Abramos una cervecería».

Había un pequeño problema: el dinero. O, más concretamente, la grave falta del mismo.

Fue mi brillante idea la que ayudó a construir los muros que más tarde se derrumbarían sobre nosotros. «Terminemos el sótano, creemos una habitación secreta en él y cultivemos marihuana», sugerí. «Podemos venderla y ganar suficiente dinero en unos años para conseguir lo que necesitamos para poner en marcha la cervecería».

Al escribir el párrafo anterior, recuerdo una serie de televisión, *Weeds*, que vi obsesivamente durante varias temporadas. La protagonista, Nancy Botwin, se quedó viuda sin dinero y sin habilidades laborales reales, por lo que se dedicó a vender bolsitas de marihuana para llegar a fin de mes. Desastre tras desastre, temporada tras temporada, la vida de esta mujer era un auténtico caos. Cuando Dave entró en el tribunal de drogas, Nancy Botwin había incendiado su enorme casa en las afueras, había quemado metafóricamente la mayoría de sus relaciones, había tenido un hijo fuera del matrimonio y se había casado con el padre de su hijo, un señor del crimen mexicano. No podía dejar de verlo, era como un accidente de tren del que no puedes apartar la mirada.

No somos un episodio de *Weeds*. Yo no soy Nancy Botwin. Sin embargo, por un momento, al mirar esas palabras que pronuncié, *«Terminemos el sótano, creemos una habitación secreta en él y cultivemos marihuana»*, todo parece tan ridículo, tan completamente estúpido que ahora no puedo creer que sugiriera que lo hiciéramos.

Pero lo sugerí, y Dave aceptó hacerlo. Terminamos el sótano y creamos la habitación secreta, apodada «Ground Zer» por la policía. Compramos las luces, la lana de roca, sacos de Miracle Gro y todo tipo de fertilizantes de alta gama. Todo lo que necesitábamos para promover el crecimiento, fomentar la floración y, finalmente, cultivar enormes cogollos pegajosos, apestosos, lucrativos y que inducen al estupor. Instalamos un aire acondicionado para reducir las altas temperaturas causadas por las luces brillantes, un filtro de carbón y un ionizador para reducir el olor. Después de unos meses, logramos reducir el olor al área inmediata, donde nadie más que nosotros tendría motivos para aventurarse. Incluso recibimos invitados durante este tiempo, invitados *no fumadores*, claro está.

Casi todos nuestros familiares y amigos son no fumadores. Dave, por su parte, fumaba desde que era adolescente. Solo había dejado de fumar cuando se mudó a Misuri, debido a la falta de buenos contactos o de productos de alta calidad. Mi marido puede ser un poco snob a veces. Le gusta la cerveza artesanal y la marihuana cara y de alta calidad. En cuanto a mí, soy escritora, con una fuerte personalidad tipo A. Dirijo dos negocios propios, administro nuestras finanzas y suelo tener una gran variedad de proyectos domésticos, artesanales y de escritura en marcha al mismo tiempo. Fumar marihuana interfería con todos mis compromisos. Cuando estoy drogada, dejo de ser capaz de manejar máquinas sencillas, como el microondas, y mi productividad se detiene por completo. Mis barreras internas, ya de por sí débiles, se derrumban y digo todo lo que me pasa por la cabeza, lo que inevitablemente resulta embarazoso o duro. No me gusta cómo me hace sentir, por lo que mi consumo de este producto era, y sigue siendo, algo poco habitual y excepcional.

Hicimos una marihuana muy buena y de alta calidad en nuestro sótano. Kush y White Widow; ambas variedades tenían un sabor suave pero fuerte.

Se vendían fácilmente a un precio de 4000 dólares por libra, sin regateos y sin problemas.

Antes de ir más lejos, también quiero disipar la idea de que realmente ganamos *dinero* con esta empresa, porque al final perdimos miles de dólares. Cuando todo se calmó, probablemente ganamos un dólar por cada diez que perdimos. El día de la redada perdimos miles de dólares en equipo y pagamos al menos 30 000 dólares más en facturas de servicios públicos, honorarios de abogados y costas judiciales antes de que todo se calmara.

Esto tampoco es una especie de tratado sobre cómo el sistema «nos hizo daño», ni pretende ser un foro para presumir de nuestras formas de infringir la ley. Es un relato de cómo Dave y yo nos involucramos en la producción de marihuana, cómo nos pillaron y qué pasó después. Si te hace cuestionar el sistema o señalar con el dedo a tus hijos como advertencia de lo que les pasa a ese tipo de personas, es tu decisión. Piensa lo que quieras, cree lo que te apetezca creer; aprende lo que quieras de nuestras lecciones... si es que hay alguna.

También tengo que dejar claro cuánto *tiempo* lleva cultivar marihuana cuando se empieza. Algunas semillas tardaban una eternidad en brotar, la tasa de germinación era horrible y empecé a preguntarme cuántos años tenían las semillas que utilizábamos. Nos encontramos con un montón de problemas más... problemas de calor, problemas de olor, plantas masculinas (muy malas) y, por último, unas pequeñas moscas que se comían nuestras delicadas plantas desde la raíz. Nuestras cosechas, cuando se producían, eran tristes y lamentables, y la factura de la luz se duplicó rápidamente. En noviembre de 2008 habíamos conseguido una cosecha y media buena, con quizás entre un kilo y un kilo y medio de producto seco. Por fin habíamos descubierto un ciclo de clonación, habíamos aprendido a controlar nuestro problema de plagas y estábamos a punto de clonar un nuevo lote cuando se produjo el desastre.

Faltaba menos de una semana para el Día de Acción de Gracias de 2008 y acabábamos de entregar nuestra primera cosecha real de producto al comprador. Habíamos pagado algunas facturas y teníamos dinero guardado. No era mucho, pero suficiente para aguantar un tiempo. Dave acababa de volver con un nuevo juego de luces que prometía ahorrar energía y hacer que esas plantas tan rentables crecieran como locas. Un amigo estaba de visita;

iba a ayudarnos a pintar a cambio de la ayuda que Dave le había prestado la semana anterior para volver a cablear partes de su casa. Salimos a descargar las luces cuando tres SUV negros se detuvieron con un chirrido delante de nuestra casa. Uno se detuvo detrás de la camioneta de nuestro amigo, otro detrás de nuestra furgoneta y el tercero bloqueó toda la salida del camino de entrada.

Un tipo alto y calvo se acercó a mi marido y le dijo: «¿Dave Shuck? ¿Sigues llevando un negocio de limpieza desde tu casa?». Lo dijo con una sonrisa burlona, como si estuviera seguro de que la respuesta era «no». Más tarde nos enteramos de que la gente utiliza negocios como los de limpieza como tapadera para blanquear dinero procedente del narcotráfico. De hecho, yo tenía y dirigía un negocio de limpieza doméstica en aquella época. De hecho, todavía lo tengo.

Mi marido debió de asentir o decir algo afirmativo en respuesta a la pregunta del agente, pero sobre todo se quedó mirando con horror la placa que le mostraba el hombre. «Bueno, tengo malas noticias para ti, Dave. Hemos venido a por tus plantas».

Dave se volvió hacia mí y me dijo: «Cariño, voy a ir a la cárcel». Amo a mi marido, de verdad, pero había olvidado cómo era él: decir siempre la verdad y obedecer a la policía en todo momento. En esta situación, no era lo más adecuado. Su respuesta delató que estábamos haciendo exactamente lo que ellos esperaban que hiciéramos.

El hombre calvo se acercó, al igual que los demás, rodeando a mi marido y separándome de él. Se centraron en él como su objetivo principal, considerándolo el eslabón más débil en esta situación. El jefe hizo un amplio gesto, señalando las otras casas de clase media y los cuidados jardines que nos rodeaban por todos lados: «Déjanos entrar y tus vecinos no tendrán que saber que pasa nada. No vamos a llamar a los Servicios Sociales ni vamos a arrestarte. Solo queremos tus plantas». Sonrió: «Estaremos aquí menos de una hora».

Me gustaría pensar que yo lo habría manejado de otra manera. Sé que los escenarios del tipo «podría haber hecho esto, debería haber hecho aquello» me persiguieron durante semanas y meses después. No dejaba de imaginar cómo habría mantenido mi postura y fingido estar confundido. Quizás habría retrocedido rápidamente, habría entrado en casa y habría cerrado la puerta tras de mí. Podría haberles pedido la orden judicial o incluso haberles dicho que se marcharan de mi propiedad. *Cualquier cosa* menos decir lo que dijo Dave. Habría intentado ganar tiempo suficiente para aclararlo todo. No habría sido tan difícil. Si hubieran venido unos días antes, nos habrían pillado con al menos medio kilo de marihuana seca y lista para la venta. Si hubieran venido unos días después, nos habrían pillado con 48 nuevos clones.

Aquel día de noviembre fue el comienzo de un mundo surrealista en el que nos veríamos inmersos durante los dos años siguientes. Mi marido, aterrorizado ante la idea de perder a nuestro hijo a manos del DFS, firmó un formulario que les permitía entrar en nuestra casa y les mostró la sala de cultivo. Lo hizo sin leer lo que firmaba ni preguntar si tenían una orden judicial. Cuando se me ocurrió preguntarles si tenían una orden judicial, ya habían entrado en la casa y visto la sala de cultivo. El hombre al mando, Jay Flight, dijo: «No, no la tenemos. Si la necesitamos, podemos conseguirla. Volveremos con un trabajador del DFS y no puedo prometerle que no la arrestarán».

Asentí con la cabeza: «Entiendo su amenaza; sigan adelante con lo que están haciendo».

Él sonrió: «No es una amenaza».

En mi mundo, cuando dices que vas a llamar al Departamento de Servicios Familiares e insinúas que podría haber arrestos, me estás amenazando. Sin embargo, eso era irrelevante; era demasiado tarde para hacer otra cosa que cooperar.

Aprendimos rápidamente, aunque demasiado tarde, que se trataba de una simple expedición de pesca. Lo que la policía denomina «llamar y hablar». Llevaban casi un año vigilando una tienda de hidroponía en Kansas City. Ese día siguieron a Dave desde la tienda de hidroponía después de observarlo comprando luces de cultivo de alta intensidad. Éramos solo otra pareja de peces atrapados por la Fuerza Especial contra Laboratorios Clandestinos. Después de entrar en el programa del tribunal de drogas, Dave conocería a muchos más atrapados exactamente de la misma manera.

Nos tomaron fotos, incluso videos, y luego nos fotografiaron y nos tomaron las huellas dactilares a ambos. Empaquetaron las plantas para enviarlas al laboratorio. Mientras observábamos el proceso, el jefe, Jay Flight, nos sonrió y dijo: «Lo sé, lo sé, es como si te quitaran a tus hijos». Ambos lo miramos y negamos con la cabeza.

«No, no lo es. Nuestra hija está arriba y es nuestra hija. Estas plantas no significan nada para nosotros en comparación con ella», dije, preguntándome por primera vez, pero no por última, con qué tipo de personas estaba acostumbrado a tratar. Dave asintió detrás de mí.

Ese día no nos arrestaron, algo por lo que estoy muy agradecido. Más tarde descubriría que los policías pueden mentirte y lo harán, diciendo lo que sea necesario para conseguir tu cooperación. Pueden hacer promesas grandilocuentes, comprometiéndose a no llamar a los Servicios de Protección Infantil, a los medios de comunicación o a arrestarte, y luego hacer exactamente eso. Tuvimos suerte; ese día cumplieron sus promesas y se marcharon solo con las plantas y los miles de dólares en equipos y luces. Nos sentamos allí, contemplamos la posibilidad de huir a toda prisa hacia la frontera, abrazamos a nuestra hija e intentamos decidir qué hacer a continuación.

El grupo de trabajo se llevó 13 plantas, diez de las cuales estaban raquíticas y tristes, a punto de morir, y menos de 1/8 de onza de marihuana. No encontraron nuestro alijo de dinero en efectivo, pero tampoco lo buscaron con mucho ahínco. Principalmente les interesaban los equipos de alta gama, las luces que aún estaban en sus cajas y cualquier cosa que pudieran confiscar y vender inmediatamente.

Mucho antes de que llegaran los resultados del laboratorio y se emitiera la orden de arresto contra Dave, el grupo de Flight había vendido nuestros bienes confiscados en una subasta policial. Más tarde supe que cada centavo de ese dinero se destinó a financiar el grupo de trabajo y que, en el caso de este grupo en particular, hay poca supervisión o restricciones sobre cómo gastan ese dinero. Probablemente por eso todos conducen elegantes SUV negros y van tan bien vestidos. Independientemente del resultado de los cargos en nuestra contra, nunca tendrían que devolver ni pagar por los bienes que habían confiscado.

Sí, lo admito. Me molesta. En esencia, se trata de un robo legal oculto tras ese término jurídico anodino: «confiscación de bienes». Incluso si nunca nos hubieran acusado, incluso si las pruebas de laboratorio hubieran dado negativo, no habrían tenido que devolvernos el equipo ni reembolsarnos de ninguna manera. Si hubieran encontrado dinero en efectivo en el local, nos habría correspondido a nosotros demostrar que el dinero era legítimo (es decir, que *no* procedía del narcotráfico). El potencial de abuso a través del decomiso de bienes es extraordinario y lo comentaré con más detalle más adelante.

Es un hecho incontrovertible que la guerra contra las drogas está estrechamente relacionada con la cuestión del dinero. Este grupo de trabajo, y sus homólogos en las fuerzas del orden, utilizan la confiscación de bienes como excusa para confiscar las pertenencias y el dinero en efectivo de cientos de miles de personas cada año. Muchas de estas personas no han infringido la ley, pero aun así pierden. Si aún no estaba convencido de este hecho, sin duda lo estuve meses después de la redada, mientras limpiábamos la casa en previsión de las visitas de los rastreadores, un tipo de agente de policía cuya labor consiste en registrar las casas y los coches de los participantes en los tribunales de drogas en busca de sustancias ilícitas. Alquilamos un trastero para guardar los artículos prohibidos, como el sistema de elaboración de cerveza de Dave, nuestra colección de vasos de cerveza, camisetas de cerveza, recuerdos y libros sobre la elaboración de cerveza. Si estos artículos hubieran permanecido en nuestra casa, habrían sido objeto de confiscación y eventual venta.

Mientras vaciábamos el sótano, me di cuenta de que el grupo de trabajo había dejado parte del sistema hidropónico. Se lo señalé a Dave y le comenté que era extraño que no se lo hubieran llevado. «Dijeron que no valía nada, así que no se iban a molestar en llevárselo», me explicó mi marido. Me explicó mi marido. No le creí y se lo dije. «En serio», insistió, «*dijeron* que no obtendrían nada por él cuando lo vendieran, así que lo dejaron».

A esto me refiero cuando digo que la guerra contra las drogas tiene más que ver con ganar dinero que con proteger a la gente de los peligros de las drogas. Si el objetivo es disuadir a la gente de producir drogas confiscando el equipo de producción utilizado, entonces ese pedazo de plástico de mala calidad en el que se colocaba una hilera de plantas debería haberse confiscado junto con los demás artículos. El hecho de que se dejara atrás, junto con otros artículos que no tenían «valor de reventa», dice mucho de las prioridades de la brigada antidroga: coger lo que se pueda para ganar dinero y seguir adelante. No se trata de detener el crimen, se trata de *ganar dinero.*

En la semana siguiente a la redada, encontramos un abogado y concertamos una cita. Nuestro abogado defensor era un exfiscal y su socio era un ex policía antidroga. Durante nuestra reunión, el ex policía antidroga jugaba con su nueva cámara inalámbrica. Me guiñaba el ojo y me decía que «sonriera para la cámara». Parece que los viejos hábitos nunca mueren entre los policías; yo no lo encontraba nada divertido.

Nos aconsejaron que limpiáramos nuestros coches a fondo. Cuando nos miramos confundidos, nos explicaron: «Los fumadores de marihuana fuman en sus coches». Negamos con la cabeza y les dijimos que nunca lo habíamos hecho. «Bueno, entonces quizá transportéis marihuana en vuestro coche». De nuevo, negamos con la cabeza, diciendo que nunca lo habíamos hecho. Los dos se miraron, levantando las cejas, y me di cuenta de que no estaban seguros de si creerme o no. Si hubiera podido ver lo que pensaban, estoy seguro de que habrían imaginado a dos idiotas drogados conduciendo por la carretera, fumando un porro con nuestro hijo pequeño mirando desde el asiento trasero. Nada más lejos de la realidad.

Nos dijeron que nos costaría 7500 dólares representar a los dos. Reunimos 3000 dólares y acordamos empezar a hacer pagos regulares de 100 dólares al mes. Luego nos fuimos a casa y, después de que P.E. se durmiera, fumamos la marihuana que no había encontrado el grupo de trabajo. En ese momento, mi nivel de estrés era tan alto que yo también me di el gusto.

Una semana después, comenzamos a hacernos análisis de orina periódicos. Nuestro abogado nos aconsejó que lo hiciéramos. Esperaba poder demostrar que la marihuana era solo para uso personal e indicar que estábamos limpios o que lo estábamos consiguiendo. Yo había fumado recientemente, varias veces poco después de la redada, y Dave había estado fumando mucho durante meses. Todo esto lo hacíamos fuera o en el garaje, lejos de nuestra hija y, por lo general, después de que se acostara por la noche. Siempre lo mantuvimos alejado de ella y, hasta el día de hoy, no tiene ni idea de lo que es la marihuana ni de cómo es una pipa de marihuana, ya que nunca la ha visto en uso.

Digo esto porque quiero que se hagan una idea clara de nuestra vida. La nuestra es una casa de clase media en un barrio de clase media, donde lo más emocionante que ha pasado recientemente ha sido una oleada de robos mientras la gente estaba en el trabajo. Tenemos amplios jardines de flores y cada verano cultivamos hierbas frescas, okra, calabazas y espárragos. Somos los vecinos de al lado que siempre tienen una taza de azúcar o un huevo de sobra. Tengo la costumbre de llevar galletas recién horneadas a los nuevos vecinos, e intercambiamos recetas y consejos de jardinería. Para nosotros, lo peor que se puede ver son unos días de césped bastante alto (nos referimos *al césped,* no *a la marihuana)* cuando estamos ocupados con otros proyectos. En otras palabras, somos gente normal, con coches decentes, un hijo bien cuidado y unos vecinos estupendos en un tranquilo barrio residencial al sur de Kansas City.

La marihuana se eliminó rápidamente de mi organismo. En menos de un mes, estaba completamente limpio. A Dave le llevó más tiempo, casi tres meses para ser exactos. Esto era exactamente lo que el abogado esperaba. Aunque el número de plantas era suficiente para clasificarnos en la categoría de producción en lugar de solo consumo personal, la línea oficial tenía que ser que las cultivábamos para uso personal. «Miren, vean, un gran fumador de marihuana, acostumbrado a fumar mucho. ¡Es de California, por el amor de Dios!». Lo cual no quiere decir que todos en California sean fumadores de marihuana, pero seamos realistas: las cosas son un poco diferentes allí y era una buena defensa.

El abogado nos aconsejó que nos inscribiéramos en un programa de asesoramiento sobre drogas. Fuimos a Pathways y nos inscribimos. Cada uno de nosotros tenía un asesor diferente. Tras la evaluación inicial, mi asesora me informó de que mi programa incluiría diez sesiones de terapia individual y diez sesiones de terapia de grupo. Esto significaba que tenía que conducir hasta Harrisonville cada semana para verla, pero podía ir a la ciudad más cercana, Raymore, para asistir a las sesiones de grupo.

Mi consejera individual era seria y bastante severa al principio, ya que me costaba aceptar la propaganda que me presentaba. En particular, me costaba aceptar la idea de que cualquier uso repetido durante un período de tiempo prolongado es adicción. Simplemente no podía estar de acuerdo con esta premisa. En un momento dado, al principio de nuestras reuniones, me detuve en medio del ejercicio y le pregunté: «Después de tantas semanas, espero que me crea cuando le digo que fumo marihuana muy raramente, si es que lo hago. Ahora me encuentro en esta situación, esperando a saber cuándo nos imputarán los cargos y si existe la posibilidad de que me envíen a prisión. Seguro que ha conocido a alguien en mi situación antes».

Ella negó con la cabeza: «Nunca. Ni una sola vez. Y llevo 30 años haciendo esto». Me dejó boquiabierto. También marcó un nuevo tono en nuestras reuniones. Como mi historia seguía siendo la misma y no se desmoronaba ni revelaba inconsistencias, creo que se dio cuenta de que estaba diciendo la verdad. La mayoría de nuestras visitas posteriores fueron menos tensas y, en ocasiones, incluso amistosas, ya que compartí con ella mis impresiones sobre las sesiones grupales y los demás asistentes. Ella se rió cuando comparé la asistencia a la terapia grupal con un interesante experimento social. Meses más tarde, cuando Dave comenzó el programa del tribunal de drogas, me contó que las personas que asistían a las sesiones grupales de Pathways eran profesores universitarios en comparación con los participantes del tribunal de drogas.

Sin embargo, un encuentro en particular con esta consejera se me quedó grabado. Era nuestra tercera o cuarta reunión programada y yo había estado participando en una clase en línea y luego tuve que correr a Harrisonville.

Llegaba tarde, solo unos cinco minutos, pero llamé y le dije a la secretaria que estaba de camino. Cuando llegué, mi consejera me recibió en la puerta con cara de pocos amigos y me dijo de manera muy agresiva: «Si vuelves a llegar tarde a una de nuestras reuniones, suspenderé tu tratamiento. El estado exige que te reúnas conmigo durante los 45 minutos completos y ni un minuto menos. ¿Lo entiendes?».

Estuve tentado de marcharme en ese mismo instante, pero era muy consciente de que estas reuniones podrían acabar ayudando a nuestro caso, así que me disculpé y esperé a que me acompañara a su despacho. Ningún consejero normal me habría hablado así. Lo hizo de la manera más grosera y agresiva posible. Si a eso le sumamos el hecho de que solía empezar nuestras sesiones con cinco minutos de retraso y las terminaba exactamente a la media hora (15 minutos antes de la «duración obligatoria de la reunión») en casi *todas las visitas,* consideré su comportamiento hipócrita, mezquino y controlador.

Me estaba diciendo claramente que ella estaba al mando y que más me valía seguir sus órdenes. Este tipo de comportamiento es endémico en el mundo de las fuerzas del orden y el tratamiento de la drogadicción. A partir de entonces, tomé nota de cada hora de salida: nunca nos reunimos durante los 45 minutos completos. En mi opinión, cuando no se siguen las propias reglas, se pierde todo el respeto por la autoridad. Su comportamiento no era más que una pose y un juego de poder.

La espera se alargó interminablemente. Nuestro abogado nos dijo que el laboratorio que había recibido nuestras plantas estaba muy atrasado en el procesamiento. Tanto es así que no fue hasta finales de mayo cuando las pruebas dieron positivo por marihuana y se emitió una orden judicial. El 26 de mayo de 2009, emitieron una orden de arresto contra Dave. Hasta ese momento, habíamos asumido que nos acusarían a los dos. En cambio, solo presentaron cargos contra Dave.

A pesar de ello, no pude respirar tranquila hasta que pasó un año completo. En nuestro condado, las autoridades tienen 12 meses para presentar cargos contra una persona después de descubrir que se ha cometido un delito. Más tarde supe que Dave había suplicado al grupo de trabajo que no presentara cargos contra mí. Les dijo que, aunque yo lo sabía, no había participado en ninguna parte del cultivo de marihuana. Esto era parcialmente cierto. Él se encargaba del cultivo y la cosecha, pero yo me encargaba de las finanzas.

El hecho de que él asumiera la culpa nos permitiría sobrevivir los dos años siguientes. Si ambos hubiéramos acabado en el tribunal de drogas, habríamos perdido todos nuestros ingresos, nuestra casa y cualquier posibilidad de mantener un hogar estable y una vida familiar para nuestra hija durante ese tiempo.

Aunque el tribunal emitió la orden el 26 de mayo, nuestro abogado no se enteró hasta el 12 de junio. Nos llamó ese viernes por la tarde y aconsejó a Dave que mantuviera un perfil bajo durante el fin de semana. También dispuso que Dave se entregara el lunes después del Día del Padre, pagara la fianza y fuera puesto en libertad en espera del juicio ese mismo día.

El fin de semana del Día del Padre fue un desastre; los dos estábamos aterrorizados. El martillo había caído. Convencí a Dave para que saliéramos a comer el Día del Padre al Flying Saucer, un bar de cerveza en el recién revitalizado distrito Kansas City Power & Light. Ninguno de los dos sabía lo que podría pasar al día siguiente y estábamos preocupados y asustados.

Lo único que sabíamos era que los cargos eran por un delito grave de clase B, por intento de fabricación y distribución de una sustancia controlada. Conllevaba una posible condena de entre cinco y quince años. Por muy asustados que estuviéramos los dos, sabía que tenía que darle algo de normalidad. Fuimos a comer, disfrutamos del día lo mejor que pudimos y esa noche nos acurrucamos en la cama.

Una nota de interés para el lector: de las 13 plantas que el equipo había incautado, solo se denunciaron diez. Hay que tener en cuenta que diez de estas plantas ya habían sido cosechadas y estaban raquíticas y moribundas. Las habíamos guardado para ver si podíamos sacar algunos clones de las hojas gastadas, mientras que las otras tres plantas (las que *no* figuraban en el informe del equipo) eran las sanas, listas para ser clonadas y convertirlas en nuevas plantas. ¿Qué pasó con las otras tres plantas? Puedes estar seguro de que ninguno de los dos decidimos mencionar esa discrepancia. Dejaré que sea usted, lector, quien decida cómo o por qué pudo producirse esa discrepancia o dónde acabaron esas tres plantas.

Nuestro abogado seguía hablando de la posibilidad de acudir a un tribunal de drogas, pero tenía cuidado de no hacer promesas grandilocuentes, ya que aún existía la posibilidad muy real de que Dave fuera a la cárcel. El lunes por la mañana, lo llevé en coche a la capital del condado, lo dejé allí y fui al banco a sacar dinero para pagar la fianza. La fianza se había fijado en 7500 dólares y el abogado pudo negociar con el tribunal para que nos permitieran pagar el 10 % directamente al tribunal. Cinco horas y 750 dólares después, Dave quedó en libertad bajo fianza. Nuestra siguiente cita en el tribunal se fijó para el 20 de julio de 2009.

Las pocas horas que pasó en la cárcel fueron estresantes y aterradoras para él, según me contó. Tardaron casi dos horas en tramitar su ingreso, y uno de los agentes, Good Ole Boy, se burlaba de él diciendo: «¡Oh, me rindo! ¡Me rindo!», con voz aguda, antes de meterlo en una celda con otros tres hombres. «¡No les digas nada de los cigarrillos que te he dejado!». Se marchó riéndose.

Los hombres que estaban dentro miraron a Dave de arriba abajo y uno le preguntó: «¿Estás detenido?».

«¿Qué tengo?».

«Cigarrillos, idiota. ¿Llevas algo?».

Dave señaló sus bolsillos vacíos y respondió: «Ni siquiera fumo cigarrillos».

«Sí, pero *¿los tienes?*». Cuando Dave siguió mostrando su confusión, el hombre le aclaró: «¿Los tienes en *el culo*?». Cuando Dave dijo que no, el hombre guiñó un ojo a los demás: «Quizás deberíamos registrarte de todos modos».

Como nunca habíamos estado en el sistema, más tarde nos dimos cuenta de que quizá solo estaban molestando a Dave, burlándose un poco de él para entretenerse mientras esperaban. Sin embargo, algunos de los delitos que habían cometido estos hombres eran bastante aterradores. El que más destaca, incluso ahora, es el del hombre que atacó con un pico a otro hombre que, según le contó a Dave, «había faltado al respeto a mi mujer mientras yo estaba en la cárcel». Un pico... Dios mío, habíamos entrado en un mundo lleno de locos.

Al final de la espera, le habían llamado «blandengue» y los demás habían sonreído mientras comentaban lo mucho que esperaban que pudiera quedarse a dormir con ellos esa noche.

Los guardias eran igual de malos, gritando órdenes, participando en pequeños juegos de poder y tácticas de intimidación que habrían avergonzado a sus madres. Todavía me pregunto quiénes eran los peores animales, ¿los que tenían las llaves o los que estaban tras las rejas? Unos no tenían poder y se les recordaba este hecho repetidamente. Como resultado, en cuanto tenían la oportunidad, se rebelaban. Los otros tenían el poder y lo usaban y abusaban de él *porque podían.*

Estaba más decidida que nunca a mantener a Dave fuera de la cárcel. Ese no era su lugar. Incluso se discutió la posibilidad de huir a toda velocidad hacia la frontera. «Haremos lo que sea necesario», le prometí, «para mantenerte fuera de ese lugar».

Tres semanas de agonizante espera. Nuestro abogado nos había prometido ponerse en contacto con nosotros tan pronto como tuviera noticias del fiscal, pero no supo nada. El 20 de julio acudimos al tribunal sin saber nada. ¿Nos dirían que el tribunal de drogas estaba fuera de cuestión? ¿Reducirían los cargos a un delito grave de clase C (posesión simple)? ¿Se opondría la brigada antidroga al tribunal de drogas, como creía nuestro abogado?

Le dije a mi madre que ambos teníamos reuniones a las que asistir y organicé que se quedara con P.E. durante un fin de semana largo. La dejamos allí el domingo por la tarde y volvimos a casa, poniendo la casa en orden y distrayéndonos con tareas mundanas como la colada y cortar el césped.

Esperamos ansiosos a nuestro abogado fuera de la sala del tribunal, sin darnos cuenta de que estaba dentro. Cuando salió, nos dio una noticia sorprendente. «La brigada antidroga ha dado el visto bueno para que acudáis al tribunal de drogas», dijo.

«¿Qué?», dije. «Creía que habías dicho que eso nunca ocurría».

Nuestro abogado, que tenía una amplia experiencia con otras operaciones de cultivo de marihuana que la fuerza especial había desmantelado, negó con la cabeza y dijo: «En toda mi experiencia, en todos mis años como fiscal y ahora como abogado defensor, *nunca* han aceptado una recomendación para un tribunal de drogas. Tú eres el primero del que he oído hablar».

Que el grupo de trabajo antidroga no estuviera de acuerdo con una recomendación para el tribunal de drogas era lo normal, lo que no tenía mucho peso, ya que muchos otros habían sido admitidos a pesar de las objeciones del grupo de trabajo, pero era inusual. Era uno de los muchos indicadores que teníamos de que nuestro caso era inusual en muchos aspectos cruciales. También me dio la esperanza, aunque fuera una esperanza tonta y rápidamente frustrada, de que la experiencia de Dave en el tribunal de drogas fuera de alguna manera más fácil como resultado. No fue así, pero seguiríamos siendo la anomalía en muchos aspectos a lo largo de nuestra experiencia en el tribunal de drogas.

Dave se presentó ante el juez y se leyeron los cargos. El juez arqueó las cejas cuando el fiscal declaró que el grupo de trabajo contra las drogas no tenía objeciones al tribunal de drogas. No solo fue una sorpresa para nuestro abogado, sino también para el juez. El resultado de ese día en el tribunal significaba una *oportunidad* para participar posiblemente en el tribunal de drogas. Se le indicó a Dave que se reuniera con Sherrie, la coordinadora del programa, para discutir su posible participación, lo antes posible.

Nuestro abogado le explicó el proceso para poder participar en el tribunal de drogas y le aconsejó: «Cuando te reúnas con Sherrie, simplemente explícale que, aunque llevas sin consumir drogas desde noviembre, *mantenerte libre de tu* adicción», se cuidó de hacer especial hincapié en esas palabras, «sigue siendo una lucha para ti, algo en lo que tienes que trabajar día a día».

Nos fuimos a casa y Dave concertó una cita con Sherrie a primera hora de la mañana. Al día siguiente, él acudió a la reunión y yo me fui corriendo a dos limpiezas y luego volví a casa para prepararme para impartir una clase de organización esa noche. Mientras me preparaba, Dave me inundó con detalles sobre su reunión. Había una larga lista de artículos prohibidos que tendrían que retirarse de la casa y guardarse en un almacén.

Entre los artículos prohibidos se incluían cualquier equipo de elaboración de cerveza, vasos de cerveza, camisetas u otros artículos relacionados con la cerveza. No se permitía Sudafed, Nyquil, analgésicos recetados ni alcohol de ningún tipo, incluido el enjuague bucal.

La fase uno del programa sería la más difícil. Sherrie le explicó que tendría que llamar a una línea directa todos los días para averiguar el color del día. Su color sería el verde. ¡Qué apropiado! Cada vez que el color del día fuera el verde, tendría que presentarse en la oficina del sheriff o ante un funcionario del tribunal de drogas y someterse a una prueba de drogas.

Tendría que asistir al programa de desviación del tribunal de drogas todos los días de la semana, excepto los miércoles y domingos, y también se esperaba que asistiera a las reuniones de Narcóticos Anónimos tres veces por semana. En sus días libres, era muy probable que también se le llamara para realizar servicios comunitarios según fuera necesario. La fase uno duraría un mínimo de ocho semanas y, durante ese tiempo, el tribunal de drogas no quería que Dave tuviera ningún tipo de empleo.

Sherrie le ordenó a Dave que retirara de nuestra casa todo lo relacionado con las drogas o el alcohol. Cuando todo estuviera fuera de la casa, ella haría una inspección. Alquilamos un almacén y lo trasladamos todo allí. El año anterior, cuando planeábamos abrir una cervecería, compramos un sistema de elaboración de cerveza de calidad profesional de 20 galones para fines de investigación y desarrollo.

Cuando nos enteramos, antes de comenzar el programa del tribunal de drogas, de que el equipo prohibido estaba sujeto a confiscación si no se retiraba del local, lo trasladamos inmediatamente al trastero. Treinta dólares al mes por el almacenamiento era un pequeño precio a pagar por un equipo de casi 10 000 dólares.

Dave llamó al número de teléfono que Sherrie le había dado y le dijo que estábamos listos. Era una mujer pequeña y musculosa, con la actitud enérgica y sensata que he visto en las mujeres policía. Bajo el maquillaje discreto y el peinado conservador se escondía la determinación férrea que las impulsa a pasar por la academia de policía y a dedicarse a una profesión dominada por los hombres. Dave había mencionado que había trabajado como patrullera antes de pasar al departamento de libertad condicional.

Ella echó un vistazo rápido a la casa, señaló una botella de vino de una bodega local y una bandeja metálica de coleccionista de Pabst Blue Ribbon que se nos había pasado por alto, y yo me esforcé especialmente en mostrarle mi colección de semillas de flores, hierbas y verduras. Había actualizado mi sitio web para que se vieran claramente estos artículos a la venta. Me agradeció que le mostrara las semillas y le avisara con antelación, y dijo: «Si los rastreadores hubieran visto esto, me habrían llamado por teléfono al instante». Le aseguré que queríamos cooperar, pero que era una forma de ganar un poco de dinero para ayudarnos a salir adelante mientras Dave estaba en la fase uno. «Es posible que quieran llevarse muestras al laboratorio», nos advirtió Sherrie.

«No hay problema», respondí, «les daré todas las semillas que necesiten para analizar». Resultó que las semillas eran un tema que requería *otra* reunión de todos los funcionarios del tribunal de drogas. Para algunos, seguía sin resolverse el 3 de agosto, el día en que Dave se declaró culpable de los cargos a cambio de que se le permitiera entrar en el programa del tribunal de drogas. Mientras estaba ante el juez, hubo cierta confusión con algunos de los otros funcionarios del tribunal de drogas con respecto a mi venta de semillas.

El juez parecía impaciente: «Ya hemos hablado de esto».

«Sí, su señoría, pero en realidad no lo hemos votado», dijo uno de los funcionarios del tribunal de drogas presentes.

La jueza frunció los labios con frustración: «¿Su esposa publica un catálogo, señor Shuck?».

Dave eludió ligeramente la pregunta: «Ella vende las semillas en su sitio web, señoría, y todas las semillas están listadas allí». Bajó la cabeza y se quedó mirando sus zapatos.

«Está bien, está bien. Ella entiende que debe presentar cualquier semilla para su análisis cuando se le solicite y ya hemos discutido esto lo suficiente y hemos llegado a un acuerdo. Está hecho». A continuación, la jueza aceptó la declaración de culpabilidad de Dave y le ordenó que se presentara en el programa el viernes 7 de agosto. Más tarde se retrasaría una semana debido a un conflicto de horarios. El primer día oficial de Dave en el tribunal de drogas fue el viernes 14 de agosto de 2009.

Nos habían aceptado oficialmente en uno de los programas de desviación de drogas más difíciles, intensivos y prolongados del país. Si Dave lo completaba con éxito, se retirarían los cargos contra él y se sellarían sus antecedentes. En 16 meses, posiblemente más, posiblemente menos, Dave saldría de esto con los antecedentes limpios y sin condena por delito grave.

Fase uno

Día 1 – 14/8/2009

Color: amarillo

El tribunal de drogas comenzó el viernes 14 de agosto de 2009. El día comenzó con una comparecencia ante un juez diferente, que se aseguró de recalcar a todos los novatos lo afortunados que eran por poder participar en este programa y les aseguró que él (el juez) no había nacido ayer y que los vigilaría de cerca.

Después de la vista, comenzó la admisión de Dave. Esta consistió en reunirse con una serie de consejeros y funcionarios involucrados en el programa. Hubo muchas preguntas incisivas y mucho papeleo. Luego, después de una escasa porción de pizza fría, hubo una visita obligatoria al parque para jugar al softball. Decir que nuestra familia no es muy deportista es quedarse corto. No ayudó el hecho de que hiciera 32 grados y Dave llevara traje.

Desde que Dave fue aceptado oficialmente en el tribunal de drogas, dos semanas antes, nos preguntábamos cuándo comenzarían las visitas de seguimiento. Nos habían dicho entonces que las visitas podrían comenzar en cualquier momento y que serían por la noche, a altas horas de la madrugada.

Somos de los que nos acostamos temprano y nos levantamos temprano. Es una noche extraña cuando no estamos los dos en la cama a las 10:30 p.

m. Y, como suele ocurrir, Dave se había acostado y yo acababa de prepararme cuando sonó el timbre.

«Bueno, era de esperar», cogí la ropa que acababa de dejar caer a mis pies. «No te atrevas a abrir la puerta principal hasta que me haya vestido». Uno de los perros ya estaba fuera y al otro lo sujetaba con una mano firmemente por el hocico para evitar que ladrara. Un agente de policía estaba de pie en la entrada de nuestra casa. Debía de medir más de metro ochenta, posiblemente metro ochenta y cinco, frente a la estatura de mi marido y la mía, que compartimos, de metro sesenta y cinco. Le aseguré que nuestra perra más pequeña, Dixie, no mordía, y añadí que la iba a meter en el garaje para que se calmara. No estaba segura de si el agente tendría que pasar por el garaje, pero, si era así, Dixie no supondría ninguna amenaza.

El agente de policía se presentó como el agente Wheatfield. Nos pidió que le enseñáramos la casa y así lo hicimos. No abrió los armarios ni husmeó en nuestras especias, aunque sí pidió mirar en la nevera si había cerveza. A pesar de la legalidad del alcohol, si estás involucrado en el programa del tribunal de drogas, no puedes consumir ni estar cerca del alcohol en absoluto. Esto significa que no se puede ir a restaurantes con bar, nadie en casa puede consumir ni tener alcohol en la casa o en los coches, y el querido equipo de elaboración de cerveza casera de Dave tuvo que ser retirado y guardado en un almacén. El agente Wheatfield habló con nosotros y compartió sus opiniones sobre el tema de la marihuana antes de realizar las pruebas de alcoholemia y de orina. «Personalmente, no me gusta esa cosa, pero pronto se legalizará y todos ustedes dejarán de tener los problemas que tienen ahora».

Vaya, qué sorpresa.

La lectura del alcoholímetro fue cero, ya que Dave no había tomado ni una gota de alcohol en más de tres semanas, y la prueba de orina dio negativo para cualquier droga. Habían pasado más de nueve meses desde la última vez que había fumado. El agente Wheatfield se despidió y se dirigió a la siguiente casa de su lista. Eran las 11:15 p. m.

Día 2 - 15/8/2009

Color: azul y nivel cuatro

Al día siguiente era sábado y el segundo día del tribunal de drogas. Dave regresó frustrado y deprimido. «Hoy todo giró en torno a mí», dijo, «y a cómo no podía asumir la responsabilidad de mi adicción ni reconocer que era adicto».

Este era uno de mis mayores temores.

Mi marido y yo no somos muy buenos mentirosos. Hace mucho tiempo nos dimos cuenta de que era mucho más fácil decir la verdad que intentar recordar todas las mentiras. En consecuencia, nos hemos vuelto casi incapaces de mentir, lo cual fue una de las razones por las que nos metimos en este lío. Ambos creemos, sinceramente, que la marihuana no es físicamente adictiva y que muy rara vez es psicológicamente adictiva. Por lo tanto, no creemos que se pueda ser adicto a la marihuana más de lo que se puede ser adicto al flan o al helado. Puede que te guste el sabor, el olor o cómo te hace sentir, pero si mañana te quedaras varado en una isla desierta sin flan, helado ni marihuana, no sufrirías ningún síndrome de abstinencia físico ni correrías peligro de morir por falta de esa sustancia.

Había visto a Dave dejar de fumar marihuana de forma bastante abrupta cuando andábamos justos de dinero. Estuvo más de dos años sin fumar, antes de que empezáramos a cultivarla, porque era simplemente impensable pagar un buen dinero por ella cuando teníamos un hijo. Sí, se ponía de mal humor durante los primeros días. La marihuana proporciona a la mayoría de los fumadores una agradable sensación de relajación. Si se elimina esa relajación, todas las emociones salen a la superficie y hay que afrontarlas. Al cabo de una semana, se adaptaba y volvía a la normalidad.

Tanto si fumaba como si no, Dave ha hecho tareas increíbles en casa: ha construido una valla para tener más privacidad, ha montado jardineras elevadas, ha colocado suelos de baldosas y ha terminado el sótano. Su productividad, al contrario de lo que dicen los anuncios contra la marihuana, no se veía afectada por fumar. De hecho, a menudo le ayudaba a mantenerse en esa racha productiva que daba tantos resultados maravillosos en casa.

Digo todo esto porque, aunque personalmente no me gustan los efectos de fumar marihuana, reconozco que, en muchos casos, la marihuana ha ayudado a mi marido a centrarse y a concentrarse más a menudo de lo que le ha distraído. ¿Eso me convierte en codependiente? Quizás, aunque sinceramente no lo creo.

Aquí estaba él, en su segundo día en el tribunal de drogas, y los demás lo estaban criticando con bastante dureza. Lo llamaban alcohólico, drogadicto e insistían en que estaba en negación. «Ah, la arrogancia de los novatos», dijo uno de ellos.

Ahí está el problema. Para completar el programa y graduarse con éxito (es decir, no ir a la cárcel), hay que pasar por una serie de fases, participar en Narcóticos Anónimos y completar con éxito su programa de Doce Pasos. Así que la pregunta surgió, dura y fría, el primer día de NA. Le pregunté a mi marido: «¿En qué momento les dirás lo que quieren oír? ¿Y cuánto tiempo podrás aguantar mintiendo?».

Dave solo asintió con severidad. «Exactamente».

En este segundo día del tribunal de drogas, ambos nos dimos cuenta de que no se trataba simplemente de soportar la invasión de la privacidad o renunciar a nuestros derechos constitucionales. Se trataba de aprender a mentir sobre nuestras creencias fundamentales. Y lo que era peor, él tendría que mentir *de forma convincente*.

En esencia, estábamos dando nuestros primeros pasos para convertirnos en lo que considerábamos inmoral.

Día 3 – 16/8/2009

Color: amarillo

Día libre de Dave en el tribunal de drogas. Se había desatado una tormenta y llovió intensamente durante horas, desde la madrugada hasta casi el mediodía. El gallinero que Dave tenía pensado construir tendría que esperar, y todos los agujeros que ya había cavado se llenaron de agua embarrada. Trasplanté 40 plantas de fresas más y enlaté judías verdes.

Hablamos sobre el tribunal de drogas y la adicción cuando él dijo pensativo: «Creo que este programa me va a beneficiar». Estoy examinando mis hábitos y me doy cuenta de que probablemente abuso de la marihuana. Cuando no la tengo, no la echo especialmente de menos. Pero cuando la tengo, tiendo a fumar más y más a medida que pasa el tiempo. El primer día fumo una pipa. El segundo día, fumo dos pipas. Y a partir de ahí, la cantidad no deja de aumentar».

El día transcurrió sin incidentes hasta que Dave, hablando por teléfono con su cuñado, de repente terminó la llamada presa del pánico. Se había olvidado de llamar para comprobar su color. Todos los días, sin falta, durante toda la duración del programa, hay que llamar y comprobar el «color del día». Si tu color sale elegido un domingo o un día festivo, tienes que ir a la cárcel del condado y entregar allí una muestra de orina.

El horario para llamar es de 7:00 a. m. a 5:00 p. m., y debes entregar la muestra de orina entre las 9:00 a. m. y las 5:00 p. m. Por lo tanto, en realidad, debes llamar antes de las 4:00 p. m. o 4:30 p. m. como muy tarde. Por desgracia, Dave se acordó a las 5:35 p. m. No importaba que el color fuera amarillo y que no tuviera que entregar la prueba; había dejado de llamar. Solo llevaba tres días en el programa y le esperaba una estancia automática de 24 horas en la cárcel, que se ejecutó de inmediato. Su agente de libertad condicional le devolvió la llamada, presa del pánico, y le dijo que se presentara en la cárcel de inmediato.

Día 4 – 17/8/2009

Color: Desconocido

Este fue el primer y, con suerte, último día de Dave en la cárcel. Pensé en él cuando cerré los ojos esa noche y de nuevo en el momento en que los abrí por la mañana. Miré el reloj: eran las 7 de la mañana, solo le quedaban 12 horas más. Hoy era mi primer día en un nuevo trabajo y mi madre llegaría en poco más de una hora para cuidar de P.E. Me levanté, desperté al niño, preparé el desayuno y luego empecé a limpiar, algo que no había podido hacer la noche anterior porque estaba demasiado deprimida.

Durante todo el día me pregunté cuándo volvería Dave. Sabía que serían 24 horas desde el momento en que ingresó en la cárcel. Pero, ¿eso significaba desde el momento en que entró y se entregó, o 24 horas desde que completaron su ingreso y el papeleo? Dave había salido de casa aproximadamente a las 6:10 p. m. del domingo y regresó a las 7:38 p. m. del lunes por la noche entre los gritos de bienvenida de P. E. y un largo abrazo mío.

Su estancia en la cárcel había transcurrido sin incidentes. El agente que se había encargado de su ingreso se había preocupado por Dave y no dejaba de preguntarle si estaba bien. Cuando el agente se enteró de que Dave no había estado antes en la cárcel, se tomó su tiempo y le buscó una celda con delincuentes no violentos. Fue un pequeño gesto de amabilidad que significó mucho. Dave pasó la mayor parte del día leyendo una novela de Stephen King. Unos minutos antes de las 7 de la tarde, llamó a un guardia y le recordó que solo debía permanecer allí 24 horas. Le tramitaron el proceso rápidamente y se fue directamente a casa.

Día 7 - 20/8/2009

Color: azul y verde

Dave se despertó en mitad de la noche. «He soñado que tu madre se había convertido en rastreadora», dijo. «Vivíamos en una reserva y se llevaban a todos los niños y les sacaban los dientes para impedir que hicieran pequeñas cestas de hierba. Tu madre tiró la bolsa y pudimos oír el chasquido de los dientes pequeños y vimos cómo se derramaban por el suelo».

Dave es consciente de sus raíces cherokee y explicó que, a mediados y finales del siglo XIX, cuando el Gobierno intentó erradicar la alteridad de los indios americanos, solían separar a los niños de sus padres. Descubrieron que las madres cherokee enseñaban a sus hijos su herencia tribal a través de canciones y manualidades. Les enseñaban a tejer cestas de hierba con los dientes y los dedos mientras cantaban canciones. Los funcionarios del gobierno a veces les sacaban los dientes de leche a los niños para evitar que tejieran.

Más tarde ese mismo día, en la reunión de grupo, habló de algunas de las pesadillas que había estado teniendo. «Tío, tienes que relajarte. Duerme un poco; deja de preocuparte tanto», le aconsejó otro participante del tribunal de drogas. Dave había estado soñando todas las noches con rastreadores y hablaba de ellos en el grupo cada mañana.

Dave había dado positivo, por lo que tuvo que entregarse una muestra de orina ese día.

Entregar una muestra de orina en la oficina del sheriff para el tribunal significaba (al menos para los hombres) que Dave tenía que levantarse la camiseta hasta el pecho, bajarse los pantalones y girar lentamente mientras el ayudante del sheriff lo observaba. El último paso es agarrar su pene y tirar de él hacia arriba, exponiendo su escroto para demostrar que no hay ninguna bolsa de orina limpia escondida en ninguna parte de su cuerpo. Solo entonces el agente le entrega el recipiente para la orina y debe observar mientras él orina en él.

Los miembros del tribunal de drogas habían sido sorprendidos intentando introducir orina limpia de diversas formas: con el Urinator, botellas de ducha e incluso una botella de vainilla llena de orina. Por lo tanto, el proceso de recogida de muestras era bastante intrusivo.

Los días de Dave estaban llenos de reuniones con consejeros de drogas, sesiones grupales, educación general y otras actividades diversas. Esperaba con ansias las tardes en casa con él, pero esas esperanzas se desvanecieron rápidamente cuando me informó que también se esperaba que asistiera con frecuencia a las reuniones de Narcóticos Anónimos. Conseguimos encontrar un buen equilibrio desde el principio. Él volvía del programa diurno de Harrisonville, recogía a P.E. de la guardería y preparaba la cena. Comíamos en familia alrededor de la mesa y compartíamos las noticias del día. Conducía hasta la reunión de NA sobre las 7:40 y volvía a las 9:15, justo a tiempo para los rituales antes de acostarse.

Esa noche, volvió de la reunión de NA y dijo: «Bueno, hoy he dicho que era adicto».

«¿Qué tal te ha sentado?», le pregunté.

Él me miró y me dijo: «¿Cómo crees que se sintió? Pruébalo y verás cómo se siente».

«Hola, soy Christine y soy adicta. Soy adicta al helado y al chocolate», dije en tono jocoso. Dave se limitó a mirarme, sin encontrarlo gracioso. «Vale, ¿y cómo reaccionaron cuando lo dijiste?».

«Oh, les encantó». Había estado recibiendo una buena dosis de críticas en cada reunión porque se negaba a decir que era adicto. Este acto de capitulación le facilitó la vida en las reuniones y parecía completamente razonable. Otros miembros de NA le habían explicado que, aunque no estuviera de acuerdo con ello, decirlo en voz alta era una especie de mentalidad de «finge hasta que lo consigas». Al final, la esperanza es que la persona llegue a creer realmente que es adicta. Hasta ese momento, se espera cierto grado de conformidad.

Esto también me recuerda un pequeño dato que Dave menciona habitualmente: «El ello no tiene sentido del humor, ni sentido del sarcasmo. Así que si dices en voz alta: "Soy un perdedor", eso es lo que oye el ello y lo que el inconsciente llega a creer».

Por eso las afirmaciones positivas pueden ser tan útiles. Al decir en voz alta pensamientos positivos, accedes a esa parte de tu cerebro que procesa las cosas de forma tan literal, convirtiendo esos pensamientos negativos inconscientes en positivos.

Así que, aunque en ese momento puse los ojos en blanco ante este acto de conformidad, lo entendí. Dave tenía que dar este paso y mostrar un cierto grado de adaptación para poder seguir adelante personalmente y mostrar su conformidad con el programa.

Día 8 – 21/8/2009

Color: azul y verde

Todos los viernes era día de tribunal para los miembros de la Fase Uno. Cada miembro se reunía con la jueza y ella hablaba con ellos personalmente. Los consejeros de Dave le habían aconsejado que, cuando ella le preguntara, no dijera que le iba bien. «La jueza no quiere oír que las cosas van bien», le advirtieron, «quiere oír que estás pasando apuros, pero que estás progresando».

Se vistió, como siempre hacía para ir al tribunal, con camisa de vestir, pantalones y zapatos. Esta vez llevaba ropa de recambio en el coche, por si había que jugar al softball obligatorio esa tarde. Se acercó al estrado y la jueza lo miró. «Sr. Shuck», dijo sonriendo levemente, «tengo una pregunta filosófica para usted». Dave gimió ligeramente y puso cara de auténtica miseria. «¿Cree que fumar cannabis tiene algún beneficio *médico*?».

«Para algunas personas, sí, señora, lo creo. Sin embargo, yo no soy una de ellas. Tiendo a abusar de él cuando lo tengo». Su respuesta fue directa y honesta. La jueza pareció sorprendida por su honestidad y posiblemente también desconcertada.

«Espero volver a hablar con usted, señor Shuck». Al día siguiente, se enteró de que la jueza se había sorprendido mucho al escuchar su sincera respuesta. Fue un poco impactante para ella, y comentó a uno de los otros funcionarios del tribunal de drogas que él era una de las primeras personas del programa que realmente respondía con sinceridad y no solo le decía lo que ella quería oír.

Nuestro abogado nos había transmitido que muchos de los miembros del tribunal de drogas estaban intrigados con nosotros. Dijeron que éramos una rareza y que todos tenían mucha curiosidad por ver cómo progresaba Dave en el programa. Parecía que, después de solo una semana, seguíamos siendo bastante raros y únicos en comparación con la norma.

Un par de días antes, nos enteramos de que Pit Bull, una de las participantes más activas contra las drogas del programa, había sido detenida en Kansas por una antigua orden judicial. Una de las reglas del tribunal de drogas es que, si un policía te detiene en cualquier lugar, debes informarle inmediatamente de que eres participante en el tribunal de drogas del condado de Cass. Ella lo hizo y, al parecer, le pidieron que se hiciera un análisis de orina. El resultado dio positivo por medicamentos recetados. Al parecer, esto ocurrió tres semanas antes, pero ella no dijo nada a los demás participantes del tribunal de drogas, incluso dirigió una reunión en NA y recibió su insignia de un año sin drogas. Afirmó que su marido le había dado un medicamento para la migraña y que lo tomó sin mirarlo detenidamente. Los resultados de la prueba mostraron que había tomado tres Tramadol.

Dave parecía bastante triste por esto, a pesar de que la mujer le había hecho pasar un mal rato los dos primeros días que estuvo en el programa. Mientras fumaba furiosamente un cigarrillo tras otro, ella lo tildó de alcohólico y drogadicto que se negaba a aceptar su adicción. Cuando él le señaló que estaba fumando, ella respondió: «*Sé* que soy una drogadicta y *admito* que soy una adicta sin remedio».

Más tarde, esa misma noche, él comentó lo decepcionado que estaba con ella. «Habrá muchos fracasos a tu alrededor en este programa», le señalé. «Intenta que eso no te desanime. ¡Tú vas a ser un ejemplo de éxito que compartir con los demás!».

Día 9 – 22/8/2009

Color: amarillo y azul

Dave me había pedido un día o dos antes que le preguntara cada mañana, justo a las 7 a. m., cuál era el color del día. «Si no estoy despierto, despiértame para que pueda llamar». Le prometí que lo haría. A las 7:08 a. m. abrí la puerta de nuestro dormitorio y él estaba allí, junto a la cama, recién levantado.

Le sonreí y le pregunté: «¿Cuál es el color del día?».

Él me devolvió la sonrisa: «No lo sé, voy a comprobarlo ahora mismo». Volvió un momento después y dijo: «Amarillo y azul». Hizo una pausa y bromeó: «El amarillo y el azul hacen verde». Yo solo puse los ojos en blanco.

Dave estaba de buen humor esa mañana. A las 12:30 p. m. iba a enseñar Chi Gung a sus compañeros participantes. Cuando los consejeros se enteraron de sus habilidades en las artes marciales durante la admisión, le sugirieron que tal vez le gustaría dar algunas clases a los demás. Él aceptó de buen grado.

No solo le daría puntos a su favor ante los funcionarios del tribunal de drogas, sino que el Chi Gung es relajante y le ayudaría a él y a los demás a recuperar la calma y la buena voluntad, a pesar de las prácticas invasivas del programa del tribunal de drogas. También se le había concedido una autorización provisional para salir del condado a partir de septiembre y dar una clase remunerada en Overland Park los miércoles por la mañana a las 6:30 a. m. Eso significaría aproximadamente 40 dólares a la semana, no mucho, pero algo de ingresos era mejor que nada. Si la clase tenía éxito, le abriría más puertas y podría incluso montar un negocio impartiendo clases de Chi Gung... una opción mucho mejor que volver a los ordenadores cuando su horario en el tribunal de drogas le permitiera más horas de trabajo.

Dave regresó casi a las cinco, con aspecto agotado, y dijo: «Hoy tuvimos que hacer la Marcha de la Muerte de Bataan. Tres horas y media a través de la selva de Harrisonville».

Entre comer sano, comidas caseras, nada de cerveza, nada de fumar marihuana (y, por lo tanto, nada de ataques de hambre) y todo el ejercicio, mi marido ya estaba perdiendo peso. Sentía un poco de envidia por ello, ya que me habría encantado perder peso junto a él.

Los sábados en el tribunal de drogas eran básicamente días en los que «había que llenar las horas de alguna manera». En ese momento, solo cuatro personas estaban en el nivel uno y tenían que asistir los sábados. Su paseo incluía vagar por un cementerio y hacer calcos de algunas de las lápidas, así como caminar por campos de maleza y tierras de cultivo abandonadas. Yo había estado investigando sobre plantas silvestres comestibles para mi primera novela, *War's End,* y él recordaba bastantes de las «malas hierbas» que crecían junto a la carretera y se las señalaba a los demás.

Día 13 – 26/8/2009

Color: amarillo y verde

El miércoles era el día libre de Dave en el tribunal de drogas. Pero parecía que tendría que interrumpir sus planes de construir el gallinero el tiempo suficiente para conducir hasta allí y presentarse a la prueba de orina.

El tribunal de drogas consta de cuatro fases y el tratamiento en Cass County Psychological consta de tres niveles. Dave avanzaría por estas fases y niveles siguiendo un patrón típicamente concurrente. Comenzaría en el nivel uno y la fase uno, y una vez que hubiera alcanzado la fase cuatro en el tribunal de drogas, estaría en la recta final. Durante el Nivel Uno del tratamiento, los participantes deben estar en Harrisonville en el programa de desviación todos los lunes, martes, jueves, viernes y sábados de 9 a. m. a 4 p. m. Sin excepciones. Todos los viernes deben comparecer ante el juez, indicar el tiempo que llevan sin consumir drogas ni alcohol e informar sobre su progreso.

Después de un período de ocho semanas, el participante puede pasar a la siguiente fase y, lo que es más importante, subir de nivel, lo que le da más días libres para buscar empleo o formarse. El proceso de pasar a la siguiente fase o «subir de nivel» dependía de no haber cometido ninguna infracción y de demostrar un buen rendimiento en el programa. Solo se permitía «subir de nivel» el primer viernes del mes. Dado que Dave había entrado en el programa el segundo viernes del mes, eso significaba que, si no cometía ninguna infracción, podría pasar a la fase dos y al nivel dos el 2 de octubre·Sin embargo, había cometido una infracción el tercer día (olvidó llamar para comunicar el color del día), lo que había retrasado su octava semana hasta el 9 de octubre.

¿Tendría que esperar hasta el 6 de noviembre para pasar a la fase dos? Nuestras preocupaciones eran principalmente económicas. Mis ingresos por las limpiezas y mi trabajo a tiempo parcial no eran suficientes para cubrir nuestros gastos, nos faltaban más de 1200 dólares al mes y eso se sumaba a que ya no podíamos pagar las facturas de la tarjeta de crédito (1500 dólares adicionales). Nuestro teléfono fijo sonaba constantemente desde las 8 de la mañana hasta las 8:30 de la tarde todos los días de la semana, a pesar de que habíamos explicado a las compañías de tarjetas de crédito que no teníamos fondos.

Decir que necesitábamos que Dave pasara a la fase dos para que pudiera conseguir al menos un trabajo a tiempo parcial era quedarse corto. Y cuanto antes sucediera, mejor. Él expresó sus preocupaciones a un consejero y le dijeron que, salvo que surgieran más problemas o infracciones, era muy posible que pudiera «pasar a la siguiente fase» en su séptima semana, el 2 de octubre·¡Qué alivio! ¡Podría empezar a ganar un sueldo en octubre! Estábamos, si cabe, aún *más* decididos a no incurrir en sanciones para que eso pudiera suceder.

Día 14 – 27/8/2009

Color: naranja y azul

Dave regresó de su día en Harrisonville un poco descontento. «Nos siguen diciendo que quieren que les digamos la verdad, ¿no?», comenzó, bastante molesto. «Pero hoy nos preguntaron: "¿Cuántos de ustedes esperan con ansias venir aquí todos los días?". Yo fui el único que dijo la verdad y respondió "No", y me criticaron por ello. Sé a ciencia cierta que a varios otros les repugna tener que estar aquí, pero se limitaron a asentir y a seguir la línea del partido». Adoptó un tono burlón y falsete: «¡Oh, gracias por salvarme de mí mismo, me encanta venir aquí!». Sacudió la cabeza. «Fue repugnante.

Y me estuvieron presionando todo el día por eso; no solo los consejeros, sino *todos*».

El papel del observador es difícil. Podía ver con claridad su punto de vista, pero también las maquinaciones más amplias que se estaban llevando a cabo aquí. El programa estaba diseñado, entre otras cosas, para quebrantar a cada individuo. Para mostrarles cómo sus vidas están fuera de su control y doblegarlos para que se ajusten a la voluntad del tribunal y a la voluntad de la ley. ¿Y de qué voluntad estamos hablando? Estamos hablando de la voluntad de los que están en el poder, los que controlan.

En realidad, en este paradigma no se espera ni se acepta la honestidad. Lo que se espera es la conformidad.

No digo esto por resentimiento o frustración. La situación era la que era y yo lo reconocí. Pude ver venir la trampa porque, aunque formo *parte* de esto, no estoy en *medio* de ello. Me dio perspectiva y también fue una advertencia. Una y otra vez se me planteaba la misma pregunta: ¿cómo podía apoyar mejor a Dave en este proceso? ¿Cómo podía ser la persona con la que pudiera volver a casa y compartir sus frustraciones y noticias? ¿Cómo podía ser también un sistema de apoyo, quizás incluso una guía en los días más difíciles?

Nuestro objetivo era sobrevivir al tribunal de drogas con nuestra familia, nuestra cordura y nuestras finanzas tan intactas como pudiéramos. Consideramos el programa como una alternativa mucho más atractiva que el encarcelamiento o convertirnos en fugitivos.

Las perspectivas que tenemos cuando estamos en medio de la acción, en lugar de verla desde fuera, son muy diferentes. Imagino que por eso hay árbitros en los partidos. Están alejados de la acción y pueden ver más que cualquier jugador individual en el partido. Pueden señalar una falta cuando otros no son conscientes del panorama general o cuando ocurre algo que no está en el campo de visión del jugador. Me di cuenta de lo diferente que era mi perspectiva. Para mí, la advertencia de que los funcionarios del tribunal de drogas «querían la verdad» era una gran señal de alarma. Pero para Dave, sentado allí con adictos a la metanfetamina y ex traficantes de crack, la visión era un poco más confusa. Si a eso le sumamos el sorprendente hecho de que algunos de los consejeros eran ex adictos con poca formación formal, aparte de sus oscuras experiencias con la adicción, teníamos la receta perfecta para el desastre.

Decir la verdad era lo último que Dave necesitaba hacer. Pero yo no podía decirle eso. En cambio, tendría que hablarle de la naturaleza humana, de la tendencia al comportamiento gregario en situaciones como esta, y mencionar con delicadeza los comportamientos anacrónicos de los seres humanos. Decimos una cosa y queremos decir otra completamente diferente. Pero dejé la discusión para otro día y me centré en la cena y la familia. Todos necesitábamos esa rutina familiar para distraernos de esas frustraciones mayores.

Después de cenar, se marchó para asistir a una reunión de Narcóticos Anónimos y yo esperé a que regresara. Los minutos pasaban y empecé a preocuparme. Su hora límite era a las 10 de la noche y eran las 9:40 cuando finalmente entró por la puerta. Me explicó que había aparecido un chico nuevo en la reunión. Era adicto a la hidrocodona y aún no había conseguido dejarlo. Dave recibió su llavero de 30 días esa noche y el chico le pidió hablar con él después de la reunión.

«¿Cómo lograste los 30 días?», quiso saber.

A Dave no le había costado dejar el alcohol ni la marihuana, pero respondió lo mejor que pudo. «No lo conseguí en 30 días. Lo conseguí día a día. Y si eso es demasiado para ti ahora mismo, no pasa nada. Hazlo una hora, luego dos, y sigue desde ahí». Le dio su número de teléfono y le dijo que no dudara en llamarlo si necesitaba alguien con quien hablar.

Me alegré por Dave, porque sabía que le hacía sentir bien ayudar a otra persona. Vimos nuestro programa y nos fuimos a la cama. Justo cuando nos estábamos quedando dormidos, sonó el timbre, lo que provocó que nuestra perra Dixie empezara a ladrar ruidosamente. Nos vestimos y fuimos a la puerta. Reconocí al chico; era el mismo que había gritado a todo el mundo que se callara cuando se oía el más mínimo murmullo en la sala del tribunal. También era el que había tendido una trampa a Dave en la celda de detención sugiriendo que Dave tenía cigarrillos.

Era un hombre pequeño, fibroso y más bajo que nosotros. Esto es mucho decir, porque Dave y yo medimos 1,68 m, por lo que somos bastante bajitos (al menos en cuanto a estatura). Le dejamos entrar y miró el salón, comentando con sorpresa: «Vaya, tienes una casa realmente preciosa». Al cabo de un momento, me miró y me preguntó: «¿Eres la madre de Dave?».

Me quedé tan sorprendida que al principio no supe qué decir. Miré a Dave un momento y volví a mirar al ayudante del sheriff Good Ole Boy y le dije: «Soy *la esposa* de Dave y soy un año más joven que él».

El ayudante del sheriff Good Ole Boy tuvo el sentido común de disculparse y dar una excusa poco convincente: «Oh, lo siento, no llevo puestas las gafas».

Las palabras salieron de mi boca antes de que pudiera detenerlas: «Bueno, supongo que las necesitará en esta casa». Incluso ahora, mientras escribo esto, sigo increíblemente molesta. Le dije algunas palabras después de que se marchara. Ninguna de ellas fue educada y, desde luego, ninguna es repetible.

El ayudante del sheriff Good Ole Boy le preguntó a Dave cuánto tiempo llevaba en el tribunal de drogas y quería saber cómo le iba en el programa. «Me va bien», dijo Dave, «estoy muy motivado para terminar el programa lo antes posible y satisfacer a todo el mundo».

«Bueno, no olvides que este programa es para ti», respondió el ayudante del sheriff Good Ole Boy. «Está diseñado para mejorar tu vida y tus decisiones». Vi que Dave se mordía la lengua, así que intenté echarle una mano.

«Cuando Dave dice "a satisfacción de todos", eso nos incluye a nosotros. Ambos estamos comprometidos a aprender de esta experiencia». Interrumpí antes de que Dave pudiera decir nada más.

El ayudante Good Ole Boy me miró y asintió con aprobación: «Tiene usted una mujer fuerte y comprensiva, señor Shuck».

Dave me rodeó con el brazo y sonrió. Yo esbocé una sonrisa cortés, aunque me preguntaba cómo podía ser tan tonto y seguir conservando su trabajo. Debido a su característico acento sureño, lo llamé «el buen chico», pero mi primer nombre para él (durante todo el programa del tribunal de drogas) fue «el tonto». Supongo que no soy una persona especialmente indulgente.

El ayudante del sheriff Good Ole Boy echó un vistazo rápido a nuestra casa y, al ver la antigua sala de cultivo en el sótano (que ahora se utiliza como almacén), se volvió y me preguntó si yo sabía nada sobre el cultivo de marihuana. Yo simplemente sonreí y le pregunté: «¿Puedo acogerme a la quinta enmienda?».

Como yo había hecho antes con él, Dave intervino y me rescató. «Ella lo sabía, pero era yo quien se encargaba del cultivo; ella ni siquiera bajaba aquí». El ayudante del sheriff Good Ole Boy continuó preguntando cómo habían atrapado a Dave. «Me siguieron desde la tienda de hidroponía donde había estado comprando luces más eficientes energéticamente».

Cuando el ayudante del sheriff Good Ole Boy preguntó cómo habían entrado, Dave respondió: «Me dijeron que si les dejaba entrar, se llevarían las plantas y el equipo. Si les obligaba a conseguir una orden judicial, me quitarían a mi hijo». Se encogió de hombros y continuó: «Mi hijo es mucho más importante para mí, así que les dejé entrar».

Mientras subíamos al piso principal, el ayudante del sheriff intentó mostrarse comprensivo. Me encogí de hombros y dije: «Es lo que hay. No perdemos el tiempo culpando a los demás. Hicimos lo que hicimos y ahora estamos pagando el precio. Es tan simple como eso». Dave estuvo totalmente de acuerdo.

Y así es como lo vemos. No se trata de una fiesta de lástima ni de una arenga contra el sistema. Infringimos la ley con pleno conocimiento de las implicaciones. Bien o mal, hicimos lo que hicimos y aceptamos las consecuencias de nuestros actos. Eso es lo que hacen los adultos maduros. Si no nos gusta la ley, entonces tenemos que trabajar para cambiarla. Si no podemos cambiarla, tenemos que mudarnos a un lugar donde eso sea aceptable o dejar de hacer esa actividad. Hay muchas leyes con las que no estoy de acuerdo. Hay una tendencia alarmante hacia el «estado niñera» que vemos en países como Gran Bretaña con la que no estoy de acuerdo. Dicho esto, la situación en la que nos encontramos era la que era y la entendimos y aceptamos. La habíamos cagado y ahora estábamos pagando el precio.

El ayudante del sheriff Good Ole Boy me hizo la prueba de alcoholemia por segunda vez (habiendo olvidado que ya me la había hecho cuando entró por primera vez), echó un vistazo a las semillas de flores y verduras que tenía preparadas para la venta, acarició a nuestros perros y se marchó. No volví a conciliar el sueño hasta pasada la medianoche.

Día 15 – 28/8/2009

Color: verde

El viernes era el día del juicio. Dave era el último de los participantes de la fase 1 en comparecer ante la juez y, cuando se acercó al estrado, ella descargó su furia sobre él. «He leído en este informe», dijo, agitando el papel en el aire, «que no se está tomando este programa en serio. He leído que se niega a admitir su adicción y que parece tener un concepto demasiado elevado de sí mismo. Dame una buena razón por la que no debería enviarte a prisión ahora mismo durante los 15 años completos».

Dave la miró boquiabierto, completamente abrumado por el ataque. «Pero *he* admitido que soy adicto, en el grupo y en NA. Estoy haciendo todo lo posible por cooperar, por participar».

Ella siguió enfurecida, ignorando su respuesta y cuestionando furiosamente sus afirmaciones de que el cultivo de marihuana estaba permitido por la ley en algunos municipios, concretamente en Oakland y Santa Cruz, California. La idea de que estuviera permitido en cualquier lugar parecía irritarla sin fin. En dos momentos diferentes de la conversación, completamente enfurecida con él, le dijo a Dave que «no era diferente a un violador de niños».

Él temblaba de rabia cuando me contó la experiencia esa noche. Cuando terminó, *yo* también temblaba de rabia. Me senté y escribí la siguiente carta:

Estimada Sra. Baker:

Soy más que consciente del título adecuado con el que dirigirme a usted, pero no veo ninguna razón para alimentar la mentira de que la respeto o la considero honorable.

No recibirá esta carta hasta que mi marido, Dave Shuck, haya completado con éxito su programa y su expediente haya sido sellado. No tengo ningún interés en poner en peligro ese futuro seguro diciéndole lo que pienso de usted hasta entonces.

Hoy (28 de agosto de 2009) ha insultado a mi marido, se ha burlado de él y lo ha degradado porque, al parecer, no se ha molestado en leer completamente el informe que le ha entregado la consejera de Dave. Si se hubiera molestado en leer más allá de la segunda frase, habría visto la brillante recomendación que ella había escrito sobre él. De hecho, dos párrafos completos sobre lo mucho que ha crecido, aprendido y se ha comprometido a cambiar en apenas dos semanas de la Fase Uno.

Pero no te molestaste en leerlo y, en cambio, descargaste sobre él una furia tan idiota e inmerecida que esa noche todavía temblaba de emoción cuando me lo contó.

En concreto, dijiste algo que me parece atroz y completamente inaceptable. Dijiste que sus delitos eran tan graves como violar a un niño. Lo dijiste dos veces. Para explicar lo imperdonable que me pareció, primero debo dar alguna explicación.

Dave y yo nos conocimos en el instituto y me enamoré de él cuando tenía quince años. Era amable conmigo; era mi amigo cuando yo era una marginada social y una persona tan tímida que, a día de hoy, apenas recuerdo las caras de mis compañeros de clase (estaba demasiado ocupada mirando la moqueta). Perdimos el contacto después de graduarnos. Me casé joven y tuve una hija. Finalmente, me divorcié de mi marido y me mudé a Misuri con mi hija pequeña. Seis años después, Dave me localizó a través de Classmates.com, mientras yo me recuperaba de un desastroso segundo matrimonio y divorcio. Verás, mi segundo marido era un pedófilo y había abusado sexualmente de mi hija durante casi cuatro años antes de que ella me contara lo que estaba pasando. Llamamos a la policía la misma noche en que me enteré de la verdad y mi marido fue detenido al día siguiente. Al día siguiente fue puesto en libertad bajo fianza y estuvo libre durante un año entero *mientras esperaba el juicio. Durante ese año encontró otra víctima, una niña de seis años a la que preparar. Nadie se molestó en protegerla.*

Ese monstruo fue finalmente enviado a prisión, a pesar de las deficiencias del sistema (su *sistema). Sin mi tenacidad, habría quedado en libertad en cuestión de meses. A ningún fiscal ni juez le importaba un comino la justicia entonces. Todos querían llegar a un acuerdo y retirar o consolidar los cargos. Al final, solo quedábamos mi amiga y yo, recorriendo cientos de kilómetros y acudiendo a las audiencias de libertad condicional en Farmington, Misuri. Tuvimos una suerte increíble de que ese cabrón tuviera la gentileza de caer muerto en prisión diez meses antes de que* vuestro sistema *lo liberara y le diera carta blanca para continuar con sus hábitos reincidentes. Para cualquiera que prestara la más mínima atención a las audiencias de libertad condicional, estaba claro que volvería a delinquir con toda seguridad.*

Dave no es así. Ni mucho menos. La idea de que se le tilde de violador de niños me duele (y me enfurece) de una manera que no puedo describir, ni con palabras ni por escrito. Cuando me encontró, me visitó y luego se mudó al otro lado del país para estar conmigo, reavivó mi fe en los hombres y en la vida en general. Sanó mi corazón y me demostró que todavía hay personas en las que se puede confiar. Ayudó a mi hija mayor a aprender álgebra en una pizarra blanca en el sótano, la escuchaba y era una figura paterna paciente y cariñosa para ella. Mi marido, mi compañero y mi amor NO es equivalente a un violador de niños. Nunca podría serlo. Al contrario, es un padre adorador, un compañero cariñoso y un miembro comprometido y activo de la comunidad. Estás tan ciego, tan hastiado por los idiotas, los monstruos y los adictos a las metanfetaminas que ya ni siquiera puedes conceptualizar cómo es una persona buena y amable.

Deberían avergonzarse. Tienen tanto poder sobre nosotros. Tienen tanto poder sobre él. Y lo utilizan mal. Ejercen su poder con ignorancia en lugar de con conocimiento, con conclusiones preconcebidas en lugar de con una inspección real y honesta. Deberían avergonzarse. Todo lo que has hecho hoy es recordarnos que tienes el poder y que debemos hacer lo que sea necesario: mentir, capitular e incluso negar nuestras propias creencias, para que tú tengas la última palabra. A cambio, esperamos sobrevivir a este proceso con al menos algunas de nuestras libertades intactas. Esa es la lección que hemos aprendido hoy. Probablemente sea la misma lección que aprenderemos una y otra vez durante los próximos 466 días.

Y está bien. Entendemos que la hemos cagado. Se ha infringido la ley de este estado y pagaremos las consecuencias. Bailaremos al son que nos toquen, sonreiremos y les daremos las gracias como perros que lamen la mano de un amo maltratador. Y aquí, en este estado en particular, Dave se ha comprometido a no volver a infringir esas leyes nunca más. Así que pueden considerar que su programa ha sido un éxito. A pesar de la enorme idiotez de los implicados, estoy agradecida por un programa que mantiene a mi marido donde debe estar... con su mujer y su hijo, como miembro productivo de la sociedad.

Pero piénselo dos veces antes de tildar a alguien de violador de niños. Porque hasta que no haya vivido la experiencia de descubrir que estaba casada con uno, nunca sabrá lo erróneo que es ese calificativo para alguien que no lo merece en absoluto.

Un último comentario que espero que tenga en cuenta mientras siga ocupando ese ilustre asiento y vistiendo esa toga. Creo que si no va a leer completamente los informes que tiene delante, tal vez debería considerar disculparse por no haberse molestado en hacer sus deberes y haber sacado conclusiones erróneas. ¿O es que los jueces son tan poderosos que ya no cometen errores como el resto de nosotros, civiles ignorantes e infractores de la ley?

Me sentí mejor después de escribir la carta. Nunca la envié y probablemente ella nunca la leerá... a menos que tenga este libro en sus manos. ¿Y si lo está leyendo? Que le den por culo, jueza Baker, porque usted es el verdadero problema aquí, no mi marido.

Día 16 - 29/8/2009

Color: verde

«Tenían pensado volver a hacer collages hoy», comentó Dave antes de marcharse. «Les pregunté si había algo más, *cualquier* otra cosa que pudiéramos hacer en su lugar. Cuando Sonia me preguntó por qué, le dije: "No estamos en el jardín de infancia, no nos dejas usar las tijeras y los tubos de pegamento están numerados para asegurarse de que los devolvemos"».

Yo, por mi parte, estaba temiendo una fiesta a la que había aceptado asistir. Era una fiesta de princesas para una compañera de juegos de cuatro años de P.E. La niña tenía ciertos gestos que parecían contagiosos, cosas encantadoras como golpear, dar patadas y hacer unos horribles gruñidos de animal. Su madre y yo no habíamos quedado para jugar en más de un mes, en parte porque ella se enteró de nuestros «problemas legales» y sugirió que «no se sentía cómoda» quedando para jugar en casa de la otra. Tras un puñado de encuentros incómodos en los parques locales, ambas dejamos de llamarnos. Y después de ver a mi hija gruñir como un animal cuando no se salía con la suya, o pegarme a mí o a su padre, pensé que era lo mejor. No me gustaba nada que imitara los gestos de la otra niña.

Para ser completamente sincera, acepté ir a la fiesta porque temía que la fiesta de P.E., que se celebraría en solo cinco semanas, quedara bastante desierta si no invitaba a la pequeña bestia. Pensé que si iba a su fiesta, su madre se sentiría culpable y vendría a la fiesta de P.E. Una excusa triste, pero esa fue la razón que me di a mí misma cuando hice clic en el botón «Aceptar invitación».

La verdad es que esa mañana me desperté enfadada. Enfadada por nuestras circunstancias, enfadada con el juez, enfadada con mi amiga oportunista por ser una cobarde, enfadada con ese maldito ayudante del sheriff por hacerme preguntarme qué edad creían que tenía... ¡y enfadada porque realmente me importaba lo que pensaran!

Fue difícil ir a esa fiesta. Más difícil aún fue sonreír y reír y actuar como si no tuviera ninguna preocupación en el mundo. Estaba preocupada por Dave, que llevaba cuatro días seguidos con dolor de cabeza. Estaba preocupada por el dinero, por P.E., por mi propia autoestima y por las compañías de tarjetas de crédito que llamaban sin cesar.

Si me hubieras conocido ese día, no lo habrías adivinado. Conversé, hablé de jardines y perros, tomé fotos de los niños y prometí enviar copias a mi amiga. Era la madre perfecta, una persona agradable con la que hablar, y parecía relajada y tranquila. Al final del día, me sentía tan esquizofrénica como el sistema judicial. ¿Cómo podía ser dos extremos y no estar completamente destrozada?

Desde que Dave comenzó a participar en el tribunal de drogas, todos los días me decía a mí misma que tenía que ser fuerte. Tenía que ser comprensiva y firme, y no perder el control emocional. Tenía que ser la persona que mi marido necesitaba desesperadamente que fuera: su roca, su sistema de apoyo, su refugio de la locura con la que tenía que lidiar al menos cinco días a la semana. Pero una parte de mí se preguntaba cómo diablos iba a conseguir mantener esto durante 16 meses más.

Día 17 - 30/8/2009

Color: naranja y azul

Ahora que Pit Bull estaba fuera, esperábamos que la atención se alejara de Dave por un tiempo. El color del día parecía indicar una disminución en el escrutinio hacia nosotros, ya que otras personas atraían cada vez más su atención.

El dolor de cabeza que Dave había sufrido durante los últimos cuatro días se me había contagiado y me estaba costando mucho soportarlo. Quería escribir, limpiar mi escritorio, incluso trabajar en el jardín, pero mi cabeza latía con fuerza en señal de protesta.

Dave se sentía bien. No tener que conducir hasta Harrisonville para orinar en un vaso probablemente le ayudó a mejorar su estado de ánimo. Horneó galletas y cortó el césped. Más tarde vinieron unos amigos, desesperados por que les ayudáramos a sustituir un disco duro. Pasamos la tarde mientras Dave instalaba actualizaciones y un sistema operativo. Mientras los hombres charlaban, mi amiga y yo fuimos corriendo a una tienda de manualidades a comprar materiales para que yo pudiera terminar la colcha de cumpleaños de Danielle.

Como de costumbre, ella quería saber cómo iba «la situación» y yo le conté todos los detalles desde la última vez que habíamos hablado. Algunas de las actitudes que ella y su marido tenían estaban bastante en desacuerdo con las nuestras. Pero parecían buenas personas con las que se podía mantener una conversación entretenida, y nuestros hijos jugaban bien juntos, así que normalmente ignoraba las infrecuentes diferencias en cuanto a metodología.

Sin embargo, el curso de las conversaciones de ese día me llevó en una dirección diferente. Después de que se marcharan, me quedé pensando en ello, examinando mis propios sentimientos de incomodidad por lo que percibí como unas declaraciones bastante hipócritas. En particular, pensé en la idea de una ley y en lo que significa infringirla.

Infringimos la ley al cultivar marihuana. Esto es cierto. La mayoría de la gente diría que, si se infringe la ley, debe haber una sanción, un precio que pagar. Algunos dirían que estamos pagando ese precio, mientras que otros afirmarían sin duda que nos estamos «librando fácilmente» o incluso que estamos saliendo impunes de nuestro delito, ya que ninguno de los dos está actualmente en prisión.

Entonces, si infringes la ley y te pillan, debes pagar el precio... ¿verdad?

Bueno, dejemos esa pregunta sobre la mesa por un momento y ahora voy a plantear otra. Si no hay víctimas, ¿hay delito?

Reflexiona sobre ello un momento. No intentes responder. Déjalo ahí, junto a la primera pregunta.

La noche anterior, el marido de mi amiga había traído el portátil para que Dave le echara un vistazo y la conversación había derivado hacia nuestras colecciones de música. Dave no estaba seguro de cuál sería la postura del tipo respecto a la música descargada a través de BitTorrent. El marido de mi amiga se limitó a reírse y dijo: «No tengo ningún problema con la música y el software pirateados». Empezó a enumerar todos los programas que había conseguido gratis a través del intercambio de archivos.

¿En serio? ¿Es esta la misma persona que le dijo tan fríamente a Dave cuando se quejó de la locura de los tribunales de drogas: «Bueno, infringiste la ley, ahora tienes que pagar el precio»?

He dicho que esto no sería un tratado sobre por qué la marihuana debería ser legal ni una fiesta de lástima sobre cómo nos persigue el sistema judicial. Pero eso no me impide compartir mi opinión en momentos inesperados, y este es uno de ellos. En nuestro caso, creo que nuestra fabricación de marihuana fue un delito sin víctimas. La persona a la que se la vendimos era adulta, nosotros éramos adultos y nunca expusimos a nuestro hijo a la droga, al olor o incluso a la vista de esa cosa verde y frondosa.

Sin embargo, yo postularía que la piratería musical *sí* tiene víctimas, concretamente las bandas o personas cuyo negocio es escribir, cantar y publicar canciones (o software, películas o libros, para el caso). Cuando su arduo trabajo se comparte de forma gratuita sin su permiso, sin que obtengan ningún tipo de beneficio, las personas que descargan el material están, en esencia, *robando* a esa empresa, banda o persona. Su delito tiene víctimas, así que ¿quién es el peor delincuente?

Cuando la jueza comparó a mi marido con un pederasta, estaba estableciendo una relación directa entre un delito sin víctimas y un delito en el que hay una víctima indiscutible, y diciendo que eran lo mismo. No puedo estar de acuerdo con esta premisa. Quizás estoy siendo apologista o tratando de justificar nuestras acciones. Admito sin reparos que mi sesgo es vernos bajo la mejor luz posible. Pero es algo en lo que pensar. Piénsalo y saca tus propias conclusiones.

Día 18 – 31/8/2009

Color: Naranja

«¡Naranja! ¡Eh!». Dave colgó el teléfono. «Me siento poco querido».

Me reí: «No te pongas a hacer tonterías y a crear problemas ahora».

Él bromeó: «Entraré, montaré un escándalo y les diré que estoy deseando fumar marihuana».

«¡Sí, qué *gran* idea!».

Hay muchas formas de afrontar esta situación. Podríamos quejarnos, criticar, culpar a los demás, enfadarnos o incluso deprimirnos... pero lo normal es que nos tomemos las cosas con humor. Aunque sea humor negro, nos va bien.

Es mejor que los malos momentos, esos momentos en los que ambos estamos atrapados en el vórtice de la frustración. Un amigo mío me preguntó: «¿Recibiste mi correo electrónico el otro día? No he tenido noticias tuyas».

Me disculpé: «Siento no haberte respondido. Recibí tu correo electrónico, pero estaba estresado por nuestra situación y alternaba entre sentir lástima por mí mismo y enfadarme con el mundo».

Cuando me invaden esas emociones, me alejo durante unos días, las afronto yo solo y luego vuelvo a aparecer y pido las disculpas necesarias. Normalmente empiezo recordándome a mí mismo que fue idea mía hacer esto y que no tengo a nadie más a quien culpar que a mí mismo. Cuando se conoció la noticia, mi padre estaba furioso con los propietarios de la tienda de hidroponía que la policía había vigilado. Fue desde allí desde donde siguieron a Dave después de verle comprar unas costosas lámparas de cultivo. «Podrían haber puesto un cartel y advertir a la gente de que la policía estaba vigilando», se enfureció. Le expliqué que ellos también tenían un hijo pequeño. No era culpa suya que no fuéramos más cuidadosos o más conscientes de quién nos vigilaba y, desde luego, no era culpa suya que hubiéramos decidido cultivar marihuana con el equipo que les compramos.

A pesar de que aceptaba y entendía que nosotros habíamos creado nuestra situación, todavía había muchos momentos en los que deseaba que las cosas fueran diferentes, que la gente del tribunal de drogas se fuera y que nunca le hubiera contado a nadie los problemas a los que nos enfrentábamos.

Odiaba el aire de superioridad o condescendencia que nos transmitía una de las parejas. En un momento decían: «Bueno, vosotros infringisteis la ley». Al momento siguiente afirmaban su disposición a descargar software y música pirateados de Internet. Ambos actos son ilegales, así que ¿nuestro delito era peor simplemente porque nos pillaron?

Cuando se lo comenté a otra amiga, me dijo: «Si te metes en algo, métete de lleno». En otras palabras, es un delito, sea como sea. No cometas el delito si no estás dispuesto a pagar el precio. «No conduzcas rápido si no puedes permitirte pagar la multa», fueron sus palabras.

Y, a decir verdad, yo estaba de acuerdo con ella. A pesar de su postura personal contra las drogas, reconocía que estábamos dispuestos a asumir las consecuencias, aprender de ello y seguir adelante. Fue ese apoyo realista y con los pies en la tierra lo que me ayudó a superar muchos momentos difíciles en nuestro viaje.

No necesitaba que nadie me dijera: «Ay, cariño, están siendo tan horribles, tan crueles; ¡es tan injusto!». Era lo que era. Y eso se convirtió en mi mantra durante mucho tiempo. «Es lo que hay. Ahora lo único que podemos hacer es superar esto».

Dave había dejado que su verdadera naturaleza comenzara a aflorar mientras intentaba entablar relaciones con los demás participantes del tribunal de drogas. Tiene una influencia tranquilizadora, probablemente por tantos años dedicados a practicar las artes energéticas (Ba Gua, Chi Gung, Tai Chi y otras). Esa mañana, Anger Management entró y hizo un comentario sarcástico sobre Dave y Steinbeck, diciendo que eran gays porque los había visto practicando movimientos de artes marciales.

Dave se molestó un poco; la miró y le dijo: «Se atrapan más moscas con miel que con vinagre». Y vio cómo se le descomponía el rostro. Algo iba terriblemente mal. La llevó aparte y le preguntó si estaba bien. Esa mañana, su hijo había tomado un puñado de pastillas después de irse al colegio. Solo unas horas más tarde, lo ingresaron en un centro psiquiátrico.

«Es culpa mía», dijo ella. Cuando él le puso una mano en el hombro, ella se aferró a su mano como si se estuviera ahogando. «No estoy coqueteando contigo, pero ¿podrías sentarte a mi lado en la terapia de grupo?». Él hizo lo que ella le pidió y, más tarde, ella le dijo: «No sé qué tienes, pero me tranquilizas».

Es uno de los dones de Dave, y mientras me contaba cómo había sido su día, me pregunté cómo le iría como consejero. Creo que sería muy eficaz, no solo para calmar a la gente, sino también para motivarla en el momento adecuado. Su tranquilo ánimo y sus fuertes empujones siempre me han parecido perfectamente oportunos cuando me ha ayudado a superar momentos difíciles.

Día 19 – 1/9/2009

Color: naranja y azul

«De verdad, cariño, tienes que escuchar a este tipo». Dave puso el teléfono en altavoz.

La voz sonaba como una versión grave de Ben Stein en el clásico de los 80, *Ferris Bueller's Day Off*, con «Ha llamado al programa de drogas para adultos del condado de Cass. El color del día es... naranja y azul... naranja y azul».

«Hoy tampoco hay amor».

«Cariño, te han sustituido». Lo pienso por un momento. «¿Hacéis bromas sobre eso o qué?».

«Oh, sí, ayer les contaba que tenía problemas para orinar sin un hombre presente en la habitación. Me quejé de que ahora tengo que pedirle a mi mujer que me acompañe para poder hacer mis necesidades».

Nuestro buen humor se esfumó más tarde esa mañana, cuando sonó el teléfono. «Era Blue Valley», dijo Dave unos segundos después. Blue Valley era un centro comunitario local que había aceptado organizar una clase de Chi Gung que Dave impartía. «Dijeron que, debido a una verificación de antecedentes que me hicieron, iban a cancelar la clase».

En mi actual trabajo a tiempo parcial, utilizamos un sitio web llamado Case.net. Muestra los resultados de todos los tribunales de Misuri, desde multas de aparcamiento hasta agresiones, demandas de paternidad y asesinatos. Recientemente había consultado los detalles del caso de Dave y, aunque figuraban los cargos, indicaba que el caso estaba «pendiente de resolución». En otras palabras, debido a su participación en el programa del tribunal de drogas, no aparecería como una condena. Finalmente, cuando completara el programa con éxito, se registraría como caso desestimado y los registros se sellarían. Esto no impediría ninguna investigación de alto nivel, pero, en general, para un trabajo normal y corriente, sería más que suficiente.

Sin embargo, me sentí frustrado por las acciones del centro comunitario. «No hay resolución definitiva, estás en un programa de desviación y probablemente piensen que es metanfetamina, no marihuana». Dave solo parecía triste. No habría sido mucho dinero, tal vez 40 dólares a la semana por esa hora temprano los miércoles por la mañana. Era la sensación de bien que le daría. Que estaba ganando *algo* de dinero y que estaba ayudando a otros. «Habla con Sherrie al respecto, tal vez ella pueda hacer algo o sugerir algo».

Se encogió de hombros, pero accedió a mencionarlo en el grupo. Quizás esperaba un milagro, o alguna laguna legal, no lo sé. Pero cualquier cosa sería mejor que rendirse. Nos fuimos cada uno a lo suyo, Dave a Harrisonville, P.E. a la guardería y yo a mi trabajo en la oficina. Compartí la frustración de la mañana con mi amiga y ella me dijo: «Creo sinceramente que cuando se cierra una puerta, se abre otra. Espera y verás, todo saldrá bien».

Después del trabajo, corrí a casa, me vestí con ropa informal de oficina, reuní mis documentos, las instrucciones y la presentación de PowerPoint, y me fui a dar mi clase «Organízate y mantente organizado» en la biblioteca pública Mid-Continent Public Library de Blue Springs South. La clase terminó a las 8:30, pero me retrasé al final hablando con uno de los participantes. Conduje hasta casa y llegué a las 9:30 p. m. a una casa vacía. Esto era particularmente extraño. Dave suele ser muy hogareño y ahora más aún debido a los requisitos del tribunal de drogas: no puede salir del condado sin permiso y tiene un toque de queda a las 10 p. m.

Busqué notas, revisé los mensajes del teléfono, intenté encontrar cualquier cosa que indicara dónde había ido y me fui asustando cada vez más a medida que pasaban los minutos. A las 9:50 p. m., solo diez minutos antes de su toque de queda, llegó en la furgoneta con P. E. y parecía asustado. «Puede que tenga un problema», dijo, «el teléfono sonó a las 8:15 y era The View (un centro comunitario en Grandview, a pocos minutos de aquí). Me dijeron: "Sr. Shuck, tiene un aula llena de alumnos, ¿dónde está?"».

Exclamé: «Dios mío, ¿cómo se nos pasó apuntarlo en el calendario?». Me explicó que había hablado con la coordinadora de la clase hacía unas semanas y le había preguntado si podía cambiar la hora de la clase. En ese momento, él acababa de recibir los detalles de los días en que tendría que participar en el tribunal de drogas. La clase, inicialmente programada para comenzar a las 4:15 p. m., simplemente no sería factible. Ella le había prometido que haría todo lo posible por cambiarla a un horario más conveniente, y así lo había hecho. ¡Pero se había olvidado de informarle del cambio porque estaba en el hospital dando a luz!

Cuando recibió la llamada de The View, recogió sus cosas de educación física y se apresuró a ir allí, sin siquiera pensar en el hecho de que estaba saliendo del condado sin permiso. «¿Le digo a Sherrie que crucé las fronteras del condado sin permiso y voy a la cárcel?», preguntó, «¿O espero a ver si me pillan?».

«Llámala. Llámala ahora mismo», le aconsejé, esperando desesperadamente que no se repitiera lo que había pasado el día que se olvidó de llamar para comunicar el color del día. Si tenía que volver a someterse a un tratamiento de choque de 24 horas en la cárcel, también volvería al día uno de la fase uno y tendría que esperar otras ocho semanas antes de poder pasar a la fase dos. Si no llamaba y se descubría que había cruzado los límites del condado, iría a la cárcel durante 24 horas de todos modos y eso demostraría que no estaba dispuesto a ser honesto hasta el extremo. Por encima de todo, necesitaba mostrar una conformidad y aceptación totales de sus reglas para avanzar en el programa.

Dave suspiró: «La llamaré ahora mismo y me pondré a su merced. Maldita sea, no quiero ir a la cárcel. Pero si lo hago ahora, saldré y podré dar clase el jueves». Asentí y él desapareció en la otra habitación para hacer la llamada. Unos minutos más tarde regresó, con aspecto muy aliviado.

«Dijo que era por motivos de trabajo y que la llamara la próxima vez antes de irme». Esbozó una sonrisa: «También dijo: "Dave, tienes que calmarte y hacer tu tai chi antes de que te dé un infarto. Te preocupas demasiado. Y si quieres que esa gente de Blue Valley me llame, les explicaré que no consumes drogas. Quizás eso les anime a restablecer tu clase"».

Una ola de alivio me invadió. Había sido otro día de altibajos, pero había terminado con una nota positiva. Dave volvía a dar clases y los alumnos habían dado una excelente opinión desde la primera sesión. Mejor aún, no se enfrentaba a ninguna sanción por haberse salido de la reserva y se le seguiría permitiendo dar clases en Grandview. Aprovechábamos las pequeñas victorias que encontrábamos, las atesorábamos y las apreciábamos. Superaríamos esto, día a día.

Día 20 – 2/9/2009

Color: naranja y verde

Era el día libre de Dave en el tribunal de drogas, así que, por supuesto, tenía que ir a orinar. Era mi día libre en la oficina de mi amigo y solo tenía que ir a limpiar un sitio. ¡Iba a escribir mucho! Mi libro de ficción, *War's End: The Storm*, avanzaba a buen ritmo. Recientemente había dividido el libro en dos partes, y solo me faltaban unos pocos capítulos para terminar la primera. Tendría este día y el siguiente para trabajar en él casi exclusivamente. Por supuesto, también estaba trabajando en este libro que estás leyendo ahora y Dave se preocupaba, no por primera vez, por cómo podríamos publicarlo. Como era de esperar, era muy sensible a cualquier posible infracción de la ley o repercusión que pudiera dar lugar a una demanda.

Terminé con mi única limpieza programada y conduje hasta casa, lista para ponerme a trabajar. Cuando llegué, Dave ya se había ido, probablemente para presentar una UA. Cuando empecé a trabajar en *War's End: The Storm*, sonó el teléfono y, cuando contesté, una mujer preguntó por Dave. «Ahora mismo no está aquí. Probablemente volverá en media hora más o menos. ¿Quiere que le diga que le llame?».

La mujer estaba claramente incómoda: «Sí, dígale que es Anger Management. Solo soy una amiga suya».

«Lo sé, Dave me ha hablado de ti», intenté sonar lo más amistoso y poco amenazante posible.

«No quiero que pienses que quiero empezar nada, porque no es mi intención, y ya sabes, él solo me dijo que podía llamarte si necesitaba hablar con alguien». Era un poco confuso, y me esforcé por no reírme. Parecía tan asustada de que yo me llevara una impresión equivocada.

«Lo sé, y no hay problema en que llames. No me molesta y le diré que te llame muy pronto». Nos despedimos y colgué el teléfono.

Confío en mi marido. Quizá sea un poco ingenua, pero lo hago. Además, lo conozco bastante bien. Si quiere hacer amistad con otras mujeres, me parece bien y lo acepto, siempre y cuando se quede en una amistad. Por mi experiencia con él, Dave es un hombre de una sola mujer, y no creía que tuviera nada de qué preocuparme. Aunque la encontrara atractiva, me sería fiel.

Unos minutos más tarde, regresó y le transmití el mensaje de que ella había llamado. Diez minutos después entró en mi oficina: «Se ha estado autolesionando por la situación con su hijo». El hijo de Anger Management había sacado la camioneta nueva, la había estrellado y al día siguiente había intentado suicidarse con una sobredosis de analgésicos. Ahora estaba en un pabellón psiquiátrico y se negaba a ver a su familia. «Ella cree que todo es culpa suya y dice que se siente mejor al liberar parte de la presión». Se pasó las manos por el pelo y negó con la cabeza: «¿Cómo puede la gente llegar a ese punto? ¿Qué pasa por su cabeza para que cortarse y sangrar sea una opción viable?».

Pensé en mi exnovio de California, que me había contado cómo había empezado a cortarse a los veinte años. Estaba sirviendo en la Guardia Costera cuando su mujer se llevó a su hija pequeña y lo dejó. Ella se divorció de él y obtuvo la custodia total de la niña, y él se sentía miserable y solo. Todo llegó a un punto crítico un día en el que se sentía especialmente estresado. Llegó al trabajo, dejó caer su mochila, sacó un cuchillo y se cortó, profundamente, delante de su compañero de trabajo. Ni siquiera lo pensó, ni pensó en cómo se vería; simplemente lo hizo. Unas horas más tarde, lo ingresaron en un centro psiquiátrico de forma involuntaria. Unos meses después, fue dado de baja de la Guardia Costera.

Esa fue la primera vez que oí hablar de personas que se cortaban a sí mismas. Me pareció muy extraño, pero sobre todo me dio mucha pena. ¿Cuánto odio hay que tener dentro para hacer pagar al propio cuerpo de esa manera?

Durante la llamada, Dave le preguntó a Anger Management: «¿Vas a volver a cortarte?».

«No. Probablemente no. ¿Por qué?».

«Porque si lo hicieras, tendría que informar a los consejeros».

«¡Si lo haces, me encerrarán para hacerme una evaluación psiquiátrica!».

«Mejor eso que dejar que te hagas daño de verdad. Soy tu amigo y un amigo no debería permitir que te cortaras así otra vez».

Ver a Dave ofrecer su ayuda a Anger Management, al adicto a la hidrocodona de NA e incluso a Steinbeck, me recordó su ira y frustración durante la primera semana del programa. En un momento dado, había dicho: «¡No quiero tener nada que ver con ninguna de estas personas!». Sin embargo, ahí estaba, atendiendo llamadas telefónicas, ofreciendo apoyo e incluso enseñando movimientos básicos de artes marciales a Steinbeck. Estaba encontrando un lugar de calma dentro de la locura, definiendo su papel y sintiéndose bien consigo mismo al ayudar a los demás.

Creo que, sean buenas o malas, nuestras experiencias pueden ayudarnos a ser mejores personas. Lo importante es cómo decidimos responder a las experiencias, qué aprendemos y cómo crecemos. Dave había dicho varias veces que, aunque hubiera preferido *no* pasar por el tribunal de drogas, el encarcelamiento o cualquiera de los problemas legales a los que nos hemos enfrentado, quería aprovechar esta experiencia y aprender de ella. Quería mirar dentro de sí mismo y ver si había verdades esenciales que necesitaba afrontar y de las que aprender. «Puedo convertir esto en una experiencia de aprendizaje y dedicar algo de tiempo a una verdadera introspección», dijo. A mí también me pareció convincente y emocionante. Se estaba convirtiendo en un hombre al que respetaba y apreciaba más cada día que pasaba.

Esa tarde se torció el tobillo al salir a recoger a P.E. de la guardería. Le ayudé a volver a entrar y fui yo misma a recogerla. Después de cenar, Dave me pidió que le llevara a la reunión de NA, ya que le seguía doliendo mucho el tobillo. Le dejé allí, volví a casa y le di a P.E. un baño de burbujas antes de volver a recogerle.

El tema de la noche en NA era la gratitud. Se animó a todos a compartir una historia en la que se hubieran sentido agradecidos por algo. Dave me contó más tarde la historia de un hombre que habló en la reunión. El hombre describió cómo salió de prisión tras cumplir una condena por posesión de drogas. Tras su liberación, decidió conducir hasta Las Vegas. Allí se encontró con un viejo amigo al que no había visto en 30 años. Era un amigo de su época de drogadicto. Le dijo a su amigo que tenía pensado volver a Misuri y el hombre le pidió que lo llevara. «Dame un par de minutos para hablar con este tipo y estaré listo para irme», le dijo. Cuando regresó, llevaba una gran bolsa de viaje.

El hombre se enteró de que su amigo llevaba 22 kilos de heroína dentro de esa bolsa. Cuando rechazó la propuesta de su amigo, explicándole que no podía arriesgarse a volver a la cárcel, su amigo lo insultó de todas las formas posibles y le dijo que no quería volver a verlo nunca más. Él se mantuvo firme y condujo solo hasta su casa. De camino a su casa en Misuri, la policía le detuvo dos veces y, después de que se identificara como delincuente convicto, registraron el coche de arriba abajo. «Estoy muy agradecido de haberle dicho que no a mi amigo aquella noche. Si no lo hubiera hecho, habría pasado el resto de mi vida en la cárcel».

Dave contó entonces la historia de una mujer que le había contado que había salido de prisión y no tenía nada: ni amigos, ni familia, ni posesiones. El día de Navidad acudió a una reunión de Narcóticos Anónimos y escuchó a esas personas hablar de llevar diez, veinte e incluso treinta años limpios. Se sintió tan mal por sí misma que salió corriendo de la sala y uno de los hombres la siguió. Él le dijo que no se rindiera y, cuando ella le dijo que no podía hacerlo, que no era lo suficientemente fuerte y que no tenía voluntad, la llevó a dar un paseo. Condujo hasta un hospital cercano y le mostró a su amigo que, después de colocarse tanto que estrelló su coche contra un árbol, acabó perdiendo ambas piernas y tanta sangre que sufrió un derrame cerebral catastrófico y quedó en estado vegetativo.

La última historia que me contó fue la más difícil de escuchar. Shark contó la historia de su amigo, un joven que había estado bebiendo y se puso al volante, conduciendo borracho en una soleada tarde de sábado. Se salió de la carretera y atropelló a una joven madre y a su bebé mientras caminaban y empujaban el cochecito. Los mató al instante y terminó su catastrófico viaje chocando parcialmente contra la casa de alguien. Shark lo describió como un chico muy agradable, simpático, extrovertido y muy sociable. Después del accidente, ella lo visitó en la cárcel y dijo que sus ojos parecían muertos. Él rechazó el abogado que sus padres intentaron contratarle y le dijo al juez: «Deme la pena máxima. Enciérreme de por vida. Espero vivir hasta los 100 años y pasar cada minuto de mi vida en la cárcel. Recordaré cada hora de cada día lo que hice. Ojalá pudieras matarme de la misma manera en que ellos murieron. Esa es la única justicia que merezco».

Podía oír el dolor crudo en la voz de Dave mientras me repetía estas historias. «Estas personas han sufrido tanto dolor, tanta angustia. No puedo ni imaginar cómo han sido sus vidas y cómo han logrado sobrevivir».

La semana anterior, le había pedido a un hombre en la reunión de NA de Belton que fuera su padrino, pero este lo rechazó. El hombre no creía estar lo suficientemente avanzado en el proceso como para ser un buen padrino. Dave dijo: «Si me hubieran rechazado así antes, habría abierto una cerveza y me habría liado un porro bien grande. Fue duro que me rechazaran». Esa noche les contó lo mismo a los miembros de NA. «Estoy agradecido a NA y al tribunal de drogas por quitarme esa alternativa, para que pudiera aprender a lidiar con mi orgullo herido sin la ayuda de las drogas».

Cuando dijo eso, no pude evitar preguntarle: «¿Lo dices en serio? ¿O solo lo dijiste para que te aceptaran?».

«Lo decía en serio».

Por primera vez en años, empecé a preguntarme si había sido codependiente. ¿Estaba ayudando a mantener el statu quo? ¿Estaba animando a mi marido a automedicarse en lugar de ayudarle a superar el rechazo, el fracaso u otras dificultades?

Estas preguntas me preocupaban. No quería ser codependiente ni facilitadora. Quería una relación sana y feliz con mi marido. Una relación basada en el respeto, la fuerza y el amor. Creía que la teníamos, pero aun así estas preguntas no eran fáciles de descartar o barrer bajo la alfombra. Tenía que responderlas, por mí misma, por mi marido y por nuestro hijo.

Día 22 – 4/9/2009

Color: naranja y amarillo

Día del juicio. Dave no lo dijo, pero yo sabía que estaba nervioso. La jueza lo había aterrorizado la semana anterior y me pidió que le planchara la camisa y los pantalones para que estuviera lo más presentable posible. Me preguntaba si ella se disculparía con él por su error. Era muy improbable, pero aún así, tenía esperanzas. Siempre he preferido creer en la bondad innata de las personas, independientemente de su posición o condición social. No quería sentir que este proceso era «nosotros» contra «ellos». En cierto modo, esperaba que se formara una asociación, por desigual que fuera.

Quienquiera que haya ideado este programa lo hizo por una razón y no creía que fuera solo para mantener a la gente fuera de la cárcel. Creía, o realmente quería creer, que los fundadores del programa querían ayudar a las personas, a acceder a su humanidad, a deshacerse de los malos hábitos y crear otros nuevos y mejores. Puede que se haya convertido en una distorsión del sueño, pero aún así, ¿qué se puede esperar? Los seres humanos crearon el programa para ayudar a otros seres humanos y ambas partes tienen muchos defectos. No importa qué sueño tengas o qué visión de lo que quieres lograr, la realidad lo altera. La gente se entrega a juegos de poder, critica y manipula. Esto es cierto para todos, sin importar lo amables o buenos que sean. Buscamos controlar nuestro mundo; esa es la naturaleza humana.

El destino de Pit Bull también se decidiría ese día. En los primeros días del programa, la habían encarcelado. Ella seguía afirmando que su marido le había dado el tramadol para el dolor de cabeza y que no había sabido lo que era hasta más tarde. Su historia se desmoronó cuando su marido no corroboró su versión. Resultó que había estado robando dinero a amigos y familiares y utilizándolo para comprar medicamentos con recetas médicas falsificadas. Esto, junto con la alarmante noticia de que también había mantenido relaciones sexuales con un vecino adolescente a cambio de otros medicamentos recetados, provocó un enfrentamiento en la sala del tribunal dos semanas antes.

Su marido le había confesado que él también había estado acostándose con tres de sus amigas más íntimas. Con amigos así, ¿quién necesita enemigos? También tenía la intención de solicitar el divorcio y marcharse del estado con sus dos hijos, asegurándose de que ella nunca volviera a verlos.

Ella reaccionó tan mal a esta noticia que la pusieron en vigilancia por riesgo de suicidio. En la cárcel del condado de Cass, esto significaba una celda de aislamiento y el temido «traje de tortuga». Diseñado para confinar y proteger, el traje de tortuga era un traje acolchado con capucha. El preso se cierra con cremallera por dentro y se le esposan las muñecas por delante. Es imposible ir al baño sin la ayuda del carcelero. Esto significaba que cada vez que necesitaba usar las instalaciones tenía que pedir que una funcionaria viniera a ayudarla.

A esto hay que añadir que en aislamiento tampoco se permite llevar ropa interior, y durante parte de la semana ella había tenido la menstruación. El traje de tortuga era holgado, por lo que tenía que sujetar la compresa entre las piernas y luego llamar a una funcionaria cuando necesitaba cambiarla. A Pit Bull se le permitió salir de la cárcel y llevar ropa normal durante el día mientras asistía a las reuniones de grupo, pero estaba aterrorizada por lo que el juez pudiera hacerle.

Le impusieron una pena de 120 días. Eso significaba 120 días en la cárcel y, si mantenía un comportamiento ejemplar, podría volver al programa como Fase Uno en el Día 1. En otras palabras, serían casi dos años más. A esto se sumaba el giro inesperado de que, cuando saliera de la cárcel tras cumplir los 120 días, no podría volver a casa. Tendría que buscar otro lugar donde vivir y no podría ver a sus hijos, posiblemente durante dos años.

Esto me hizo reflexionar, solo pensar en no poder ver a tus hijos, criarlos o estar presente en sus vidas. Esto es lo que las drogas le habían hecho a esta mujer. Había antepuesto colocarse y sentirse bien a ser madre de sus hijos. Y me pregunté, no por primera vez, cómo las prioridades de una persona pueden llegar a estar tan trastornadas. Es una pregunta que sigue atormentándome.

Llegó el turno de Dave ante el juez. Se acercó al estrado y el juez dijo: «Sr. Shuck».

«Sí, su señoría».

«¿Adivine qué *no* vamos a hacer hoy?».

«No lo sé, señoría».

«Hoy no vamos a entrar en un debate político teórico».

«Gracias, señoría». Y lo decía con toda sinceridad.

«Veo que le ha ido bien en el programa, Sr. Shuck, y que actualmente está buscando un patrocinador».

«Sí, su señoría».

«¿Y cuántos días lleva, Sr. Shuck?». Se refería al número de días sin consumir alcohol ni drogas. Dave había dejado de fumar a finales de noviembre de 2008, pero su última cerveza había sido el 21 de julio de 2009. Su sobriedad se contaba desde la última cerveza, *no* desde la última vez que había fumado marihuana.

«Cuarenta días, su señoría».

«Puede sentarse, señor Shuck».

«Gracias, señoría».

Como nos habían dicho otros, la jueza no se disculpó ni admitió ningún tipo de fracaso. No lo esperaba, pero sin duda lo deseaba. Al menos reconoció que Dave lo estaba haciendo bien, y me aferré a eso y sentí que tenía que conformarme. Sin embargo, su negativa a admitir un error envió un mensaje alto y claro: «Hagan lo que yo digo, no lo que yo hago». Con directrices como esas que seguir, ¿es de extrañar que florezcan la mentira, el engaño y la desconfianza por ambas partes?

Muchos de los participantes de la Fase Cuatro estaban en la corte el viernes. Miraron la camisa, los pantalones y la corbata de Dave y se burlaron en silencio hasta que salieron de la sala. La mayoría de los participantes de la Fase Cuatro vestían jeans y camisetas. Lo acusaron de ser un lameculos.

«Esto es un tribunal. Cuando voy al tribunal, me visto adecuadamente», les explicó Dave.

«Ni muerto me pondría un traje todo el día», dijo uno.

«Por eso traigo ropa para cambiarme».

«Da igual».

El hermano de un vecino, que es adicto a la metanfetamina, también estaba en el tribunal ese día. La jueza se tomó su tiempo con él. Estaba en la fase tres, pero había tenido recaídas en el pasado. Concretamente, la propia jueza lo había pillado cuando regresaba a casa borracho de un bar. Ella se había sentado en la entrada de su casa y había esperado 45 minutos hasta que él regresó, traspasando el toque de queda y violando las normas del tribunal de drogas. Ella misma lo llevó en coche a Harrisonville y lo ingresó en la cárcel.

Como resultado de eso y de algunos otros tropiezos en el camino, llevaba más de dos años en el programa. Después de repasar la lista de sus fracasos a lo largo del camino y recordarle que si se hubiera mantenido alejado de los problemas, ya habría salido, lo ascendió a la fase cuatro. Este es el nivel final del programa y suele durar un mínimo de cinco meses. Si se comportaba increíblemente bien, podría incluso completarlo, y por consiguiente todo el programa del tribunal de drogas, en solo tres meses más.

Después de solo tres semanas, había llegado a ver el día del tribunal más como un día de circo. Los monstruos y las historias... ¡cómo salen todos de sus madrigueras! Al igual que la serie *Weeds*, el tribunal de los viernes es el accidente sangriento y destrozado en la autopista que atrae mi atención y me absorbe.

El siguiente era Casanova, que se había acostado con varias participantes del tribunal de drogas, lo cual también era un gran tabú y figuraba como una infracción grave.

A Casanova se le había ordenado escribir una carta al tribunal explicando por qué acostarse con otras participantes del tribunal de drogas era una mala idea. Luego se le pidió que la leyera en voz alta ese día. Ahora bien, si se tiene en cuenta el nivel de alfabetización del participante medio del tribunal de drogas, fue un ejercicio doloroso de escuchar. Pero por si eso no fuera suficiente para intimidarlo y hacer que entrara en razón, la jueza también mencionó el hecho de que Casanova tenía una novia con la que convivía. Le informó de que iba a hablar con la novia y le dio la opción de explicarle primero las cosas a ella. «Creo que es mejor que le explique los detalles a su novia antes de que lo haga yo, señor Casanova».

«Sí, señora».

Después del juicio, Dave asistió al programa de desviación. Uno de los otros asistentes, que en realidad no era un participante del tribunal de drogas, sino que estaba allí como parte de CSTAR*, era Anger Management. Otra participante del tribunal de drogas, Shark, le había oído decirle a Anger Management que podía llamarle en cualquier momento que necesitara a alguien con quien hablar. Shark está en la fase cuatro y es la favorita de la jueza. «Ahora mismo tienes que preocuparte por tu propia sobriedad», le advirtió a Dave.

El viernes anterior, Shark había sido llamada por la jueza para que se desahogara con Pit Bull. Al parecer, Shark había sido su mentora/madrina. Después de destrozar a Pit Bull, se acercó a Dave, que estaba sentado temblando por su encuentro con la jueza, y le preguntó: «¿Qué has hecho para cabrear a la jueza?». Cuando él respondió que no había hecho nada, ella frunció el ceño y dijo: «Eres un mentiroso. No pierdo el tiempo con mentirosos».

Después del juicio, Anger Management se acercó a Dave y le preguntó si podía llevarla a la reunión de NA de esa noche. «Lo siento, no puedo, y hay dos razones para ello. Primero, voy a una boda esta noche. Y segundo, tú sigues fumando marihuana, y no puedo poner en peligro mi propia recuperación o mi puesto en el tribunal de drogas exponiéndome a un posible arresto si te pillan en mi coche con drogas».

Dave casi se sale de sus casillas cuando Shark apareció a su lado. Ella había estado allí de pie escuchando toda la conversación. «Vaya», lo miró fijamente, «estoy realmente impresionada. Has estado muy acertado y centrado. Has explicado el motivo y es obvio que lo habías pensado bien». Teniendo en cuenta que una semana antes Shark estaba convencida de que era un mentiroso, eso era sin duda un gran elogio.

El resto del día transcurrió sin incidentes. Dave había hecho arreglos especiales para salir del condado y asistir a la boda de su primo, y los consejeros le permitieron salir a las 2:45 en lugar de a las 4 de la tarde. Yo había acordado trabajar hasta las 3:30. La boda era a las 5 de la tarde y estaba a al menos 45 minutos en coche, así que no teníamos mucho tiempo. Nos vestimos y salimos a las 4 de la tarde. Pronto nos encontramos atrapados en un caos de obras, lluvia y tráfico en hora punta. Cuando llegamos a un kilómetro y medio de nuestro destino, eran las 5 y 5 minutos. ¿Y el lugar? Bueno, no conseguíamos encontrarlo.

Finalmente, me rendí y llamé a su tía. «No conseguimos encontrar el lugar», le dije.

«Eso es porque no es hasta dentro de tres semanas».

«Oh, sí, eso bastaría». Me despedí y me eché a reír. Todo el maldito tráfico que habíamos soportado, por no hablar de los permisos especiales y de cómo habíamos salido temprano del trabajo y del tribunal de drogas, y yo ni siquiera había mirado la invitación.

Más tarde juraría que Dave me lo había dicho el día 5, y él juraría que nunca lo había dicho ni había mirado la invitación. Regresamos, nos abrimos paso por un tráfico aún peor en el viaje de vuelta y finalmente llegamos a Belton. «Me muero de hambre; llévame a Backyard Burger ahora mismo o tu vida estará en peligro», le exigí.

«Sí, cariño».

Como si no me hubiera divertido ya lo suficiente en el coche, al salir del drive thru, le sugerí: «Ya que estamos, podrías ir a Harrisonville a dejar una muestra de orina». Cada vez que se le permite salir del condado de Cass, excepto para impartir sus clases de Chi Gung, debe presentar una prueba de orina en la oficina del sheriff del condado a su regreso. Giramos hacia la autopista y nos dirigimos hacia el sur. Veinte minutos más tarde, a pocos kilómetros de Harrisonville, el tráfico se detuvo. Todo el mundo intentaba salir de la ciudad para el largo fin de semana del Día del Trabajo.

Nos miramos por enésima vez y nos reímos. Era o reír, gritar o llorar, y supongo que ambos pensamos que era más fácil reír. P.E. prácticamente levitó de su asiento cuando paramos en la cárcel. «¡Tengo que hacer pis!». Claro, niña, claro que sí.

Seguro que dimos mucho que hablar. Las tres vestidas elegantes, P.E. con su vestido «Jackie O» y yo con un bonito vestido y sandalias, entrando en una cárcel para que mi marido pudiera hacer un análisis de orina y mi pequeña pudiera usar el baño. Nos vigilaron con cámaras todo el tiempo. Terminé de ayudar a P.E. y salimos a la furgoneta para esperar a Dave. Unos minutos más tarde, P.E. anunció: «¡Tengo que hacer caca!».

«Oh, no. No, no, no, no, NO». Ni loca iba a volver a entrar en esa cárcel. Puede que me nominaran para el premio a la peor madre del año, pero no podía soportar volver allí. «Niña, vas a tener que aguantarte». Y se aguantó. Se aguantó durante los diez minutos que tardó Dave en volver y los veinte minutos más que tardamos en regresar a Belton. En total, ¡habíamos estado en ese coche cuatro horas!

Esa noche, exactamente a las 12:15 a. m., sonó el timbre. Agarré a Dixie, nuestra perrita que ladra muy fuerte, y la saqué fuera. Dave dejó entrar al agente Wheatfield y yo volví a la cama.

Día 23 - 5/9/2009

Color: naranja y amarillo y, más tarde, azul

No cambiaron los colores del día anterior hasta las 7:45 a. m. Después del día 3, Dave se propuso como prioridad llamar a primera hora de la mañana. Esto solía significar a las 7:15 como muy tarde. Como la llamada debe hacerse desde el teléfono de casa, hay un registro de llamadas; el tribunal de drogas siempre sabe exactamente cuándo ha llamado un participante. En cualquier caso, como su color era verde, no tenía que presentar una prueba de orina. Pero se enteró de que el color anterior del día anterior se aplicaba a aquellos que figuraban en la lista de llamadas antes del cambio. Para los que llamaron después de las 7:45, se aplicaba el color azul. Era bueno saber que este aspecto no serviría como trampa, en la que le dirían: «Deberías haber llamado dos veces, solo para asegurarte».».

Dave relató su día mientras cocinaba pollo y verduras salteadas para la cena. Había comenzado a asumir un papel de liderazgo en las reuniones del grupo. La mayor parte del grupo de ese día se había centrado en Steinbeck, el joven que había escupido la flema y la había dejado en el suelo de la sala del tribunal. No conocido por su destreza mental, era denigrado regularmente por los demás participantes del tribunal de drogas. Dave le había estado enseñando movimientos de artes marciales y había tomado a Steinbeck bajo su protección.

«Nos centramos en cómo Steinbeck necesita tomar mejores decisiones y evitar a las personas que le meten en problemas», dijo Dave mientras el pollo chisporroteaba en la sartén. «Aceptar la invitación de su hermana para ir a nadar supuso entrar sin permiso en una propiedad privada, que todos, incluido él, bebieran cerveza y que llamaran a la policía. ¡Y todo esto ocurrió mientras estaba en el tribunal de drogas!». Sacudió la cabeza. «La hermana desprecia abiertamente el tribunal de drogas, por lo que sigue intentando meterlo en situaciones comprometidas y él sigue queriendo salir con ella».

Llevaba tres semanas en el programa y definitivamente estaba creando vínculos con sus compañeros participantes. Los seres humanos somos criaturas sociales, y creo que es difícil evitar crear al menos algún tipo de vínculo con las personas con las que convives día tras día. Dudo que hubiera una sola persona allí con la que nos hubiéramos sentido cómodos normalmente, o a la que hubiéramos invitado a cenar o a socializar a nuestra casa. Pero Dave estaba encajando, creciendo y haciendo todo lo posible. Estaba orgullosa de él; estaba dando un paso adelante y aportando su experiencia en artes marciales e incluso su sentido común para ayudar a los demás, y por consiguiente a sí mismo, a través de un proceso difícil.

Poco antes de que terminara la cena, mi madre apareció para recoger su ordenador. Un virus lo había bloqueado y Dave había pasado un día reinstalándolo. Se quedó a cenar y, después de que P.E. se despertara, se la llevó a su casa para pasar la noche. Las envié a casa en la furgoneta para no tener que preocuparnos por cambiar la silla del coche y prometí pasar al día siguiente a recogerla. También tenía que desenterrar las azucenas que le había prometido llevarle.

Esa noche, cuando yo ya estaba profundamente dormida y Dave veía *Matrix Revolutions* en la televisión de nuestro dormitorio, volvió a sonar el timbre. Esta vez era el ayudante del sheriff Good Ole Boy. Dave me dijo que volviera a la cama y así lo hice. Las visitas de los rastreadores se estaban convirtiendo en algo habitual para nosotros y él ya dominaba el arte de soplar en el alcoholímetro y entregar una muestra de orina. En menos de cinco minutos, el rastreador se dirigía a otra casa. Era la primera vez que veíamos rastreadores en nuestra puerta dos noches seguidas, pero no me sorprendió. Era un fin de semana de tres días, ya que el lunes era el Día del Trabajo. El último hurra del verano significaba fiestas, visitas al lago y cerveza. Nos vigilaban de cerca a todos.

A pesar de las advertencias de que registrarían nuestra casa con lupa, dudo que nadie se imaginara nuestra casa cuando lo dijo. Está llena de tantos rincones y recovecos que es imposible que un rastreador encuentre algo si decidimos esconderlo. Se necesitarían horas y horas de búsqueda y el programa simplemente no tenía el personal necesario para ello.

No es que yo me arriesgara, porque no lo haría. No valía la pena arriesgar la libertad de Dave o su capacidad para quedarse aquí en la casa con nosotros mientras completaba el programa. Tal y como estaban las cosas, cuando nuestra gran perra Kellogg desarrolló sus alergias estacionales, incluso llamamos a Sherrie para decirle que habría Benadryl en la casa para la perra. Le dábamos cuatro comprimidos al día para reducir el picor y la caída del pelo. Mientras tanto, Dave también se veía afectado por las alergias, principalmente al ambrosía, que estaba en plena floración. Tenía que soportarlo con solo Tylenol y Excedrin para los fuertes dolores de cabeza.

Si me resfriaba, le pedía a Dave que llamara a Sherrie y le informara de que queríamos tener Nyquil en la casa. Debido a su alto contenido en alcohol, el Nyquil, al igual que el enjuague bucal, estaba prohibido. La idea de que algún pobre desgraciado bebiera eso para emborracharse me aterrorizaba. ¿Hasta qué punto había que caer para que eso pareciera una opción viable?

Día 25 – 7/9/2009

Color: amarillo

Uno de los requisitos del tribunal de drogas es que Dave debe asistir a tres reuniones de Narcóticos Anónimos por semana. Habíamos elaborado un horario para los lunes, miércoles y viernes una vez que él comenzó a dar clases de Chi Gung los martes y jueves por la noche. Sin embargo, se había perdido la reunión del viernes durante las cuatro miserables horas que pasamos en el coche buscando la boda que no se celebraría hasta dentro de tres semanas, y tenía que recuperarla para cumplir con las tres reuniones semanales. Encontró una que se celebraba al mediodía y también planeó asistir a su reunión habitual del lunes por la noche. Dos reuniones en un día le permitirían ponerse al día y demostrar que estaba cumpliendo con las expectativas del tribunal de drogas.

No había mirado detenidamente el horario de las reuniones y, al mediodía, se encontró en una reunión de Alcohólicos Anónimos en lugar de Narcóticos Anónimos. Uno de los chicos de la reunión le avisó antes de que empezara todo: «Cuando te presentes, no digas solo tu nombre y que eres adicto», le aconsejó. «Diles que eres alcohólico y drogadicto. Son un poco sensibles con la diferencia».

Me pareció interesante que hubiera una distinción. ¿Los alcohólicos creían realmente que el alcohol no era una droga? ¿O que alguien podía ser alcohólico, pero eso no lo convertía en drogadicto? A mí me parecía un poco como buscarle tres pies al gato. Manzanas o naranjas, al fin y al cabo, siguen siendo frutas. Me recordó a cuando, doce años antes, me mudé aquí con Danielle y me fui a vivir con mi madre. «Ve a la tienda por mí», me pidió mi madre, «y cómprame un paquete de cigarrillos».

«No voy a comprarte tus drogas», le respondí.

«¡No son drogas!». Se enfadó mucho al pensar que yo consideraba que fumar cigarrillos era lo mismo que consumir drogas ilegales.

Eso me hizo pensar. ¿Cuál es la definición de droga? Lo busqué en varios sitios.

Según Wikipedia, «una droga, en términos generales, es cualquier sustancia que, cuando se absorbe en el cuerpo de un organismo vivo, altera el funcionamiento normal del organismo».

Bueno, si utilizamos esa descripción, incluso el chocolate o el café se considerarían drogas, no solo el alcohol o el tabaco. De hecho, ese mismo artículo de Wikipedia tiene una imagen de una taza de café con una leyenda que dice: «El café es la bebida psicotrópica más consumida en el mundo».

Sin embargo, el *Compact Oxford English Dictionary* que tengo en mi escritorio dice: «sustancia ilegal que se consume por sus efectos narcóticos o estimulantes». Vaya. Vale, definitivamente el alcohol, el café, el chocolate o los cigarrillos no entran en esa categoría.

Y, por último, Dictionary.com interviene definiendo la palabra «droga» como «cualquier artículo, que no sea un alimento, destinado a afectar la estructura o cualquier función del cuerpo de los seres humanos u otros animales». Ahora mi cerebro estaba realmente confundido. ¿Se considera el café un *alimento*? ¿Y las setas alucinógenas? ¿Se consideran alimentos?

Los demás asistentes a la reunión de Alcohólicos Anónimos le dieron a Dave la lista de teléfonos y le instaron a llamar: «Recuerda, fracasarás; todos lo hacemos. Lo importante es seguir intentándolo y, al final, lo conseguirás». Una y otra vez, tanto en el tribunal de drogas como en las reuniones e incluso por parte de los funcionarios, se repetía el mismo mensaje: «*Fracasarás. Fracasarás* porque eres un adicto sin remedio».

Si fracasar significaba volver a beber o consumir drogas, entonces sí, eso sería cierto. Dave no tenía intención de volver a consumir drogas ni a beber cerveza nunca más. Pero ¿dejarlo durante un año y medio mientras pasaba por el tribunal de drogas y se borraba su expediente? Eso era indiscutible. No perdí ni una sola noche de sueño por ello, ni me preocupó que Dave estuviera bebiendo a escondidas Nyquil o enjuagándose la boca con colutorio. Y no había forma de que se arriesgara a pasar otra noche en la cárcel solo por el sabor de una cerveza.

Una vez más, me encontré cuestionándome la naturaleza misma de la adicción. ¿Quién es un adicto? ¿Cómo es esa persona, cómo actúa y cómo vive? ¿Existe el consumo sin abuso?

¿Estábamos siendo miopes o simplemente no entendíamos lo que era la adicción? ¿Podríamos encajar en algún territorio o categoría extraña y desconocida en la que no existiera ni la adicción ni el abuso?

Mientras Dave me contaba la reunión de AA, se detuvo y dijo: «Estoy aprendiendo de todo esto. De verdad. Pero no creo que sea alcohólico ni drogadicto. Sí, he abusado de las drogas y sí, a veces probablemente he bebido más de lo que debería, pero en ninguno de los dos casos me siento adicto».

Y tuve que darle la razón. Yo tampoco veía la adicción, en absoluto. Y, de nuevo, me pregunté: *¿eso me convierte en codependiente?* ¿De qué otra manera podría explicar que mi punto de vista y mi opinión contradijeran directamente la opinión profesional del tribunal y la de tantos otros expertos?

Día 27 – 9/9/2009

Color: verde y todo nivel cuatro

«Vaya. ¿Cuánto ha pasado, una semana?».

«Sí». En realidad, habían pasado seis días desde que apareció su color.

«Vaya, maldita sea. Supongo que no debería haber fumado toda esa marihuana».

Obviamente, estaba bromeando. El avión de Danielle había llegado con una hora de retraso y tardamos otra hora más en llegar a casa. Yo estaba agotada y me había acostado a las 11 de la noche, mientras que Dave y Danielle se quedaron despiertos hablando y escuchando música hasta medianoche.

Dave tenía una hora que recuperar en el tribunal de drogas después de haberse ido temprano un día de la semana anterior. Yo tenía dos limpiezas que hacer ese día. Eran limpiezas relativamente pequeñas, y volví a la 1 p. m. a una casa vacía. Unos minutos más tarde, Danielle y Dave regresaron con la compra.

Guardamos la compra y volví a mi despacho con Danielle siguiéndome de cerca. Se sentó y me dijo: «Estoy pensando seriamente en volver a Misuri». Acababa de romper con su novio y volvería a un apartamento de una habitación que no podía permitirse pagar por sí sola.

Hablamos sobre sus opciones y me ofrecí a ir en mi monovolumen a recogerla a ella y sus pertenencias y luego volver. Más tarde, esa misma noche, sugirió que podía volar con un billete de ida y ayudarme a conducir hasta allí. Hicimos un presupuesto provisional y miramos los precios de los billetes de avión. Tenía que esperar hasta finales de diciembre, cuando terminaba el contrato de alquiler de un año, para poder volver. Eso significaba casi cuatro meses sola en el apartamento, pero su novio había pagado su mitad del alquiler hasta finales de año y le había dicho que se mudaría la semana que ella estuviera en Misuri.

En cierto modo, creo que eso le facilitó un poco las cosas, no ver cómo se llevaban sus cosas del apartamento. Pero el vacío del apartamento y su ausencia también serían difíciles de afrontar al volver. Esta había sido su primera relación seria como adulta que vivía sola. Y la decisión de irse a vivir juntos había sido muy importante para ambos.

Esa noche me miró y me preguntó: «Mamá, ¿hablabas en serio cuando te ofreciste a conducir hasta California para recogerme?». La miré a la cara y recordé cuántas veces había dejado en suspenso mi vida, mis sueños y mi educación por esta chica. Pensé en los años de preocupaciones, amor y lágrimas. Recordé los momentos en los que habíamos discutido y muchos más en los que no. Todavía podía oír en mis oídos la confesión que me había hecho ese mismo día: «Cuando discutimos y me fui de casa, te culpé a ti. Te culpé durante dos años. Todo era culpa tuya. Ahora sé que estaba equivocada. Creo que incluso entonces lo sabía».

Incluso a los 21 años, seguía siendo mi hija. Podía dedicarle una semana de mi vida sin ningún problema. Sin duda, había hecho mucho más por ella en los años anteriores. «Sí, Danielle. Lo haré por ti. No será fácil; es un viaje muy largo, 2400 km de ida y vuelta. Pero sí, lo digo en serio y lo haré».

Mi alegría esa noche por tener a mi primogénita de vuelta cerca de mí solo se vio empañada por la falta de entusiasmo de Dave. Esa noche se mostró muy reservado al respecto. Cuando nos acostamos, le pregunté qué pasaba. Respondió con cautela, eligiendo cuidadosamente sus palabras.

«No sé cómo me sentiré al quedarme aquí una vez que todo esto haya terminado».

«¿Te preocupa que si Danielle está aquí, yo no quiera irme?», le pregunté.

«No sé qué querrás hacer».

«Sinceramente, cariño, yo tampoco. No sabemos qué pasará ni si volver a California será mejor que cambiar de aires», le dije. «¿Y si volvemos y tampoco hay trabajo allí? ¡Tengo pesadillas en las que los tres acabamos viviendo en la sala de estar de la casa de tus padres! ¿Cómo va a cambiar las cosas alejarnos de lo que tenemos aquí?».

Él se quedó en silencio, así que continué: «Lo único que me preocupa ahora mismo es sobrevivir a todo esto. Así que seguiré trabajando en la oficina, dirigiendo el negocio de limpieza, dando clases y concentrándome en sacar y publicar mis libros. Ahora mismo, eso es lo que tengo que hacer. Con el tiempo, volveremos a California. Pero cuándo será eso es algo que ahora mismo está en el aire. Hasta que superemos esto, ahí es donde tiene que quedarse».

Él estuvo de acuerdo y la conversación pasó a la reunión de NA de esa noche. «No sé si me siento cómodo incluyendo los detalles de las reuniones de NA en el libro».

Le pregunté por qué y me respondió: «Porque es anónimo y algunas de estas personas», hizo una pausa, «tienen historias muy difíciles de escuchar. Christine, vuelven cada semana, incluso cada pocos días, aunque no tienen por qué hacerlo».

Pude percibir la emoción en su voz: «No están obligados a hacerlo. El tribunal no les obliga a asistir a las reuniones y, sin embargo, acuden. Todas las semanas».

Lo entendí. Sentía protección por estas personas y admiración por su disposición a desnudar sus almas. Había visto lo difícil que se había vuelto su vida como resultado de su adicción.

No se puede participar en un programa tan intensivo e invasivo sin verse afectado de alguna manera. Dave estaba cambiando poco a poco su forma de pensar. Yo también, a pesar de haber quedado relegada a un segundo plano. Nuestra resistencia al programa se había disipado en cierta medida. Había comenzado a cambiar de formas extrañas y misteriosas. Y aunque seguía siendo una experiencia «que había que superar», ahora también era un vehículo para la introspección. ¿Cómo afectaba a nuestras vidas el consumo de drogas y alcohol? ¿Qué aspectos nos beneficiaban y cuáles nos perjudicaban cuando permitíamos que esas sustancias entraran en nuestras vidas?

Empecé a darme cuenta del impacto total de la historia que estaba escribiendo. Nunca se había tratado de un relato burlón sobre cómo escapamos de cumplir una dura condena por nuestros delitos. Pero lo había empezado con mucha más ligereza de la que merecía. Me encontré luchando con definiciones y significados. Quería comprender la naturaleza misma de la adicción y cómo nos afectaba no solo a nosotros, sino también a estas otras personas. ¿Qué significaba ser alcohólico? ¿Cuándo se convertía el consumo en abuso? ¿Cuándo se convertía en adicción?

Estas preguntas seguían dando vueltas en mi cabeza cada día. El camino que tenía por delante era accidentado y estaba poco iluminado. ¿Qué rumbo tomaría a continuación?

Día 29 – 11/9/2009

Color: verde

El viernes comenzó con una mañana récord para el tribunal de drogas. Cada participante de la Fase Uno se reunió con el juez, no hubo dramas ni emociones y, a los siete minutos del comienzo de la sesión, todo estaba listo y completo. El juez le preguntó a Dave cómo iba la visita con Danielle y le preguntó si había tenido éxito en encontrar un padrino de NA. «Sigo buscando, su señoría», fue todo lo que Dave pudo decirle.

Esa noche tuvo éxito. La segunda persona a la que se lo pidió dijo que sí y él se emocionó muchísimo. «Nos reuniremos mañana para hablarlo», sonrió. «Este es uno de los tres pasos que tengo que completar para pasar a la Fase Dos. También tengo que completar parte de un libro de ejercicios, del que ya he terminado la mitad, y la tercera cosa...», dijo avergonzado. «He olvidado cuál es la tercera cosa».

No importa; lo tendría controlado el lunes a más tardar.

Parte del programa del tribunal de drogas incluye servicio comunitario y un consejero se acercó a él y le dijo que había sido seleccionado para prestar servicio uno de los próximos días del fin de semana. El consejero le preguntó si Dave quería hacerlo el sábado o el domingo y Dave aprovechó la oportunidad de hacerlo el sábado, que aún contaba como su tiempo requerido en el centro de asesoramiento de Harrisonville. Esto significaba que el domingo seguiría estando libre para que todos pudiéramos hacer algo juntos, con Danielle, en familia.

Esa noche, mientras Danielle estaba fuera visitando a unos amigos, vino un agente de seguimiento. Era nuevo, no eran los otros dos que habíamos visto antes. Dave había oído que durante el fin de semana largo anterior habían registrado minuciosamente las casas de varios participantes. Pensaba que él sería el siguiente y le preguntó al agente si necesitaba ver alguna zona de la casa. El hombre dijo que no, le hizo algunas preguntas a Dave, le hizo la prueba de alcoholemia y, en pocos minutos, se fue a la siguiente casa.

Día 30 - 12/9/2009

Color: verde y nivel cuatro

«¿Dónde estás haciendo tus servicios comunitarios?», le pregunté a Dave.

«En Peculiar, en el centro de reciclaje», respondió vestido con una camiseta vieja y vaqueros. «El Sr. Big recibió una sanción allí el otro día».

Arqueé las cejas. El Sr. Big era un hombre alto, negro y ex traficante de crack. «¿En serio?».

«Alguien le dijo que revolviera un contenedor apestoso lleno de mierda y él se negó. Ella se le encaró, lo llamó "maldito drogadicto" o algo por el estilo, y él perdió los estribos y le dijo: "Vete a la mierda, perra"».

Hice una mueca de dolor: «Vaya, eso sí que estaría justificado».

«Casi lo expulsan del programa porque era su undécima o duodécima sanción».

El Sr. Big llevaba casi dos años en el programa. Justo un año antes, había salido del condado sin permiso para llevar a su sobrino en coche. Mientras conducía por una zona más sórdida de Kansas City, unos traficantes rivales lo reconocieron. Se acercaron al vehículo y dispararon varias veces al interior, alcanzando a su sobrino en la cabeza y el pecho. Su sobrino murió en sus brazos.

Apenas una semana antes se había cumplido un año y el Sr. Big estaba muy afectado. El encontronazo con la mujer en el centro de reciclaje no había ayudado en nada. Habían estado a punto de expulsar al Sr. Big del programa después de que la mujer admitiera a regañadientes que «podría haberle dicho algo inapropiado».

Inmediatamente me preocupé por Dave. No porque fuera a reaccionar como lo había hecho el Sr. Big, sino porque alguien que tuviera una idea preconcebida de quién era él debido a su situación podría pedirle que hiciera cosas degradantes. Esto me preocupaba.

Participar en el programa es un golpe para tu autoestima, tu competencia y tu existencia como miembro igualitario de la sociedad. La gente puede menospreciarte, meterte en una cajita con la etiqueta de «adicto», sacudirse las manos y marcharse. Dios sabe que al principio nos sentíamos así con respecto a sus compañeros participantes. Es fácil hacerlo. La naturaleza humana nos impulsa a definir nuestro mundo —bueno, malo, correcto, incorrecto— hasta el punto de que nos perdemos en imágenes y etiquetas generales.

Olvidamos lo únicos que somos en realidad.

Me topé con esto, para mi consternación, en la primera semana del programa. Mi padre, un expatriado que vive en Sudamérica, escribió lo siguiente:

«Cuando entren y arresten a Dave por algo ridículo como una botella de extracto de vainilla, intenta controlar tu temperamento. Sé cómo puedes llegar a ser, y si no tienes cuidado, harás que se lleven a Dave a la cárcel».

Genial. Gracias, papá.

Le respondí: «Gracias por encasillarme...», a lo que él respondió: «De nada». Cerré la conexión segura que habíamos estado utilizando para comunicarnos y me hice inaccesible a través de cualquiera de los chats encriptados que él había insistido en que instalara en mi ordenador. Su paranoia de que alguien pudiera escuchar nuestros correos electrónicos o llamadas telefónicas abiertas le impedía ponerse en contacto conmigo a través de los canales normales.

Una pequeña y mezquina parte de mí sonrió por dentro, sabiendo que él sentiría curiosidad por saber cómo iban las cosas y se sentiría frustrado por no estar al tanto. Su cumpleaños era el 19 de septiembre. No me apetecía llamarlo, pero lo haría. Soy hija única y trato de ser algo educada y considerada en días especiales como cumpleaños y fiestas. Sería la primera vez que hablábamos en semanas.

Sus comentarios me habían ofendido muchísimo. ¿Por qué los consideraba ofensivos? Por dos razones:

1. A pesar de los años que habían pasado, él todavía parecía verme como una chica de 16 años sin control sobre su temperamento. También era bastante ajeno al hecho de que a veces se necesitaba una enorme paciencia para lidiar con él o con mi madre. De hecho, otras personas habían notado mi paciencia ante el comportamiento bastante extremo de ambos en el pasado y me habían preguntado cómo lograba mantener la calma. A pesar de toda mi paciencia y mis esfuerzos por ser paciente y comprensiva con sus peculiaridades, era obvio que la etiqueta seguía ahí. A los ojos de mi padre, yo seguía teniendo 16 años y era demasiado tonta para saber cuándo callarme.

1. A pesar de la situación, no todos en el tribunal de drogas estaban en contra nuestra. Muchos de ellos querían que tuviéramos éxito. Cuando el agente Wheatfield señaló el Nyquil, a pesar de que la agente de libertad condicional de Dave, Sherrie, señaló que estaba bien tenerlo en casa (siempre y cuando Dave no lo bebiera), lo habíamos vertido delante de él y eso había sido más que aceptable. Lo mismo había ocurrido con el enjuague bucal. Hasta la fecha, nadie había insistido en revisar nuestro armario de especias, y dudaba que el extracto de vainilla (que contiene alcohol) se considerara un problema.

Me arrepentí de haberle contado a mi padre nuestra situación, pero esperaba recibir asesoramiento legal en esos primeros días. En otro tiempo había ejercido la abogacía en Misuri y Arizona, pero había pasado mucho tiempo desde entonces. Mi madre aún no lo sabía, y yo pensaba mantenerlo así el mayor tiempo posible. Si mi padre era un indicio de cuántas preocupaciones e interferencias tendría que afrontar además de las mías, mi madre sería diez veces peor. Podría dedicarse profesionalmente a preocuparse por los demás.

Volví a pensar en lo fácil que es encasillar a los demás en una categoría bonita y ordenada. La mujer del centro de reciclaje que se refería a los participantes del tribunal de drogas como «drogadictos», o mi madre, que tenía opiniones racistas y prejuiciosas que no puedo repetir aquí, o la paranoia de mi padre sobre todo lo relacionado con el gobierno... Todas estas personas tenían un pensamiento limitado y una comprensión reducida de las capacidades de aquellos a quienes habían categorizado y etiquetado.

Sabía que veríamos más de lo mismo en las semanas y meses venideros. Me molestaba y se manifestaba de formas extrañas y repentinas, como en Facebook el día anterior, cuando publiqué un comentario mordaz sobre «mentes pequeñas y corazones aún más pequeños» en la publicación de un compañero de secundaria y luego lo eliminé inmediatamente de mi lista de amigos.

Habíamos sido amigos ocasionales en el instituto. Él era muy diferente y no teníamos intereses comunes. Pero a veces era divertido, habíamos estado al margen de uno de los grupos marginados y habíamos mantenido el contacto durante los años posteriores a la graduación. Le habían rechazado en casi todos los puestos de bombero o policía a los que había solicitado y yo estaba seguro de que era por los exámenes psicológicos, en los que había suspendido. Siempre había parecido un poco raro en el instituto, lleno de ira, y había insinuado que tenía una vida familiar difícil.

Años después del instituto, se había convertido al mormonismo, había conocido a una chica que había hecho lo mismo, se habían casado y habían tenido hijos. Dave y yo pensábamos que su conversión y su posterior matrimonio parecían haberlo estabilizado, haber limpiado el enorme pozo de ira y rabia que solo había mostrado en pequeños indicios durante nuestros años juntos en el instituto, pero con el paso de los años se había convertido en una actitud crítica y santurrona que me resultaba ofensiva. Nos habíamos acostumbrado a intercambiar boletines anuales sobre nuestras familias en Navidad y eso era todo, hasta que él apareció en Facebook unos meses antes.

Había estado criticando el discurso de Obama a los escolares y yo ya no podía soportar escuchar sus opiniones racistas apenas disimuladas ni sus vomitivos comentarios moralistas. El día antes de publicar el comentario, pulsé el botón «Cancelar» en mi lista de amigos para eliminarlo y me fui a casa con un fuerte dolor de cabeza y malestar estomacal.

Creía que estaba viviendo un punto de inflexión importante en mi propia aceptación de las peculiaridades de la personalidad de los demás. Me daba cuenta de que cada vez estaba menos dispuesto a tolerar los puntos de vista hipócritas. Además, cuando me encontraba con puntos de vista que, en mi opinión, estaban en total desacuerdo con los míos, casi no tenía paciencia ni voluntad para lidiar con ellos.

Sin embargo, eso me daba miedo. Quería mantener una mente abierta, ver los puntos de vista de los demás y comprenderlos lo mejor que pudiera. No quería cerrarme a todas las demás formas de pensar, porque creía que hacerlo era lo que llevaba a tantos otros a la mentalidad cerrada (es decir, la falta de ella) que tenían ahora. No me gustaba ni quería la mentalidad de «nosotros contra ellos» o «o es blanco o es negro». Era una lucha interna que seguiría atormentándome ese día y mucho tiempo después.

Danielle había regresado en algún momento de la madrugada y estaba dormida en el sofá, acurrucada contra un gran perro de peluche de P.E. y parcialmente envuelta en la colcha que le había hecho. Quería despertarla, pero sabía que probablemente había llegado tarde después de visitar a unos amigos. Esperaba que se despertara y pudiéramos ir a Powell Gardens, pasear por los jardines y ver las nuevas incorporaciones al parque. Había oído hablar de una nueva sección, un mosaico de alimentos que se había plantado, y me moría de ganas de verlo. O eso, o una visita al museo de Main Street en Belton o al antiguo cementerio para ver si podíamos encontrar la tumba de Carry Nation. Me había dado cuenta recientemente de que, después de 11 años viviendo en Belton, todavía no había visitado esos lugares. A Danielle le gustaba la historia tanto como a mí, y sabía que estaría dispuesta a vivir alguna aventura una vez que hubiera descansado.

Al final, hicimos muy poco ese día y nos conformamos con dar un paseo con P.E. y uno de los perros. Cuando Dave regresó de su jornada de trabajo voluntario y terapia de grupo, nos puso al día de los acontecimientos del día mientras Danielle preparaba rollitos de primavera vegetarianos para cenar.

El centro de reciclaje estaba cerca de una escuela y ese día había un examen ACT programado. Dave y otro hombre se encargaban de desviar los coches llenos de adolescentes estresados y les indicaban que aparcaran en un lugar más alejado. Preocupado por llegar tarde, frustrado por no poder aparcar cerca de la escuela y con la ansiedad generalizada por el examen, un chico le gritó al compañero de Dave: «Debería darte una paliza, viejo, pero tengo que hacer un examen».

El viejo le respondió: «Estaré aquí cuando salgas». Miró a Dave y se encogió de hombros: «Estuve en la Marina y me gustaría pensar que le daría una buena paliza».

Mis temores sobre los supervisores irracionales o megalómanos del centro de reciclaje eran infundados. El único otro suceso interesante del día fue una mujer que llegó con un montón de basura podrida y maloliente e insistió: «Hay papel ahí que se puede reciclar».

Cuando la rechazaron, con el aire cargado del olor espeso y pesado de la carne podrida, gritó: «No volveré a molestarme en venir aquí». Los demás trabajadores parecieron aliviados ante esa promesa.

Después de cuatro horas de servicio comunitario, Dave cogió un sándwich y se dirigió al grupo de Harrisonville. Como el grupo del sábado es solo para participantes de nivel uno, y otros también estaban prestando servicio comunitario ese fin de semana, solo había otras tres personas en el grupo ese día: Beer Brat, Casanova y Little Girl.

Little Girl era nueva en el programa del tribunal de drogas. Había celebrado su vigésimo cumpleaños solo una o dos semanas antes y luchaba a diario contra su adicción a la metanfetamina cristalina. La visión de una cuchara desechada en la mesa del almuerzo la había alterado solo unos días antes y estaba nerviosa mientras se sentaban a fumar un cigarrillo.

Casanova admiraba sus nuevos músculos. Había estado haciendo pesas de forma obsesiva durante las últimas semanas y las venas de sus músculos resaltaban mientras los flexionaba una y otra vez.

Little Girl había abusado de la metanfetamina durante años, casi ocho, y normalmente se inyectaba la droga por vía intravenosa. Cuando Casanova flexionó los músculos, haciendo que las venas sobresalieran de la superficie de sus musculosos brazos, Little Girl comenzó a retorcerse nerviosamente. Se alejó de Casanova después de que él ignorara sus súplicas para que parara. Las venas eran un desencadenante para ella, y ansiaba las drogas e intentaba mantener el control. Dave la observaba, sin comprender la situación hasta que esta se agravó demasiado. Golpes accidentales por parte de ella, luego un empujón fuerte por parte de Casanova, y luego ira y lágrimas. Casanova se marchó enfadado, se subió a su coche y se fue. Había terminado su jornada, pero a los demás aún les quedaban un par de horas más.

A pesar de que la Niña pequeña afirmaba que estaba bien, Dave se había quedado bastante afectado por todo el incidente y lo sacó a colación en el grupo después del descanso. Después de escuchar lo sucedido, Sonia, la consejera que dirigía la reunión, llamó a Casanova y le ordenó que volviera al grupo. Él se puso a la defensiva, y tanto la Niña como Casanova estaban bastante molestos con Dave. Al día siguiente tenían programado hacer trabajo voluntario juntos en el centro de reciclaje local, y Dave llegó a casa esa noche preocupado porque el día siguiente estaría lleno de tensión y posiblemente se intensificaría hasta llegar a golpes nuevamente.

Día 31 – 13/9/2009

Color: Naranja y Nivel Cuatro

Era domingo y tanto Dave como P.E. parecían estar enfermándose. No había trabajo en el gallinero ni actividades planeadas. Cuando le pregunté a Danielle si quería salir, me dijo: «Sinceramente, mamá, cuando estaba planeando la visita, pensaba en muchas cosas que quería hacer. Pero ahora que estoy aquí, y estoy segura de que quiero volver, me gusta pasar tiempo con todos ustedes. No tenemos que hacer nada».

Cada día de la visita hablábamos más y más sobre la idea. Ella no quería recuperar su antigua habitación, que ahora era mi despacho. A mí me venía bien, ¡no estaba preparada para renunciar a ella! Después de acostar a P.E. para la siesta, bajamos al sótano y hablamos de las posibilidades que ofrecía ese espacio. Estaba Ground Zero, la antigua sala de marihuana, que ahora estaba llena de cajas y era muy, muy oscura. ¡El grupo de trabajo se había llevado todas las fuentes de luz durante la redada!

Encontré una lámpara, la enchufé y sugerí que quitáramos la puerta oculta de sus bisagras y pusiéramos el futón dentro con una mesita de noche y una lámpara. Eso dejaría mi cuarto de manualidades intacto en un extremo del sótano y la parte central libre para que Danielle tuviera un espacio para vivir, escribir y trabajar.

Nuestro uso del sótano era mínimo. El lavadero estaba allí y había mucho espacio de almacenamiento disponible en los huecos del suelo. Esperaba conservar mi cuarto de manualidades, que estaba situado en el extremo más alejado del sótano. Ahora que P.E. era mayor, podía bajar a coser colchas y tenía que organizar un poco el cuarto para ponerlo en forma.

Danielle pensaba que la antigua sala de marihuana daba un poco de miedo, pero dejó de hacerlo una vez que instalamos una luz, y se ofreció a ayudar a terminar el techo con paneles de yeso, como el resto del sótano. «Mamá, si no llegas a limpiar aquí abajo antes de que yo llegue, no te preocupes. Sé que estás ocupada y que tienes tu vida. Siempre puedo dormir en el sofá unas cuantas noches si es necesario».

Aún no sabíamos si se le permitiría volver a la casa. El único caso similar del que Dave había oído hablar era el de un padre que se mudó de nuevo a la casa de su hijo. El padre era alcohólico y el tribunal aconsejó al hijo, que participaba en un programa de rehabilitación de drogadictos, que si su padre seguía bebiendo, lo dejarían allí y meterían al hijo en la cárcel hasta que encontrara un lugar mejor donde vivir.

Danielle bebía de vez en cuando y, en muy raras ocasiones, se permitía fumar marihuana. Su opinión sobre la marihuana era muy similar a la mía. También era escritora y artista y no le gustaba especialmente el efecto que tenía en su arte. Además, sabía lo que estaba en juego y se había ofrecido voluntaria para dejar de fumar marihuana y someterse a cualquier prueba de drogas o alcohol que el tribunal le exigiera para poder mudarse. La miré y me di cuenta de que estaba dispuesta a cumplir las normas y el estilo de vida impuestos por el tribunal, solo para poder vivir con nosotros. Por alguna razón, eso me pareció fascinante. No se dedicaba a buscar formas de eludir las normas, las entendía perfectamente y, como resultado, estaba dispuesta a hacer sacrificios en su propia vida.

Teníamos un plan. Ella volvería a California, reduciría sus pertenencias a un nivel transportable y empezaría a ahorrar dinero. Estaba atada al contrato de alquiler del apartamento hasta finales de diciembre y, después, tenía un lugar donde podía quedarse temporalmente con un amigo de la familia.

Después de que Dave pasara al nivel dos, esperaría un par de semanas y luego mencionaría nuestras esperanzas de que Danielle volviera con nosotros en enero. Si el juez decía que sí, ella volaría en un solo sentido y ella y yo conduciríamos la primera semana de enero, recogeríamos sus pertenencias y volveríamos a casa. Existía la posibilidad de que el juez insistiera en esperar hasta que Dave alcanzara el nivel tres, lo que supondría un retraso de un par de meses, o incluso el nivel cuatro, lo que nos obligaría a esperar al menos hasta mediados o finales del verano.

Ella tenía un lugar donde ir durante ese tiempo. Un amigo de la familia tenía un apartamento de dos habitaciones, una de las cuales no se utilizaba en ese momento, y ella podía quedarse allí por poco o ningún alquiler. Esto le ayudaría a pagar su deuda de crédito y a seguir ahorrando dinero.

Por primera vez en años, volví a sentir una fácil complicidad con ella. Cada día hablaba de volver y cada vez estábamos más emocionados por ello. A pesar de la diferencia de edad, podría ver crecer a su hermana pequeña y forjar una relación con ella. Lo esperaba con mucha ilusión. Habíamos superado algunos grandes obstáculos durante su visita y, en las semanas previas a su llegada, me di cuenta de lo orgullosa que estaba de la mujer en la que se había convertido.

Día 32 – 14/9/2009

Color: verde

«¿Cuándo recibiréis Dave y tú la respuesta del juez?», preguntó Danielle.

Negué con la cabeza: «No es tan fácil. Primero, tenemos que esperar a que Dave pase a la fase dos. Esperamos que eso ocurra el primer o segundo viernes de octubre. Luego tendremos que esperar al menos una semana, o quizá dos, antes de plantearlo. A Dave ya le han dicho que ha pedido demasiados favores».

Se le había concedido la solicitud para asistir a la boda de su primo y el permiso para impartir su clase de Chi Gung fuera del condado, pero aún era pronto en el programa. Su buen comportamiento había ayudado, pero los funcionarios judiciales estaban acostumbrados a tener el control y no soltar la rienda hasta que hubiera un historial establecido de fiabilidad por parte de un participante en el tribunal de drogas.

Habían pasado menos de cinco semanas y su historial seguía impecable, salvo por la llamada perdida del tercer día. Solo teníamos que seguir comportándonos bien y rezar para que los funcionarios estuvieran dispuestos a aceptar que mi hija mayor volviera a casa.

Dave me recibió cuando volví a casa: «Se avecina una tormenta». Otros participantes habían informado de que los rastreadores habían irrumpido en sus casas buscando a Steinbeck. Nadie parecía saber dónde estaba, y los rastreadores se habían mostrado muy serios y herméticos. El compañero de piso de Steinbeck, también participante en el programa, tenía un aspecto sombrío y bastante abatido. Nadie decía nada, pero la cosa no pintaba bien.

Little Girl estaba en la cárcel. Había dado positivo en alcohol en un análisis de orina. Y Casanova también estaba en problemas. Él y Little Girl se habían peleado en el centro de reciclaje y también lo habían denunciado por hacer insinuaciones inapropiadas y no deseadas a varias mujeres del programa.

La ansiedad generalizada por los demás participantes, junto con la preocupación por el nuevo padrino de Dave en NA, que no se había puesto en contacto con él durante el fin de semana como había prometido, le causaban a Dave un estrés considerable. Era también un recordatorio de lo fácil que era para los demás volver a caer en viejos patrones destructivos.

Día 36 – 18/9/2009

Color: naranja y amarillo

Faltaban unas semanas para el cumpleaños de P.E. cuando Dave se enteró de que incluso la fiesta de cumpleaños de un niño estaba sujeta a escrutinio. Otro participante había mencionado que iba a celebrar una fiesta para su hijo y los funcionarios del tribunal de drogas habían negado con la cabeza. «Tienes suerte de que los rastreadores no lo vieran y vinieran a investigar». comentó uno de ellos. Ella continuó explicando que los rastreadores visitaban la casa de cada participante al menos una vez al día. Si hubieran visto un grupo de coches desconocidos, habrían anotado todas las matrículas y, si alguna hubiera resultado sospechosa o tuviera órdenes de búsqueda, habrían sido arrestados inmediatamente, y el anfitrión también habría sido arrestado por asociarse con delincuentes conocidos.

«No solo eso, sino que pueden entrar en cualquier momento, llevar a las personas una por una a otra habitación y registrarlas en busca de drogas o alcohol». Añadió: «Si se hubieran negado, habrían ido a la cárcel».

Dave transmitió esto y parecía preocupado. Ambos imaginamos a los agentes irrumpiendo en la fiesta y asustando a nuestra familia, amigos y sus hijos.

«Bueno, entonces será mejor que hables con el juez», dije levantando las manos, «¡porque ya he enviado las invitaciones y tenemos al menos 13 personas confirmadas!».

Era viernes, lo que significaba que había tribunal y una breve reunión con el juez. Dave aprovechó la oportunidad para mencionar que le gustaría celebrar una fiesta de cumpleaños para su hijo de tres años en un par de semanas.

El juez, de buen humor, miró al agente Wheatfield: «Wheatfield, ¿crees que puedes encontrar un traje de payaso?».

El ayudante parecía nervioso: «¿Un traje de payaso, su señoría?».

El juez sonrió: «Sí, Wheatfield. Un traje de payaso. Podría usar el alcoholímetro para hacer animalitos con globos».

Él sonrió: «Sí, su señoría. Me pondré a ello inmediatamente».

Ella miró a Dave, le hizo un gesto de asentimiento con la cabeza, divertida, y aprobó su solicitud. ¡La fiesta había comenzado!

Día 38 – 20/9/2012

Color: azul y nivel cuatro

«Mamá, quiero un bombero». Sentada junto a mi hija durante el desayuno, casi me atraganto con la cucharada de avena.

«¿Qué quieres?».

«Quiero un bombero, mamá».

Por más que lo intenté, no conseguí entender lo que mi hija me estaba pidiendo. Finalmente, bromeé: «Bueno, cariño, dentro de 15 años o más podrás tener un bombero. Es perfectamente comprensible, y en realidad, es por el uniforme». Ella siguió insistiendo durante gran parte del día, cada vez más frustrada porque yo no la entendía.

Ahora, mirando atrás, estoy convencida de que lo que intentaba decir era que quería ser bombera cuando fuera mayor. Cuando amplió su vocabulario, quizá seis meses después, empezó a decir que quería ser bombera, doctora y mamá.

Era domingo y Dave tenía la agenda llena de tareas: cortar el césped, hacer el mantenimiento del coche y los deberes para el tribunal de drogas. Empezó temprano cortando el césped del jardín trasero y luego se centró en algunas de las actividades asignadas para esa semana.

«Tengo que encontrar recursos en la comunidad para el control de la ira, el cuidado de niños y el cuidado infantil, y recursos económicos para los pobres. Uno público y otro privado de cada categoría». Se dirigió al ordenador y empezó a imprimir montones de información, mi clase de prevención de recaídas. Llené la impresora con más papel. Parecía que lo íbamos a necesitar.

Día 41 – 23/9/2009

Color: amarillo y azul

¿Una carta de duelo a la marihuana? El ensayo «Querida MJ» de Dave era fabuloso. Me impresionó el detalle y el cuidado que mi marido había puesto en la carta. No porque Dave sea deficiente, porque no lo es; es increíblemente inteligente. Pero su inteligencia siempre ha tenido una desventaja, con la que luchó desesperadamente cuando era niño. Dave es disléxico y durante la mayor parte de su etapa escolar tuvo un nivel de lectura inferior al de su curso.

Imaginen la cara de su profesora de tercer grado cuando las pruebas de CI demostraron que tenía la inteligencia de un genio después de que ella lo hubiera etiquetado como retrasado.

A pesar de su reivindicación, ha tenido dificultades con las palabras y, como resultado, nunca ha disfrutado tanto de leer libros como de escucharlos. ¿Y escribir? Apenas conseguía que intercambiara correos electrónicos conmigo. ¡Odiaba escribir! Sin embargo, ahí estaba: ocho páginas de una carta de duelo a MJ, también conocida como Mary Jane, también conocida como marihuana.

Leí la carta y pensé en lo lejos que habíamos llegado todos desde el primer día...

Querida MJ:

Creo que es hora de que hablemos. Has estado en mi vida durante 24 años, en realidad más. No recuerdo cuánto tiempo hace que te vi por primera vez; puede que incluso fuera cuando estaba en preescolar. Te juntabas con los padres de mis compañeros de clase, ibas a sus fiestas y pasabas el rato en los jardines de mis vecinos. Tú y yo, como bien sabes, comenzamos nuestra relación cuando yo tenía 15 años.

Estaba de vacaciones de verano en Nebraska. Una noche me escapé con Allison para bañarnos desnudas en la piscina pública. Apareció la policía y Alli y yo nos escapamos a la casa de una de sus amigas. Esperamos en el sótano a que pasara un rato y alguien me presentó a ti. Me sorprendió encontrarte tan lejos de San Francisco, pero allí estabas. Te tenía miedo y fingí complacerte. Hice lo mismo que Clinton, aunque entonces no se llamaba así. Ya sabes, «fumé, pero no inhalé». Volvimos a la casa de la abuela de Alli después de medianoche, sin que nadie se diera cuenta. ¿De verdad fue en 1984?

Pasó un tiempo antes de que te volviera a ver, quizá a finales de 1985. Oh, sabía que estabas por ahí. Hubo una vez que mi amigo Hiro tomó ácido antes de clase. Me pidió que lo mantuviera alejado de los problemas, que lo cuidara. Fue durante los anuncios, cuando toda la escuela, los 60 alumnos de 6.º a 12.º grado estábamos en la sala principal. Terry, el director, repasaba los eventos del día, los cumpleaños, los cambios de horario, etc.

Miré al otro lado del salón y vi que estabas sentada en el regazo de Hiro. ¡Él te acariciaba con los dedos, a la vista de todos! Sentí que el corazón se me subía a la garganta. Le había prometido que evitaría que hiciera alguna estupidez. Si lo descubrían, podrían expulsarlo de la escuela, tal vez incluso ir a la cárcel.

Me acerqué y, con la mayor discreción posible, te guardé en su libro de cálculo y cerré la tapa. Su primera reacción fue levantarse de un salto y enfadarse. «¿Qué coño estás haciendo?», gritó Hiro. «¡Te estoy salvando el culo!», le susurré entre dientes. «Ahora siéntate y cállate la boca».

Hiro, como probablemente recuerdes, era un gigante japonés-estadounidense de 1,80 m y 100 kg. Tenía bíceps de 45 cm y le gustaba el death metal. Venom, Angel Witch y Mercyful Fate sonaban constantemente en su Walkman. Llevaba una chaqueta de cuero negro cubierta de parches de grupos y tachuelas de acero. Su pelo liso y negro le llegaba hasta la cintura. En definitiva, parecía un gigante malvado al lado de mi metro sesenta y cinco y mis 54 kilos.

La música más dura que yo escuchaba era Depeche Mode. Debería haber sabido entonces que tú eras problemático, pero yo admiraba a Hiro. Era uno de los chicos guays. Iba a conciertos de rock y lo invitaban a todas las fiestas. Yo, por el contrario, me iba a casa nada más salir del colegio todos los días y jugaba a Dragones y mazmorras los fines de semana con mis dos amigos. Bebíamos cola de cereza y comíamos Funyuns.

Hiro miró a su alrededor y se dio cuenta de que todos en la sala estaban en silencio y nos miraban. Se sentó y me dejó coger el libro de texto en el que estabas. Te escondí en mi bolsa del almuerzo tan pronto como terminaron los anuncios.

Después de clase, salí corriendo del edificio y te devolví a Hiro. Estuve todo el día con mucho miedo de que me pillaran contigo. Cuando todo terminó, le dije que no quería volver a verte nunca más. Incluso mientras lo decía, sentía que una parte oscura de mí no estaba de acuerdo. Al contrario, me sentía eufórica. Había infringido las normas del colegio y me había salido con la mía. En el autobús de vuelta a casa, esa parte de mí no dejaba de repetirlo una y otra vez: «¡Ha sido emocionante!», decía. «De todos modos, mucha gente fuma marihuana. No es que le haga daño a nadie».

Al día siguiente, la mayoría de los «chicos guays» sabían que había hecho todo lo posible por salvar a Hiro. Todos estaban impresionados y mi estatus social se disparó. De repente, los chicos populares me hablaban e incluso me contaban sus secretos. Era genial.

Aproximadamente un año después, estaba viendo Macross *con dos de mis amigos. ¿Te acuerdas de* Macross, *verdad? Es esa serie de dibujos animados japonesa sobre una nave espacial gigante del tamaño de una ciudad. No importa. Estaba con Pat y Ted, eso es lo importante.*

Jabir, John y Bob entraron en la habitación y le preguntaron a Pat si quería bajar a las gradas a fumar un porro con ellos. Vimos llegar al padre de Ted. Ted cogió su bolsa y la película del vídeo y se dirigió a la puerta. «Nos vemos mañana», dijo por encima del hombro.

Pat cogió su abrigo y su bolsa y se detuvo, mirándome. «Chicos», dijo, «llevemos a Dave con nosotros». Se volvió hacia ellos con una sonrisa pícara en la cara. «¿Qué os parece?».

«Genial», dijo Jabir, «¿te apuntas?», preguntó.

«Claro», respondí.

Estaba nervioso. Los conocía, pero nunca me habían invitado a hacer nada con ellos fuera de la escuela. Salimos de la escuela, cruzamos el parque y saltamos la valla para llegar a las gradas. Pertenecían a la escuela católica que había al final de la manzana, por lo que estábamos entrando sin permiso. John te sacó de una caja de Sucrets y te enseñó a todos. Nunca te había visto tan de cerca. Eras extraño. Brillabas bajo la luz del sol de la tarde. Podía olerte desde medio metro de distancia, exótico y picante. Te trituró con los dedos y te enrolló en un Zig-Zag. ¿Lo sabías entonces? ¿Sabías que te amaría para siempre?

«Eh, chicos», dije. «Nunca he hecho esto antes. Yo... no sé qué hacer».

Me miraron atónitos. «¿Nunca?», preguntó Jabir.

«Bueno, no», respondí.

Todos intercambiaron miradas y empezaron a reír. «No te preocupes», dijo John. «Solo míranos, ya lo aprenderás». John te encendió con un mechero Bic. Te giró para asegurarse de que se encendieras por todos los lados de manera uniforme. Se lo pasó a Jabir y soltó una lenta bocanada de humo por la boca y la nariz. Emitió un sonido que era una mezcla de éxtasis y relajación. Era como el sonido que hace la gente cuando se sumerge en un jacuzzi. Jabir te cogió e inhaló cinco o seis veces rápidamente. Hinchó las mejillas y retuvo el humo, con los ojos cerrados.

Pat, que ahora te sostenía entre los dedos, con la mano en forma de «OK», el pulgar y el índice formando una «O» y el resto de los dedos apuntando hacia arriba, me miró y me dijo: «No lo dejes caer y no tomes demasiado». Te conocía desde hacía tiempo y era consciente de lo implacable que eres con aquellos que se creen superiores a ti. Dio una pequeña calada y me pasó el porro. Lo vi exhalar lentamente y sonreír, con los párpados cerrándose poco a poco. Te cogí con cuidado, sin querer parecer tan asustada como me sentía.

Te llevé a mis labios y te aspiré lentamente. Entré en pánico y te expulsé tan pronto como te sentí en mi garganta. Esperé. No pasó nada. Miré a mis amigos, frunciendo el ceño. «No... ha funcionado», dije. «¿He hecho algo mal?».

Patrick sonrió mientras me respondía: «No lo expulses tan rápido. Dale otra calada». Lo hice, esta vez aspirando más y aguantando la respiración durante varios segundos.

No estoy seguro de poder explicarte a personas que nunca te han experimentado. Era como si todo mi cuerpo sonriera. Me sentía ligero y libre de problemas. No me importaba que la chica que me gustaba apenas supiera que yo existía. No me importaba que mi padre empezara a llegar cada vez más tarde a casa desde el bar. No me importaba no saber qué quería hacer cuando terminara el instituto. Estaba contento. Fue amor a primera calada.

No quería más, así que me quedé mirando mientras se terminaban el porro. Todos saltamos la valla y caminamos hasta la parada del autobús. En el autobús, empecé a preguntarme si estaba durmiendo. El autobús me parecía muy extraño. Las dimensiones parecían alteradas, como si estuvieran distorsionadas. La gente también me parecía extraña.

Todos estaban absortos en sus pensamientos, pensando en la jornada laboral que acababa de terminar, en lo que iban a cenar o en lo que iban a ver en la televisión. Sentí como si me hubieran dado la capacidad de ver dentro de ellos. Sentí compasión por las personas que estaban sentadas solas, alegría por las parejas que se cogían de la mano y orgullo por la chica que leía un libro de texto. Viajé en el autobús, mirando todos los edificios y preguntándome quién los había construido, quién había vivido en las casas, cómo habían transcurrido sus vidas, dejando las casas como recuerdos. Recuerdo que me preguntaba si las casas tenían recuerdos, si recordaban todas las fiestas de cumpleaños y las peleas, todas las mudanzas y las salidas. Me preguntaba si echaban de menos a las personas cuando se marchaban.

Me bajé del autobús, todavía con ese extraño estado de ánimo introspectivo. Caminé las dos manzanas y media hasta mi casa, mirando la acera y los postes eléctricos, los jardines delanteros y los árboles. Se me había concedido una visión del tiempo mismo. Podía sentir el flujo de las vidas y los años. Era como si hubiera pasado mi vida con la cabeza dentro de una caja de cartón y acabara de descubrir cómo quitármela. Nunca me había sentido tan vivo en toda mi vida.

Llegué a casa y me senté frente a la ventana con el sol de la tarde en la cara y leí un poco de un libro de bolsillo que había comprado el fin de semana anterior en un mercadillo al final de la calle. Era «Sailor of the Seas of Fate», de Michael Moorcock. Comprendí cómo se sentía Elric de Melnebone, el enfermizo albino, último emperador de una antigua raza moribunda, cuando empuñó por primera vez la espada mágica Stormbringer. Su enfermedad se desvaneció y el poder con el que solo había soñado estaba ahora a su alcance.

La parte de la historia que se me había escapado hasta hacía solo unas semanas es que pagó un alto precio por ese poder. Verás, la espada se alimentaba de almas para darle el poder que él sentía. Tenía mente propia y sus propios planes. La espada le permitía hacer cosas extraordinarias, pero también destruía todo lo que él apreciaba. Empezó como una bendición y terminó arrebatándole todo: su familia, su amor y, finalmente, su vida. No podía ver que la espada era, en realidad, un demonio.

Al igual que Elric, solo vi la primera parte y pensé en ti. No fui capaz de ver el resto del camino para saber cómo evolucionaría nuestra relación, cómo terminaría sin duda. Lo único que sentía era amor.

A medida que pasaban las semanas y pasábamos más tiempo juntos, empecé a pasar más tiempo con los chicos guays. Todos los viernes íbamos a casa de John, cuya habitación se llenaba de gente. A las 5 de la tarde, la emisora local de rock clásico siempre ponía la canción de reggae «Smoke Two Joints» *de los* Toys. *Te fumábamos y planeábamos nuestros fines de semana llenos de fiestas. Ellos compraban cerveza y yo te fumaba más. No me gustaba nada la cerveza; de hecho, pensaba que era realmente mala. A veces consumían cocaína. Yo odiaba la cocaína. Hacía que todos los que estaban en la habitación se convirtieran en imbéciles tan pronto como aparecía.*

Probé las setas y descubrí que no me sentía tan en control cuando las consumía, así que se convirtieron en una droga para «ocasiones especiales». Las reservaba para acampadas y eventos en los que me sentía seguro y tenía un cuidador. Ninguna de las personas que conocía consumía nada más fuerte que la cocaína en aquella época, y por eso estoy agradecido.

Había una chica llamada Christine Sandfort en mi colegio. Se rumoreaba que le gustaba y debo admitir que yo también había notado su atracción por mí durante un tiempo. Ella me caía bien, pero no formaba parte de mi nuevo grupo de amigos. Era estudiosa y callada, nada que ver con las chicas con las que salía con mis amigos. Las chicas nuevas eran más propensas a preguntarte si querías hacer un body shot desnudo entre sus pechos (aunque nunca me ofrecieron tales placeres) que a preguntarme si había leído algo de Asimov o Heinlein. Así que lo dejé pasar. Nunca la perseguí y elegí perseguirte a ti, MJ, y a las chicas que no podía conseguir.

Recuerdo cómo me fui de fiesta contigo toda la noche antes de tener que hacer los exámenes SAT. Me fue tan mal que mis padres y mi familia se preguntaron si había habido algún error. Mi hermana había sacado 1590 en sus SAT y yo solo había sacado 1100. Querían que volviera a hacerlos, pero me negué. Conseguí un trabajo fabricando y vendiendo camisetas a los turistas en el muelle 39 de Fisherman's Warf. Era un buen vendedor y me iban a ascender, pero eso habría significado pasar más horas lejos de ti. Incluso insinuaron que quizá tendría que hacerme pruebas de drogas. Lo dejé inmediatamente y empecé a ir al City College de San Francisco.

Una vez más, me molestaba que la escuela se interpusiera en nuestro tiempo juntos, así que también la dejé.

Había estado tomando clases de esgrima con sable y había hecho algunos amigos que también te conocían bastante bien. Una chica, Amber, conocía a alguien que tenía mucho acceso a ti. Se llamaba Mark y era una de las personas más inteligentes que había conocido. A pesar de que nunca salía de su casa y se parecía un poco a Jabba el Hutt, era un auténtico maestro del ajedrez. Tenía una clasificación mundial y jugaba partidas con gente de todo el mundo. Tenía varios tableros montados y enviaba por correo postal los movimientos a gente de la costa este, Sudamérica, Europa y la Unión Soviética. Hablábamos de nanotecnología, novelas de espías y, sobre todo, de ti, MJ.

Tenía un amigo, Will, que estaba montando una empresa que fabricaba amplificadores para las industrias de la televisión y la radio. Fui a trabajar para Will y rápidamente me encontré empleado como director de producción. Un día, Will bajó a la sala de producción (que estaba en el sótano de su casa) y me preguntó si había fumado ese día. «No, jefe», le respondí, «no he fumado».

Él asintió y se quedó pensativo. «¿Fumaste ayer? Lo hiciste. ¿No es así?».

«Sí», respondí. Él volvió a asentir. «¿Sabes a qué hora saliste del trabajo anoche?». Negué con la cabeza, sin saberlo realmente. «Fue después de las 7 de la tarde. Hoy te has tomado una hora y media para comer. Y ahora has cerrado la producción y parece que te vas a casa, aunque solo son las 3:30».

No sabía qué decir. Verás, tenía pensado ir a ver a Mark y comprarle una bolsa grande de marihuana, MJ.

«Te diré una cosa», dijo Will, «puedes guardar una provisión de marihuana aquí, en el laboratorio, y puedes fumarla cuando quieras.

Solo tienes que mantenerla escondida y, si nos inspeccionan, tienes que enterrarla en el jardín hasta que se vayan».

Me sentí muy feliz. Él entendía nuestra relación. Valoraba lo que tú me ofrecías. Más tarde, mientras aún trabajaba en esa empresa, conocí a Rebecca y empecé a salir con ella. ¿Te acuerdas de ella? Nos casamos en 1995. Dejamos la empresa de Will con malos sentimientos por un conflicto salarial y nos mudamos a una hora al norte de San Francisco.

Empecé a trabajar en una microcervecería y, con mi nuevo horario, nuestro matrimonio se deterioró rápidamente. Querían que trabajara de 3:00 p. m. a medianoche. Ella trabajaba como recepcionista en una compañía telefónica. Apenas nos veíamos durante la semana y, en mi tiempo libre, estaba contigo y con nuestra nueva amiga, la cerveza. Ella no entendía el vínculo que teníamos y estaba celosa de mi afecto por ambos. Intentó unirse a nosotros. Incluso me sugirió que dejara de ver a Mark y empezara a cultivarte yo mismo.

A decir verdad, la cerveza y yo no éramos tan buenos amigos. Mi hermano me conquistó con su cerveza artesanal casera en 1990 y desde entonces la he disfrutado. Sin embargo, fue en la cervecería donde empecé a llevarlo al siguiente nivel. Bebía cinco o seis botellas de 650 ml cada día. En diez meses, había engordado veintitrés kilos.

Me despidieron de la cervecería por insubordinación. Esos cabrones estaban celosos de mis brillantes ideas. Sabía que necesitaba ganar dinero, así que conseguí una beca del estado y empecé a estudiar para ser técnico informático. Durante ese tiempo, Rebecca empezó a salir cada vez más tarde con «amigos» del trabajo. Estaba a punto de graduarme cuando me dijo que llevaba varios meses acostándose con un compañero de trabajo. Le rogué que se quedara, pero me dijo que nuestra relación había muerto hacía varios meses, que aunque todavía me quería, ya no estaba «enamorada» de mí.

Me dejó y me quedé solo en mi casa durante dos semanas, sin comer y bebiendo agua solo cuando era necesario, quizá una vez cada dos días. Pensé en cortarme las venas y escribir «Adiós, mundo cruel» en las paredes con mi sangre, pero sabía que solo era mi lado melodramático y buscador de atención el que quería ser escuchado. No contestaba al teléfono y dos de mis amigos se preocuparon por mí. Vinieron a verme y me encontraron en mi sofá, vestido con ropa interior amarillenta. Me obligaron a darme una ducha y a ponerme ropa limpia. Me llevaron de acampada, insistiendo en que comiera, bebiera cerveza y fumara cantidades ingentes de marihuana. Querían que aullara a la luna hasta que me desahogara.

Luego volví a mi casa, limpié el desastre y escuché los mensajes de mi teléfono. Había conseguido un trabajo y empezaba al día siguiente. De vuelta a la rutina.

No era capaz de hablar con ninguna mujer. No podía mirarlas a los ojos. Les tenía miedo y las odiaba a todas. Me presentaba diciendo: «Hola, soy Dave. Mi mujer me ha dejado». Nunca fallaba para ahuyentarlas. Salí con una chica durante un tiempo. Cuando admitió que había pasado el fin de semana teniendo sexo sin protección con dos chicos que había conocido en el bar a cambio de metanfetamina, no me enfadé, ni me sorprendió, ni siquiera me entristeció por ella. Me di cuenta de que me daba igual si le hubieran cortado el cuello y la hubieran dejado morir. Me fui a casa, volví contigo, MJ, y no volví a hablar con ella, excepto una vez en MySpace. Nunca volví a mirar mi cuenta de MySpace después de ese contacto.

En 2000, trabajaba para una empresa de comunicaciones por satélite. Nos especializábamos en ayudar a las empresas a alquilar y utilizar el ancho de banda satelital para transferir grandes cantidades de datos de una oficina a otra. Mi jefe me preguntó qué iba a hacer durante la semana de Acción de Gracias.

«Ver a mi familia en San Francisco, supongo. ¿Por qué?».

«Porque creo que quiero ir a Europa. A Ámsterdam, concretamente. Quiero ser juez en la Cannabis Cup, el festival de marihuana más grande del mundo».

Al oír eso, lo único que pude decir, con los ojos llenos de estrellas, fue: «Vaya». Compré un billete.

Estuvimos en Europa dos semanas. Pasamos una semana en Ámsterdam, fumando más de lo que había fumado nunca, y luego una semana en Bélgica. Nunca había estado tan cerca de ti como entonces. Lo pasamos como nunca. Me fue mejor en Bélgica y, tras dos semanas, volví a subirme a un avión de vuelta a California.

Pasaron los meses y mi empresa se redujo de treinta empleados a cinco. De repente, me quedé sin trabajo durante la mayor recesión que había sufrido nuestra economía desde los años 30. Fue la crisis de las puntocom y no había trabajo ni dinero. Pasaba los días en casa de mi hermano, limpiando y preparando la cena. Lavaba la ropa, hacía las camas, fregaba los platos y hacía la compra según las listas que él y su compañero de piso preparaban. A cambio de mis esfuerzos, me proporcionaban cerveza y se aseguraban de que siempre estuviera cerca.

Uno de los amigos que vino a recogerme a mi casa después de que mi matrimonio se rompiera me ofreció un trabajo temporal en la empresa de arquitectura en la que trabajaba como archivista. Estaba en San José. Recordé que conocía a una chica que se había mudado a San José, Christine Sandfort, una compañera del instituto. Me sentía sola y, tengo que admitirlo, buscaba alguien con quien acostarme. Intenté encontrarla en la guía telefónica, pero no tuve suerte. Entonces busqué en Internet y la encontré a través de Classmates.com.

Avancemos unos años. Christine es ahora mi esposa y tenemos una niña pequeña. Te había estado cultivando en nuestro sótano de forma intermitente durante unos años. Decidí mejorar las luces que utilizaba para cultivarte. Me costó más de 1000 dólares y, aunque no tenía trabajo, me pareció una buena idea. Me siguieron desde la tienda hasta mi casa y la policía me dijo que si no les dejaba entrar sin una orden judicial, perdería mi coche (¿y qué?), mi casa (¡vaya!) y todas mis cosas (de todos modos tengo demasiadas). Entonces soltaron la bomba: «Nos llevaremos a tu hija y no volverás a verla en toda tu vida».

Lo único que pude decir fue: «Pasen».

Ahora, MJ, tú eres lo único que se ha quedado conmigo en los buenos y en los malos momentos. Nos conocemos desde hace casi toda mi vida y hemos sido más que amantes durante 24 años. Con toda esa historia, quizá te resulte difícil creer que lo nuestro haya terminado. Por favor, créeme cuando te digo esto. Al principio no quería que te fueras, pero no hay nada que puedas ofrecerme que supere el amor que siento por mi hija.

Entraron con sus cámaras de vídeo y sus armas. Te sacaron de aquí y pensé que todo rastro de ti había desaparecido. Había empezado a olvidarme de ti hasta que fui a California a ver a mi familia. Pero allí estabas, pasando el rato con todos mis viejos amigos. No entendían por qué salía de la habitación cuando te sacaban de sus bolsillos. Incluso me siguieron, preguntándome cuál era mi problema. Fue difícil volver a verte, pero aunque te echaba de menos, las repercusiones de volver a estar juntos superaban con creces cualquier beneficio temporal que pudiera obtener de ti. Eras insistente, exigente.

Volví decidido a sacarte de mi vida para siempre. Había mucha gente que no creía que pudiera alejarme de ti. Decían: «Nadie puede alejarse de una relación tan larga solo con fuerza de voluntad».

Pero eliminé todo rastro tuyo, incluso hice que un agente del sistema judicial de Missouri inspeccionara mi casa. Estaba seguro de que te habías ido.

Entonces te encontré escondida en mi caja de herramientas. Preciosa, con el pelo morado y un olor tan sexy que me aceleraste el corazón. Fue un golpe bajo. Sentí como si hubieran invadido mi casa. Te sentaste allí, como si nada hubiera pasado entre nosotros. Como si no hubieras puesto en peligro todo lo que más quiero. Estabas dispuesta a volver aquí y poner mi vida en peligro otra vez. Vale, quizá no entraste, admito que te dejé quedarte y lo había olvidado.

Bueno, querida, se acabó.

Mientras te tiraba por el fregadero de la cocina, al triturador de basura, sentí la atracción de nuestro pasado. Nunca olvidaré lo buenos que fueron aquellos tiempos, pero tampoco puedo olvidar lo oscuros que han sido. Como en aquel libro de bolsillo de hace tantos años, me diste la sensación de escapar de mi dolor. Ojalá no hubieras cobrado un precio tan alto, horrible zorra.

Mientras echaba lejía por el fregadero de la cocina para borrar cualquier rastro tuyo, me sentí como el malo de una historia de Edgar Allan Poe o incluso de un episodio de CSI. *Sentí que estaba deshaciéndome de tu cuerpo para empezar de cero y reclamar un nuevo comienzo.*

Adiós, MJ.

Día 44 – 26/9/2009

Color: verde y azul

Dave se marchó temprano para recoger a otro participante al que había prometido llevar en coche. El color de Allen era el azul, por lo que ambos tenían que presentar sus análisis de orina en la oficina del sheriff en Harrisonville. Dave parecía dolorido esa noche cuando describió que no había podido orinar durante casi 45 minutos y después de TRES intentos. Los agentes se burlaron de él por ello.

Era sábado y, al mediodía, los participantes del tribunal de drogas fueron llevados al santuario de animales Cedar Cove como regalo. El santuario era el hogar de leones, tigres y otras criaturas salvajes de la familia de los felinos. Dos coatíes, miembros de la familia de los mapaches, se habían escapado y estaban husmeando en lo alto de varias jaulas.

Dave había traído la cámara y tomó muchas fotos para que las viéramos.

Día 45 – 27/9/2009

Color: naranja y azul

«Me siento fatal, ¿se te ocurre algo que pueda tomar?». Dave me miró con tristeza. Yo había estado moviéndome como un torbellino por la casa, limpiando el polvo, pasando la aspiradora y dando órdenes. Él no se había quejado, solo había ayudado a mover las sillas y a guardar los platos mientras yo iba de una habitación a otra. Los domingos suelen ser días de limpieza en nuestra casa. Tanto Dave como P.E. estaban claramente resfriados o alérgicos. P.E. no podía dejar de toser y Dave no podía dejar de moquear.

«No tengo ni idea de lo que puedes tomar». No podía tomar ningún tipo de medicamento que indujera el sueño, causara insomnio o cualquier cosa que pudiera utilizarse en la fabricación de metanfetamina, por lo que eso descartaba la mayoría de los medicamentos de venta libre. Y como no teníamos seguro médico, estaba en un aprieto, sin salida.

Suspiró: «Voy a ir a CVS y preguntarle a uno de los farmacéuticos».

«Me parece una buena idea. Oye, compra algún medicamento para la tos de marca para P.E., ya que se niega a tomar el genérico», le dije mientras se marchaba.

Ella había declarado que los dos jarabes genéricos para la tos pediátrica eran «asquerosos» y se negaba a tomarlos. Ahí se acabó el ahorro y el recorte de gastos. Dave solo asintió y se marchó. Veinte minutos más tarde regresó con medicamentos para los dos.

«Fui sincero con el farmacéutico y le expliqué que estaba en un tribunal de drogas y que tenía limitaciones en cuanto a lo que podía tomar», dijo mientras intentaba pacientemente convencer a P.E. de que se tomara una dosis del medicamento para la tos de marca. Ella se escondía en un rincón y negaba con la cabeza.

«Me preguntó por qué drogas estaba ingresado y, cuando le dije que por marihuana, se quedó sorprendida y me preguntó: "¿Los tribunales te han ingresado con consumidores de metanfetamina?!"». Él negó con la cabeza: «Eso sí que la dejó alucinada».

«¿Qué te recetó?».

«Zyrtec».

«Será mejor que llames a Sherrie y...».

«Ya lo hice. Me dijo que el Zyrtec estaba en la lista de medicamentos aceptables y me agradeció que la llamara».

Le sonreí y volví a mi investigación sobre la reincidencia de los participantes en los tribunales de drogas.

Más tarde, esa misma noche, él gimió: «Ay...».

«¿Qué?».

«Este fin de semana se celebra el GABF (Great American Beer Fest) en Denver». Parecía deprimido, pero se rió cuando leyó el siguiente correo electrónico: «Mira, alguien quiere enviarme un millón de dólares».

«Genial. ¿Son de Nigeria o de Mugabe?».

«No lo sé, pero el tipo dice que se llama Dr. Monarch, que sin duda suena a villano malvado».

«O una mariposa malvada».

Día 50 – 2/10/2009

Color: Naranja

Viernes... día de tribunal. Hoy Dave pasaría a la fase dos y sus obligaciones de conducir hasta Harrisonville se reducirían a dos días y medio a la semana en lugar de cinco. Había concertado una entrevista para el sábado con un amigo que tenía una empresa de asistencia sanitaria a domicilio y que le había prometido darle todo el trabajo que pudiera asumir. Le di un beso de despedida a Dave, convencida de que volvería feliz y con el día siguiente libre para ayudarme a preparar la fiesta de cumpleaños de P.E. Dejé a P.E. en la guardería, conduje hasta el trabajo y pasé el día preparando a mi amiga y jefa para salir de la ciudad la semana siguiente. Ella me invitó a almorzar y volví a casa emocionada.

Le había contado la noticia de la transición de Dave a la fase dos, y prácticamente a todo el mundo, convencida de que era algo seguro. Dave lo había hablado con sus consejeros en el centro de tratamiento de drogas y todos le habían asegurado que tenía luz verde para pasar a la fase dos una semana antes. El ascenso solo puede producirse el primer viernes de cada mes, así que sería ese día o tendríamos que esperar hasta el 6 de noviembre.

Dave no parecía contento cuando entró por la puerta. «Siéntate, tengo que hablar contigo».

Oh, no... «Por favor, dime que te han ascendido a la fase dos».

«No lo han hecho». Se me encogió el corazón. Me senté lentamente en el sofá.

P.E. me tiraba de la mano, deseando desesperadamente toda mi atención y, sin duda, sintiendo que algo iba mal. Dave continuó diciendo que, en realidad, no tenía más información. El juez lo había ignorado, el equipo del tribunal de drogas se había negado a decirle nada y él no tenía ni idea de por qué no había subido de nivel.

Día 56 – 8/10/2009

Color: Sin acción

Sonia había oído a Dave decir que yo daba clases de crianza y quería reunirse conmigo. Después de dos semanas de coincidir horarios y llamadas telefónicas, habíamos concertado una reunión para las 5:30 de esa tarde. Eso le daría a Dave tiempo suficiente para volver de Harrisonville, recoger a P.E. y que pudiéramos comer juntos. Conduje hasta Cass County Psychological justo después de cenar. Estaba nerviosa; me preguntaba cómo sería Sonia en persona. Especialmente después de escuchar las historias de las experiencias de Dave, no tenía muy buena opinión de los consejeros ni del equipo del tribunal de drogas.

Era menuda, medía quizá metro sesenta y cinco y no pesaba más de cincuenta kilos. Sonia tenía el pelo rojo y una sonrisa sincera, y me sentí un poco mejor. Era una situación extraña, pero quería conocerla por dos razones: la primera era para promocionar mis clases para padres y mi nueva empresa, Families Indeed, y la segunda era para apoyar a Dave mostrándole a ella, y por consiguiente al resto del equipo, que yo era una esposa y madre inteligente, elocuente, considerada y cariñosa. Esto consolidaría aún más la imagen que tenían de nosotros en las semanas y meses siguientes. Nos ayudaría a distinguirnos como diferentes, dignos de confianza y respeto, y, con suerte, facilitaría el paso de Dave por el programa.

Hablamos largo y tendido sobre los principios y técnicas de crianza y discutimos el formato de las clases y cómo se complementaban entre sí. Sonia parecía emocionada y muy interesada en el programa. Parecía que mi entusiasmo por el tema era contagioso.

Día 71 – 23/10/2009

Color: amarillo

La jueza estaba de muy buen humor ese viernes. Habló largo y tendido sobre cómo progresaba todo el mundo en el programa y lo orgullosa que estaba de los esfuerzos de todos. Después de casi 30 minutos hablando de todos, en particular de los esfuerzos de Little Girl por permanecer en el programa a pesar de sus muchos tropiezos, llamó primero a Dave. Cada participante habla con la jueza personalmente en el tribunal, delante de los demás participantes.

Ella revisó sus notas: «Bueno, Sr. Shuck, no veo más que comentarios excelentes sobre su conducta y participación últimamente. Además, veo que está dedicando su tiempo como voluntario a ayudar a otros participantes a prepararse para el GED. Todos estamos impresionados por su nivel de implicación en este programa y hemos decidido recompensarle por sus esfuerzos. Si sigue prestando esta ayuda, ya no tendrá que realizar su servicio comunitario mensual. Además, si sigue dedicando el mismo número de horas que ahora, lo tendremos en cuenta como crédito para el número de horas que debe estar en Cass County Psychological cada semana».

Dave le dio las gracias y ella se detuvo y le sonrió. «Y, señor Shuck, a la luz de los recientes avances legislativos en algunos estados, espero que, después de las vacaciones, podamos entablar un animado debate sobre algunos posibles cambios en la situación legal de la marihuana».

Solo unos días antes se había conocido la noticia de que California y Nueva York estaban considerando una legislación que legalizaría el consumo de marihuana medicinal en sus respectivos estados. También se había anunciado desde la administración Obama que las redadas antidroga se limitarían únicamente a aquellos que produjeran marihuana por encima de las cantidades permitidas en aquellas zonas del país donde se había despenalizado o legalizado.

Dave y yo, junto con muchos otros, lo consideramos un gran paso hacia la despenalización y la eventual legalización en todo el país, estado por estado. Solo esperaba que Dave pudiera defenderse ante el juez y no se encontrara en una situación precaria que pudiera impedirle ascender en el futuro. Lo comparé con bailar con una cobra. El juez tenía tal poder y control que nos asustaba a los dos. ¿Cómo lo manejaría Dave?

En solo unos pocos meses, había pasado de resentirse activamente por el programa a centrarse en aprender y crecer a partir de la experiencia. Otros lo habían visto, lo habían comentado y habían reconocido sus esfuerzos, pero seguíamos siendo muy conscientes del poder y el control que los funcionarios del tribunal de drogas tenían sobre nuestras vidas. Habíamos aprendido a no dar nada por sentado y a confiar solo de forma limitada en lo que nos decían. Fue esta lección, reforzada cada día, la que determinaría cada paso que diéramos durante el resto del programa.

Día 78 – 30/10/2009

Color: Naranja

Los dos nos despertamos temprano el viernes por la mañana. El tribunal comenzaba a las 8 de la mañana y Dave solía salir sobre las 7:15 para recoger a Allen y conducir hasta Harrisonville, de modo que llegaran con tiempo de sobra. Revisé el correo electrónico y luego me dirigí a la cocina para preparar café y compartir un rato con él antes de que se marchara. Estaba deseando que llegara mi día libre; tenía mucho que escribir y clases que terminar de actualizar.

Lo que más nos preocupaba a los dos era el próximo viernes, el día 85, el primer viernes del mes, y la esperanza de que Dave finalmente pasara a la fase dos. Allen, un adicto a la metanfetamina y alcohólico que se había inscrito en el programa tres semanas después que Dave, también tenía previsto pasar a la siguiente fase.

No sabríamos hasta dentro de una semana si Dave pasaría a la siguiente fase. Parecía muy probable, pero después de que se le negara el ascenso a principios de octubre, ninguno de los dos hacía planes hasta que realmente sucediera.

Dave comenzó a hablar de su trabajo en el programa de preparación para el GED. Aproximadamente una cuarta parte de los participantes en el tribunal de drogas no habían terminado la escuela secundaria y el tribunal les animaba (o, en algunos casos, les obligaba) a obtener el GED antes de graduarse en el programa del tribunal de drogas. Dave se había ofrecido voluntario para ayudar con la parte de matemáticas y estudios sociales y ya tenía varios alumnos. Al carecer incluso de una copia desactualizada del libro de ejercicios de preparación para el GED, había comenzado ayudando a una chica a estudiar la Proclamación de Emancipación leyéndola línea por línea. Al desglosarla, frase por frase, convirtió un documento relativamente complicado en uno que tenía sentido: «Soy el presidente de los Estados Unidos... Tengo ciertos poderes en tiempo de guerra... Esto es lo que voy a hacer...».

Hablamos largo y tendido sobre las actitudes y las formas de pensar limitadas en las que caen ambas partes, los participantes en los tribunales de drogas y los funcionarios de dichos tribunales. En particular, el Experimento de la Prisión de Stanford de 1971[1] nos preocupaba mucho. Este estudio había sido alarmante, ya que mostraba lo rápido que podemos caer en el abuso, la coacción y perder toda empatía, e incluso prescindir de nuestro código moral personal cuando nos encontramos en un entorno carcelario. Aunque Dave y el resto de los participantes no estaban encarcelados, excepto cuando infringían alguna de las normas del programa, la mentalidad parecía trasladarse en cierta medida. Los funcionarios de los tribunales de drogas consideraban a los participantes como personas astutas, poco fiables e incapaces de confiar en ellos.

En algunos casos, parecía ser una situación en la que «hagas lo que hagas, estás condenado». Dave recibió muchos mensajes contradictorios: «Sé sincero, cuéntanoslo todo», lo cual hizo, solo para oír: «Siempre nos cuentas lo mismo. Tienes un número determinado de historias de las que nunca te desvías». Me reí cuando escuché su respuesta a ese comentario en particular.

«Tienes razón, *nunca* te he contado la vez que tuve sexo borracho con un oso muerto». Cuando el consejero abrió los ojos con sorpresa, continuó: «Eso es porque nunca sucedió. Me pediste la verdad, te he dicho la verdad y las historias nunca cambian porque, a menos que quieras que mienta, ¡no hay más historias que contar!».

Intelectualmente, entendíamos que la mayoría de los participantes mentirían sobre el color de su piel si pensaran que podrían salirse con la suya, y mucho menos sobre cualquier otra cosa, pero era frustrante estar incluidos en ese grupo y ser tratados a diario con tanta desconfianza. En lugar de dejar que eso le afectara, Dave siguió reiterando los mismos pensamientos, emociones e historia personal, y siendo lo más auténtico y paciente posible. Ambos nos dimos cuenta de que teníamos la responsabilidad de demostrar que éramos dignos de confianza. Dependía de nosotros demostrar a todos que éramos diferentes, que estábamos dispuestos a aprender lo que el tribunal quería que aprendiéramos, a seguir las normas y a tener éxito en el programa. Independientemente de si creían que decíamos la verdad en todo momento o no, teníamos que ser nosotros mismos y aceptar plenamente la situación en la que nos encontrábamos.

Su trabajo en la clase de preparación para el GED ya había sido reconocido en el tribunal por el juez Baker, quien comentó que su participación continua significaría que no tendría que cumplir con el requisito mínimo de cuatro horas de servicio comunitario al mes. Una bendición, ya que el servicio comunitario solía realizarse en sus días libres, lo que significaba aún menos tiempo en casa con nosotros.

Día 82 – 3/11/2009

Color: naranja y verde

Al parecer, los funcionarios del tribunal de drogas no fueron informados de que Dave había pasado al nivel dos del proceso de tratamiento. Cuando el martes le tocó el turno a Dave, llamó a su agente de libertad condicional, Sherrie, para hacer los arreglos necesarios para presentar un análisis de orina aquí en Belton, en lugar de conducir hasta la oficina del sheriff de Harrisonville. Ella se sorprendió y le preguntó qué hacía fuera del tratamiento. Pareció un poco molesta cuando él se lo explicó y dijo que haría algunas llamadas, lo que, por supuesto, nos alarmó a los dos. Pero cuando él se presentó en su oficina, todo estaba bien, ella solo se había visto sorprendida y estaba molesta por no haber sido informada.

Sherrie admitió: «Todos nos dimos cuenta de que queríamos mantenerte en el Nivel y la Fase Uno porque tu presencia ha marcado una gran diferencia con los demás participantes. El personal del tratamiento ha disfrutado mucho poder llevar a todos de excursión últimamente, ya que no se comportan como...».

«¿Como monos enloquecidos?», terminó Dave.

«Exactamente», sonrió Sherrie. «Pero eso no es justo para ti. Te lo has ganado y el viernes pasarás al Nivel Dos y, muy posiblemente, te subiremos al Nivel Tres según lo previsto, o incluso un poco antes si todo va bien».

Día 85 - 6/11/2009

Color: Naranja

Dave finalmente ascendió al Nivel Dos. El juez parecía contento e incluso el director (uno de los funcionarios del tribunal de drogas que había reprendido a Dave en el pasado) tuvo palabras amables. Por fin, sentimos una sensación de alivio. ¡Habíamos pasado a la siguiente etapa, un paso más cerca del objetivo final de la graduación!

: su historia y mucho más

«No hay forma de gobernar a hombres inocentes. Cuando no hay suficientes criminales, se los crea. Se declaran tantas cosas como delitos que resulta imposible vivir sin infringir la ley». -Ayn Rand en La rebelión de Atlas

La marihuana no es una droga nueva. El hombre la ha consumido de una forma u otra desde antes de que saliéramos de la Edad de Piedra. Que sea una compañera ancestral no significa necesariamente que sea buena: el hombre moderno también soportaba las pulgas y los piojos, y eso desde luego no era una ventaja. Pero el cannabis se ha utilizado para muchas cosas: la marihuana por sus efectos relajantes y su capacidad para estimular el apetito en quienes tienen poco o ninguno, y el cáñamo fibroso por sus innumerables usos prácticos.

También hay muchos prejuicios y suposiciones erróneas que nuestro país tiene con respecto al cannabis. Esto se debe en gran parte al programa de propaganda al que todos hemos estado expuestos desde principios del siglo XX. Eso significa que no hay nadie vivo hoy en día, nacido en este país, a quien no se le haya dicho en algún momento que esta «terrible droga» hará lo siguiente:

- Te convertirá en adicto

- Te abrirá las puertas a otras sustancias adictivas
- Te volverá loco
- Te hará violento
- Te convertirá en un delincuente

Gracias a la guerra contra las drogas, lo último es absolutamente cierto. ¿Y el resto? Bueno, ¿por qué no empezamos primero con un poco de historia?

Una compañera a lo largo de la historia y la prehistoria

La marihuana se ha consumido desde tiempos inmemoriales y se cultiva desde hace igual de tiempo. Según ProCon[2] , que incluye una cronología histórica, la marihuana se ha consumido, de una forma u otra, desde hace 5000 años, según los registros de la historia de la humanidad.

Estos son los símbolos chinos para Ma, o cáñamo: ��. El símbolo debajo y a la derecha de las líneas rectas representa las fibras de cáñamo colgando de un tendedero. Las líneas horizontales y verticales representan la casa en la que se secaban.

Ya en la época del emperador chino Fu His (aproximadamente 2900 a. C.) «hay referencias a Ma, en las que se señala que el cannabis era una medicina muy popular que poseía tanto yin como yang».

Se ha encontrado polen de cannabis enterrado con momias egipcias, se cree que era un ingrediente del antiguo aceite sagrado de unción y se ha utilizado durante siglos como remedio para una gran variedad de enfermedades, incluyendo el tratamiento del glaucoma, los dolores de oído, la inflamación y mucho más.

> «Bueno, no tengo ningún deseo de fumar marihuana. Lo he hecho en el pasado, pero ya lo he dejado. Sin embargo, quiero que se legalice porque creo que la guerra contra las drogas es una de las principales causas de varios problemas de nuestra sociedad, como los delitos violentos, la mala conducta policial, el encarcelamiento excesivo, el abuso de la confiscación, el autotratamiento de las enfermedades mentales y muchos otros». — Ben C.

La Constitución de los Estados Unidos de América está escrita en papel fabricado con cáñamo y al menos dos presidentes estadounidenses cultivaron cáñamo en sus plantaciones.

¿Cannabis, cáñamo o marihuana?

Entonces... un momento... cáñamo... cannabis... marihuana... ¿es una droga? ¿Es una fibra para fabricar cuerdas? ¿Cuáles son las diferencias?

El mejor término para describirlo todo es cannabis. El cannabis es un género de plantas con flores que incluye Cannabis sativa, Cannabis indica y Cannabis ruderalis.

Cannabis ruderalis

El Cannabis ruderalis es de crecimiento bajo y produce semillas ricas en proteínas que pueden utilizarse en productos culinarios e incluso en productos de cuidado personal. Tiene un contenido muy bajo de THC (tetrahidrocannabinol), el compuesto que induce el proverbial «subidón» que buscan los consumidores de marihuana, por lo que no se cultiva para uso industrial, recreativo o medicinal.

Cannabis indica

El Cannabis sativa y el Cannabis indica se diferencian entre sí en los siguientes aspectos:

- El Cannabis sativa tiene niveles más altos de CBD (cannabidiol) y es también el origen de la variedad de cáñamo (bajas concentraciones de THC y altas concentraciones de CBD).

- El Cannabis indica es conocido por sus cualidades sedantes.
- El Cannabis sativa proporciona un efecto más «cerebral» que combina bien con la actividad física, las reuniones sociales y los proyectos creativos.

La mayoría de las variedades de cannabis son híbridas de las variedades sativa e indica.

Cannabis sativa

Aquí hay una tabla[3] que ilustra algunos de los usos modernos de la planta de cannabis:

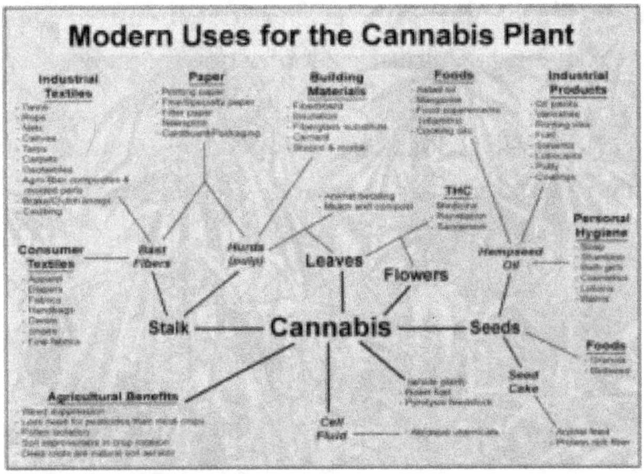

Si tiene dificultades para leerla, puede encontrar una copia de la tabla realizando una simple búsqueda en Google con las palabras «Usos modernos de la planta de cannabis».

Tanto el Cannabis indica como el Cannabis sativa tienen un alto contenido en THC y, además de producir un efecto psicoactivo, también tienen varios usos terapéuticos, entre los que se incluyen:

- Reduce la depresión y mejora el estado de ánimo.
- Alivia los dolores de cabeza y las migrañas.
- Da energía y estimula.
- Aumenta la concentración y la creatividad.
- Reduce las náuseas
- Estimula el apetito

De las aproximadamente 2000 variedades de plantas de cannabis conocidas, alrededor del 90 % contienen solo THC de baja calidad y son más útiles por su fibra, semillas y aceites medicinales. En otras palabras, la mayoría de ellas son cáñamo.

Según el Consejo Norteamericano de Salud Industrial, «si alguien intentara ingerir suficiente cáñamo industrial como para colocarse, sería equivalente a tomar 2-3 dosis de un laxante rico en fibra». En otras palabras, te cagaría en los pantalones mucho antes de sentir el más mínimo atisbo de colocón.

A pesar de que el cannabis y la historia de la humanidad están entrelazados desde hace miles de años, tanto en el sentido industrial como en el recreativo, actualmente es ilegal cultivar cualquier tipo de cannabis en los Estados Unidos. Al parecer, la Agencia Antidrogas de los Estados Unidos, el Departamento de Estado y la Oficina Federal de Narcóticos son incapaces de distinguir entre las diferentes variedades (a pesar de las evidentes diferencias en su aspecto y en los niveles de THC).

¿Adictivo... o no?

Uno de los muchos argumentos que se debaten es si la marihuana es adictiva o no. Hay que tener en cuenta que existen adicciones físicas y adicciones psicológicas. Por ejemplo, si eres un consumidor habitual de café por las mañanas y te saltas tu dosis diaria de cafeína, ¿qué suele ocurrir? Un dolor de cabeza insoportable, irritabilidad e incluso lentitud. Te acostumbras a esa dosis diaria de estimulante. Si te la quitan, tu cuerpo reacciona. Eso es una adicción física.

Algunas drogas también pueden ser psicológicamente adictivas, pero las respuestas sobre la adicción psicológica varían según el país (pista: Estados Unidos dirá que la marihuana es psicológicamente adictiva, mientras que otros países no lo dirán) y según el individuo. Por ejemplo, ¿el individuo muestra signos de comportamiento compulsivo? Este comportamiento compulsivo podría dar lugar a un mayor apego psicológico a la sensación (emocional o física) que experimenta un individuo al consumir una droga en particular.

En un sentido puramente anecdótico, he visto a dos fumadores de marihuana a largo plazo consumir la droga durante un período de diez y veinte años, respectivamente. Uno dejó de fumar y volvió a empezar, según le permitían el dinero o las circunstancias. El otro se negó a dejar de fumar bajo ninguna circunstancia. Ambos mostraban lo que yo consideraría un comportamiento compulsivo, pero ¿eran *adictos*? No lo creo.

El comportamiento compulsivo puede convertirse en comportamiento adictivo, pero en el caso de la marihuana, debemos actuar con cautela. Los programas de educación sobre drogas agrupan ambos comportamientos y afirman que son lo mismo. Esto es inexacto. Peor aún, estamos enviando a nuestros hijos un mensaje erróneo y, como resultado, obtenemos exactamente lo contrario.

El juez James P. Gray, del Tribunal Superior de California, autor de *Why Our Drug Laws Have Failed and What We Can Do About It (Por qué han fracasado nuestras leyes sobre* drogas *y qué podemos hacer al respecto)*, escribe: «A los niños se les suele decir que la marihuana es muy adictiva y que los consumidores habituales suelen desarrollar una dependencia química que hace que la abstinencia sea difícil o imposible sin ayuda profesional. Estos niños pronto descubren que este mensaje es falso, lo que sirve para desacreditar a los mensajeros. Cuando difundimos falsedades sobre la marihuana, nuestros hijos aprenden a no creernos, incluso cuando les decimos la verdad sobre drogas como las metanfetaminas y la cocaína».[4]

De nuevo, hablando de forma anecdótica, he visto a un consumidor habitual de marihuana dejarla y dejarla de golpe después de años de fumar a diario. Estuvo un poco gruñón durante unos días y eso fue todo.

Entonces... ¿por qué es ilegal?

Te daré la respuesta corta: dinero, racismo, alarmismo y control. Aquí tienes una respuesta más larga...

> «La campaña de Nixon en 1968, y la Casa Blanca de Nixon después de eso, tenían dos enemigos: la izquierda pacifista y los negros. ¿Entiendes lo que digo?
>
> «Sabíamos que no podíamos ilegalizar estar en contra de la guerra o ser negro, pero si conseguíamos que el público asociara a los hippies con la marihuana y a los negros con la heroína, y luego criminalizáramos ambos grupos, podríamos desestabilizar esas comunidades.
>
> Podíamos arrestar a sus líderes, allanar sus casas, disolver sus reuniones y difamarlos noche tras noche en los noticiarios. ¿Sabíamos que estábamos mintiendo sobre las drogas? Por supuesto que sí». —John Ehrlichman, exasesor del presidente Nixon

Hay una excelente cronología en Drug War Rant[5] que detalla cómo se produjo, pero dos figuras centrales parecen ser los principales impulsores de la campaña para prohibir no solo la marihuana, sino todas las formas de cannabis. Esos hombres eran Harry J. Anslinger y William Randolph Hearst.

En 1930 se creó una nueva división en el Departamento del Tesoro, la Oficina Federal de Narcóticos, y Harry J. Anslinger fue nombrado director. Anslinger era un hombre extremadamente ambicioso y reconoció que la Oficina de Narcóticos era una oportunidad profesional increíble: una nueva agencia gubernamental con la oportunidad de definir tanto el problema como la solución. Inmediatamente se dio cuenta de que los opiáceos y la cocaína no serían suficientes para ayudar a construir su agencia, por lo que se aferró a la marihuana y comenzó a trabajar para ilegalizarla a nivel federal.

Estas son algunas de sus citas sobre la marihuana...

«Hay un total de 100 000 fumadores de marihuana en los Estados Unidos, y la mayoría son negros, hispanos, filipinos y artistas. Su música satánica, el jazz y el swing, son el resultado del consumo de marihuana. Esta marihuana hace que las mujeres blancas busquen relaciones sexuales con negros, artistas y cualquier otra persona».

«... la razón principal para prohibir la marihuana es su efecto sobre las razas degeneradas».

«La marihuana es una droga adictiva que provoca en sus consumidores locura, criminalidad y muerte».

«La marihuana hace que los negros piensen que son tan buenos como los blancos».

«La marihuana conduce al pacifismo y al lavado de cerebro comunista».

«Si fumas un porro, es probable que mates a tu hermano».

«La marihuana es la droga que más violencia ha causado en la historia de la humanidad».

¿Alguien se ha dado cuenta de las contradicciones rampantes? Al parecer, puedes volverte loco, tener relaciones con otra raza, ser un criminal, ser un *pacifista* y matar a tu madre... ¡Vaya, todo es posible cuando fumas marihuana! Y por si un racista odioso no fuera suficiente, entra en escena William Randolph Hearst. Drug War Rant lo resume muy bien:

«Hearst tenía muchas razones para ayudar. En primer lugar, odiaba a los mexicanos. En segundo lugar, había invertido mucho en la industria maderera para financiar su cadena de periódicos y no quería que el papel de cáñamo le hiciera competencia. En tercer lugar, había perdido 800 000 acres de bosques a manos de Pancho Villa, por lo que odiaba a los mexicanos. En cuarto lugar, contar mentiras escabrosas sobre los mexicanos (y la marihuana diabólica que provocaba violencia) vendía periódicos, lo que le hacía rico».

Hearst ganaba dinero por ambos lados. Era el padre del periodismo sensacionalista, y sus periódicos publicaban mentiras escabrosas y sensacionalistas sobre los efectos de la marihuana con el fin de vender más ejemplares. Estos periódicos se imprimían en papel fabricado con madera procedente de la industria maderera que él controlaba. Algunas de las historias eran tan absurdamente exageradas que uno se pregunta cómo era posible que los lectores de sus periódicos pudieran creer tales relatos. He aquí algunas citas de sus periódicos:

«La marihuana convierte a los chicos en demonios en treinta días; el hachís incita a los consumidores a la sed de sangre».

«Llega a este país por toneladas: el veneno mortal y terrible que atormenta y destroza no solo el cuerpo, sino también el corazón y el alma de todo ser humano que se convierte en esclavo de él en cualquiera de sus formas crueles y devastadoras... La marihuana es un atajo hacia el manicomio. Fuma cigarrillos de marihuana durante un mes y lo que antes era tu cerebro no será más que un almacén de horribles espectros. El hachís convierte en un asesino que mata por el placer de matar al hombre más afable que jamás se rió de la idea de que cualquier hábito pudiera atraparlo...».

«Los consumidores de marihuana se estimulan al inhalar la droga y son propensos a hacer cualquier cosa. La mayoría de los delitos violentos en esta sección, especialmente en los distritos rurales, se atribuyen a los consumidores de esa droga».

El relato de la rapidez con la que se aprobó la legislación es absolutamente alucinante. Esto, a pesar de que un médico, el Dr. William C. Woodward, del Consejo Legislativo de la Asociación Médica Americana, testificó durante las audiencias que todas las afirmaciones de que la AMA respaldaba la ilegalización de la marihuana eran falsas y erróneas. Sus argumentos fueron ignorados y se aprobó la Ley del Impuesto sobre la Marihuana de 1937.

Solo en Estados Unidos

La prohibición del cultivo de cáñamo en Estados Unidos es, en el mejor de los casos, absurda y, en el peor, trágica. El cáñamo crece más rápido que el algodón, sin necesidad de pesticidas ni fertilizantes. Es más ecológico cultivar cáñamo para fabricar papel que talar árboles para el mismo fin.

Francia y España nunca han dejado de cultivar cáñamo. A principios de los años 90, Inglaterra y Canadá reconocieron oficialmente las diferencias entre el cáñamo y la marihuana y legalizaron el cultivo de cáñamo en sus países.

El 11 de junio de 2012, el director ejecutivo de Dr. Bronner's Magic Soaps, David Bronner, se encerró en una jaula frente a la Casa Blanca con un montón de plantas de cáñamo y equipo, con la intención de producir suficiente aceite de cáñamo para untar en una barra de pan francés[6] . Dr. Bronner's importa cada año más de 100 000 dólares en aceite de cáñamo de Canadá para fabricar sus populares jabones. La protesta de Bronner tenía dos objetivos: a) denunciar que la restricción del cultivo de cáñamo en Estados Unidos es una tontería, y b) señalar que los agricultores estadounidenses están perdiendo cientos y miles de dólares en ingresos potenciales por la producción de cáñamo. Nunca tuvo la oportunidad de completar el proceso de extracción de aceite y disfrutar de su pan, ya que la policía cortó los barrotes y lo detuvo. «Bronner fue acusado de posesión de *marihuana* y de bloquear el paso». Verán, en Estados Unidos somos aparentemente demasiado estúpidos para entender la diferencia entre el cáñamo y la marihuana. Buen trabajo, chicos de azul.

Por extraño que parezca, el aceite de cáñamo, las semillas de cáñamo y otros productos procesados del cáñamo (ropa, papel, cuerdas y más) son importaciones perfectamente legales. Desde el punto de vista de la sostenibilidad, esto parece inútil y posiblemente desastroso. ¿Por qué pagamos por importar lo que podríamos producir fácilmente nosotros mismos?

El cáñamo es fácil de cultivar, requiere pocos o ningún pesticida, incluso en un modelo de producción a gran escala, y es una alternativa barata y mejor que muchos de los monocultivos que se cultivan actualmente en Estados Unidos (maíz, soja y algodón, por nombrar algunos).

La guerra contra las drogas en Estados Unidos

En Estados Unidos, la guerra contra las drogas está devastando a nuestra población en varios niveles diferentes. Ha provocado la erosión de nuestros derechos civiles, ha disparado las tasas de encarcelamiento, ha aumentado la corrupción en nuestros gobiernos estatales y locales (sobre todo en las fuerzas del orden) y ha demonizado a los consumidores de drogas como delincuentes de la peor calaña. Quiero tratar estos temas brevemente y sugerir lecturas adicionales para aquellos que estén interesados en saber más.

<u>Erosión de los derechos civiles</u>

Lo primero y más importante en mi mente es la erosión de nuestros derechos civiles. Desde operaciones encubiertas, vigilancias en tiendas locales de hidroponía o suministros agrícolas, escuchas telefónicas y el uso extensivo de soplones, la guerra contra las drogas adopta un enfoque cada vez más invasivo para reducir nuestras libertades civiles día tras día.

El juez Gray escribe: «Ante un problema de drogas cada vez más grave y la alarma pública que lo acompaña, los tribunales, aunque sin intención, han permitido a regañadientes, pero de forma sistemática, que se erosionen las protecciones de nuestra Carta de Derechos a cambio de lo que se espera que sea un avance en la guerra contra las drogas. Los jueces son humanos y, cuando se enfrentan a la elección entre debilitar «solo un poco» las protecciones de la ley para avanzar en la lucha contra este abrumador problema, inconscientemente han estado «haciendo su parte»». [7]

Desde aprobar la emisión de órdenes judiciales cuestionables hasta permitir las escuchas telefónicas o aceptar los rumores de los informantes, los jueces hacen su parte para erosionar los derechos civiles, y estamos perdiendo a un ritmo exponencial las libertades que tanto hemos apreciado durante más de 200 años.

El propio tribunal de drogas es un ejercicio que expone a sus participantes a violaciones generalizadas de los derechos civiles. Más adelante leerán sobre un hombre que fue encarcelado durante casi dos semanas debido a un alcoholímetro erróneo y sin calibrar. Perdió su trabajo y sufrió repetidas humillaciones por parte del personal del tribunal de drogas y del juez Baker durante un período de dos semanas, hasta que los resultados del laboratorio dieron negativo, tal y como él había dicho que ocurriría.

El hecho de que, según los documentos del tribunal, yo también renunciara a mis derechos a no ser objeto de registros e incautaciones injustificados por ocupar la casa con un participante del tribunal de drogas, o que David tuviera que renunciar a una droga perfectamente legal (el alcohol) para participar en el programa, fue deliberadamente diseñado para mermar nuestras libertades civiles.

Entonces, ¿qué libertades civiles se infringieron? Las enumeraré.

Primera Enmienda: libertad de expresión. Mientras participaba en el tribunal de drogas, Dave estaba obligado a «decir la verdad en todo momento», pero lo que eso significaba en realidad era «di lo que queremos oír o te castigaremos si no estás de acuerdo». Eso no es libertad de expresión.

Segunda Enmienda: el derecho a poseer y portar armas. Mientras participábamos en el programa, no se nos permitía tener armas de fuego en nuestra casa. A pesar de que tenemos ese derecho en virtud de la Segunda Enmienda, mientras participábamos en un programa de recuperación de drogas, no en libertad condicional, se nos prohibió conservar cualquier arma para nuestra propia defensa.

Cuarta Enmienda: protección contra registros e incautaciones injustificados. Mientras participábamos en el programa del tribunal de drogas, se nos informó de que si negábamos a un agente de seguimiento el derecho a registrar nuestra casa, nuestros coches o nuestra persona, Dave sería automáticamente encarcelado. Incluso si un agente de seguimiento venía cuando yo estaba sola en casa, si le negaba la entrada, lo considerarían una infracción y castigarían a Dave con una pena de cárcel.

Quinta Enmienda: debido proceso, doble incriminación, autoincriminación y expropiación forzosa. Para poder participar en el programa, Dave tuvo que declararse primero culpable de todos los cargos que se le imputaban. Era una gran incógnita: no teníamos ni idea de lo que supondría el programa del tribunal de drogas, pero si era irrazonable en algún aspecto (que lo era), estaríamos sujetos a un castigo dentro del tribunal de drogas o se le impondría la pena máxima permitida por la ley por su declaración de culpabilidad.

En un momento dado, uno de los consejeros del programa, que era más amable con nosotros que la mayoría, me dijo: «Realmente cuestiono la constitucionalidad de los tribunales de drogas en general. En serio, si todo lo que ocurre saliera a la luz en un tribunal, ante el Tribunal Supremo, seguramente dictaminarían que los tribunales de drogas son completa y totalmente inconstitucionales y violan los derechos civiles de [Dave] y los suyos». Como era de esperar, el consejero no tardó mucho en buscar otro empleo. Antes de marcharse, le dijo a Dave que simplemente no podía estar de acuerdo con algunas de las tácticas utilizadas en el programa del tribunal de drogas.

Aumento vertiginoso de las tasas de encarcelamiento

> *«Como analista jubilado de la CIA que pasó 31 años siguiendo los asuntos europeos, me sorprende el hecho de que Estados Unidos (con una población de 313 millones de habitantes) tenga más personas encarceladas por delitos relacionados con las drogas (unas 500 000) que toda Europa occidental más Canadá (con una población de 450 millones de habitantes) por cualquier motivo (486 000). Y nuestra tasa global de encarcelamiento es de 716 por cada 100 000 habitantes, la más alta del mundo, mientras que las tasas en los demás países occidentales oscilan entre 58 en Finlandia y 147 en España. (Datos de la Lista Mundial de Población Carcelaria, 10.ª edición, 2013). Así que, o bien los estadounidenses son el pueblo más criminal del planeta, o bien estamos encarcelando a demasiados de ellos». – Richard K.*

Nos hemos convertido en una nación reconocida mundialmente por tener la tasa de encarcelamiento documentada más alta del mundo. Según *Breaking the Taboo*[8], un documental sobre el fracaso de la guerra contra las drogas, la población total de nuestra nación comprende aproximadamente el 5 % de la población mundial total, pero solo en Estados Unidos, el número total de personas encarceladas representa el 25 % del número total de personas encarceladas en todo el mundo.

Ya no somos la tierra de los libres. *Somos la tierra de los encarcelados.*

Más que cualquier otro país del mundo, incluida China, estábamos en lo más alto. En 2008, un estudio realizado por el King's College de Londres reveló que en la «tierra de la libertad» había 756 adultos encarcelados por cada 100 000 ciudadanos[9] .

En 1994, se informó de que la guerra contra las drogas provocaba el encarcelamiento de un millón de estadounidenses cada año.[10] De las detenciones relacionadas con las drogas, unas 225 000 son por posesión de cannabis, la cuarta causa más común de detención en Estados Unidos.[11] En 2008, 1,5 millones de estadounidenses fueron detenidos por delitos relacionados con las drogas. De ellos, medio millón fueron encarcelados.

La marihuana constituye casi la mitad de todos los arrestos por drogas, y entre 1990 y 2002, la marihuana representó el 82 % del aumento en el número de arrestos por drogas. En 2004, aproximadamente el 12,7 % de los presos estatales y el 12,4 % de los presos federales cumplían condenas por delitos relacionados con la marihuana.

Según *Breaking The Taboo*[12] , el número de delincuentes encarcelados ha aumentado de 330 000 en 1970 a 2,3 millones en 2000.

Aumento de la corrupción

> «Dices que es una pérdida de dinero, pero no es así para todo el mundo. Se trata de la codicia barata y estrecha de miras de todos aquellos que se benefician, si es que son conscientes de esta dimensión del problema... Los políticos son lo suficientemente inteligentes como para ser conscientes, y ahí está el verdadero problema». – R.I.

No nos equivoquemos, la guerra contra las drogas supone una oportunidad para que las fuerzas del orden, los abogados y el complejo industrial penitenciario ganen mucho dinero. Es una llamada de sirena que corrompe a los funcionarios y fomenta la aceptabilidad de lo que solo puede describirse como un robo legal.

En primer lugar, está la confiscación de bienes. Ya lo he descrito anteriormente, pero quiero reforzar la lección que hemos aprendido. Básicamente, si se le *acusa* de un delito, sus bienes pueden ser confiscados y vendidos, incluso sin que haya habido *una condena* en un tribunal. Innumerables viajeros han sido víctimas de esto. Viajar con dinero en efectivo, desde unos pocos cientos de dólares hasta miles, se considera a menudo un «indicador de comportamiento delictivo» y el dinero en efectivo y los vehículos se confiscan sin el debido proceso.

En nuestro caso, todas las luces, el ionizador que ayudaba a reducir el olor de las plantas y cualquier cosa de valor que estuviera directamente relacionada con la producción de marihuana fue confiscada y vendida, mucho antes de nuestra comparecencia ante el tribunal. Sin embargo, lo interesante es que, aunque se confiscaron 13 plantas, solo se informó de la incautación de diez. Teníamos diez plantas cosechadas casi muertas y tres plantas sanas listas para ser clonadas. Dejo a su criterio averiguar qué pasó con las tres restantes.

Cuando se le da a cualquier persona o grupo de personas el poder de confiscar los bienes de un individuo —dinero en efectivo, equipos costosos, etc.—, se abre la puerta al soborno, la corrupción y la codicia. Eso es un hecho. Podemos señalar a los individuos de la policía, al juez que acepta sobornos, al comisionado del condado o a muchos otros como las «manzanas podridas», o podemos reconocer que el sistema de decomiso de bienes es endémicamente defectuoso.

Como país, también hemos creado una «industria penitenciaria» que valora más el encarcelamiento que la rehabilitación en todos los ámbitos del comportamiento delictivo.

En los últimos 30 años, hemos quintuplicado el número de presos en Estados Unidos. Hay pueblos enteros construidos alrededor de enormes prisiones, que obtienen ingresos fiscales que alimentan sus infraestructuras, sus escuelas, sus parques públicos y sus carreteras. Pueblos que se derrumbarían y desaparecerían si las prisiones desaparecieran, ya que estas son las principales fuentes de empleo y de ingresos para innumerables tiendas y comercios que prestan servicios a los empleados de las prisiones. Con ese tipo de motivaciones, el gráfico anterior se convierte en un anuncio, un potencial de ingresos ilimitado para municipios moribundos. Y a raíz de eso viene la corrupción: ¿por qué no encarcelar a los ciudadanos estadounidenses por las infracciones más leves? Cuantos más hay en prisión, más dinero fluye de las prisiones a los bolsillos de millones de empleados de apoyo; de repente, encarcelar a otros es *lucrativo.*

La mano de obra barata también es un gran incentivo. Angela Davis, autora de *Masked Racism: Reflections on the Prison Industrial Complex (Racismo encubierto: reflexiones sobre el complejo industrial penitenciario)*, explica:[13] «A medida que las prisiones proliferan en la sociedad estadounidense, el capital privado se ha visto envuelto en la industria del castigo. Y precisamente por su potencial de beneficios, las prisiones son cada vez más importantes para la economía estadounidense».

En otras palabras: encarcelar a una gran parte de la población y luego utilizarla como mano de obra barata. Emplearlos en centros de atención telefónica para hacer reservas para American Airlines o AVIS, por ejemplo, y pagarles mucho menos que el salario mínimo. ¿Por qué subcontratar a otro país cuando se les puede conseguir más baratos que la tarifa habitual de una fábrica explotadora del Tercer Mundo?

¿De qué nivel de baratura estamos hablando? Según Rania Khalek, autora de *21st Century Slaves: How Corporations Exploit Prison Labor,*[14] «En los últimos 30 años, al menos 37 estados han promulgado leyes que permiten el uso de mano de obra penitenciaria por parte de empresas privadas, con un salario medio de entre 0,93 y 4,73 dólares al día. Los presos federales reciben salarios más generosos, que oscilan entre 0,23 y 1,25 dólares por hora».

Esta forma de pensar, esta forma profundamente inquietante de hacer negocios, traza una línea oscura y negra entre la población general y los reclusos, creando una subclase distinta de personas. Esta clase de personas que ya se encuentran en una situación abrumadoramente desfavorable. Estas mismas personas que pueden volver inevitablemente a la cárcel en lugar de rehabilitarse o incluso evitar el encarcelamiento en primer lugar.

Demonización de los consumidores de drogas

> *«Pasé cinco años en una prisión federal por un delito relacionado con la marihuana. Mientras estuve allí, vi cómo los atracadores de bancos armados iban y venían en tan solo 20 meses. Después de tres años «tras las rejas», se lo señalé a la junta de libertad condicional.*

Su respuesta fue: «Debes comprender que el tuyo fue un delito muy grave». ¿Cómo se responde a esa mentalidad?». —Hugh Y.

Nuestro país aborda el consumo de drogas desde el punto de vista del delito y el castigo, ignorando su aspecto humano. El juez James P. Gray escribió en[15] :

«Sigue siendo una parte fundamental de nuestra política de tolerancia cero que las personas que consumen drogas ilegales no puedan ser consideradas en términos humanos. Deben ser tratadas como demonios y debemos contrastar las «culturas de las drogas», por un lado, con las personas «decentes», por otro. También se nos lleva a asumir que estos «drogadictos» son siempre peligrosos. No fue un lapsus cuando Daryl Gates, exjefe de policía de Los Ángeles, dijo que «los consumidores ocasionales de drogas deberían ser sacados y fusilados», o cuando se informó de que la «jueza Judy» había dicho durante una gira de conferencias en Australia que su respuesta al programa de agujas gratuitas, que intentaba reducir la propagación de enfermedades asociadas al consumo de drogas intravenosas, era «darles agujas sucias y esperar que mueran». El mensaje inequívoco que se transmite al público es que los consumidores de drogas deben ser temidos y despreciados».

¿No hay término medio? ¿No podemos reconocer las diferencias entre las drogas, sus efectos y sus posibles cualidades adictivas (o no adictivas)? ¿Debemos categorizar todo en blanco y negro? Y aunque algunos podrían decir que esto solo se aplica a las «drogas duras» —por el comportamiento de las fuerzas del orden, los funcionarios de los tribunales de drogas y muchos, muchos otros—, la etiqueta de consumidor de drogas conlleva una enorme «X» negra de vergüenza para cualquiera a quien se le atribuya.

Así que ahí lo tienen. Les he dado una breve historia de la marihuana, la guerra contra las drogas y el encarcelamiento y *abuso* de literalmente millones de nuestros ciudadanos. Si no están enfadados, les sugiero que reconsideren sus prioridades. Esto le está sucediendo a sus vecinos, familiares, amigos y ciudadanos de su comunidad. El sistema está profundamente roto y empeora cada día que pasa.

Fase dos

Día 89 – 10/11/2009

Color: verde

«Sherrie me ha dicho hoy que tendré que conseguir un trabajo a tiempo completo, independientemente de lo que haga con las clases de Chi Gung», informó Dave, con aire frustrado. Acababa de regresar de la oficina local de libertad condicional, donde había ido a presentar la prueba de detección de drogas.

«Ella dice que no importa cuánto gane con las clases. Si no trabajo las 40 horas semanales completas enseñando, el juez no lo aceptará».

Pensé por un momento y recordé sus comentarios sobre Allen, que también había subido de fase al mismo tiempo que Dave. Me había transmitido los temores de Allen por tener tanto tiempo libre en lugar de estar en clase todo el día.

Allen también estaba buscando trabajo, pero, a diferencia de Dave, no tenía experiencia laboral real. Había pasado la mayor parte de los últimos años vendiendo drogas. Con poca o ninguna experiencia en un trabajo «real», no estaba seguro de para qué estaba cualificado. Teniendo en cuenta la escasa oferta de empleo en la economía actual, Allen tenía motivos para preocuparse. Además, seguía luchando por superar su adicción a la metanfetamina.

Probablemente, las razones por las que el tribunal de drogas insistía en el trabajo a tiempo completo eran dos: por un lado, su intención era llenar el tiempo de los participantes con actividades (ya fuera en tratamiento, mediante servicios comunitarios o con trabajos que generaran ingresos) para mantenerlos alejados de la tentación de las drogas, y ese era probablemente el motivo principal. El segundo motivo era animar a los participantes a desempeñar un papel activo en la comunidad. Convertirse en un miembro productivo de la sociedad suele identificarse con un «trabajo regular» y un «horario regular», y no importaba realmente si esas horas se dedicaban a trabajar por la noche en un almacén o a preparar hamburguesas durante el día; todo se consideraba un trabajo bueno y honesto.

Ambos motivos eran razonables y previsibles. Entendimos el razonamiento del tribunal de drogas, aunque no lo hubieran explicado completamente, y ahora nos enfrentábamos a la decisión de aceptar o defender un tratamiento diferente.

Mientras Dave y yo lo discutíamos, reconocimos que los motivos más probables detrás de las palabras de Sherrie eran la preocupación por una recaída y que Dave fuera un miembro productivo de la sociedad. Tomamos la decisión de defender que Dave enseñara Chi Gung y montara su negocio. Señalé que no solo se consideraba trabajo dar clases, sino que probablemente dedicaba entre tres y cuatro horas diarias al marketing y la promoción con el objetivo de ampliar las clases y el horario en toda la comunidad local.

Día 108 - 29/11/2009

Color: naranja y azul

Maldición, maldición y triple maldición. Dave se olvidó de llamar el domingo y se ganó una estancia de 48 horas en la cárcel. Me despertó a las 10:30 p. m. de la noche anterior completamente aterrado.

Pasaron dos semanas después de las 48 horas de «tiempo de choque» de Dave sin nada que destacar. Ninguno de los participantes del tribunal de drogas se comportaba mal y la vida había comenzado a tener cierta apariencia de normalidad a medida que nos adaptábamos a la fase dos.

Día 122 – 13/12/2009

Color: Sin acción

P.E. se fue con mi madre y nosotros fuimos de compras a Half Price Books, y Dave dijo que se moría de hambre. Nos decidimos por el Macaroni Grill y, cuando nos sentamos en la parte de atrás del restaurante, le pregunté a Dave si sería seguro pedir una margarita. Me dijo que no, a menos que quisiera sentarme en otra mesa. Entonces me sentí muy mal por haberlo preguntado y él se sintió mal por haber tenido que decir «no». Me di cuenta de que, por muy cerca que esté de esto, nunca podré entenderlo del todo. Lo que le estaba pidiendo era una tontería. Si alguien nos hubiera pillado, aunque fuera mi bebida y no la suya, él habría ido a la cárcel durante SEIS días y posiblemente le habrían bajado el nivel a cinco días a la semana y no habría podido trabajar ni ver educación física. ¿Cómo podía ponernos en esa situación? ¿Cómo podía siquiera pensar que estaría bien saltarse las reglas?

Día 128 – 19/12/2009

Color: Sin acción

Swimmer encontró la página web de la BBC y llamó a Dave. La página web de la BBC (Belton Brewing Company) la había creado yo, en los días previos a la redada, cuando soñábamos con alcanzar el objetivo de Dave de abrir una fábrica de cerveza. No se había tocado en mucho tiempo, más de 18 meses, pero eso no le importaría al equipo antidroga. Mientras estás en el tribunal de drogas, todas las drogas, legales o ilegales, quedan completamente prohibidas. Tener un sitio web que promoviera siquiera la *idea* de que producíamos bebidas alcohólicas era inaceptable.

Antes de que Dave entrara en el programa, Swimmer, también acusado de producción de marihuana, era considerado el «chico de oro» del programa. Por lo que pudimos deducir, esto consistía principalmente en decirles a los jueces y a los funcionarios del tribunal de drogas lo que querían oír y mantener la cabeza gacha. De los labios de Swimmer no salía ningún argumento a favor de la legalización de la marihuana. Tenía los ojos puestos en el premio: terminar con el tribunal de drogas lo antes posible diciéndoles lo que querían oír y manteniendo la boca cerrada el resto del tiempo, excepto cuando se le presentaba la oportunidad de quedar aún mejor.

Acabábamos de darle la oportunidad perfecta.

Día 130 - 21/12/2009

Color: verde

Swimmer denunció la página web de la BBC a Fingers, uno de los consejeros del tribunal de drogas. A Dave le dijeron que tenía que eliminar la información inmediatamente, especialmente las fotos. Esto se hizo minutos después de que Dave llegara a casa y me contara el problema. Más tarde le dijeron que tenía suerte de no haber sido sancionado. La sanción habría incluido una pena de cárcel.

Expresó su frustración en su sesión de asesoramiento individual con el Dr. Maid. Desgraciadamente, el Dr. Maid era el terapeuta saliente de Dave. Al día siguiente abandonaba el programa del tribunal de drogas. El Dr. Maid habló con Dave con franqueza y le advirtió que tuviera cuidado con lo que decía. «Algunos de los consejeros de aquí son fanáticos; ten cuidado con lo que dices y haces».

Día 140: Nochevieja

Color: Verde y Fase Cuatro

La discusión en el grupo se había caldeado la noche anterior. El grupo hablaba de expectativas y preguntaba si alguien tenía alguna expectativa que simplemente no podía abandonar. Dave mencionó que yo quería vivir en una casa antigua y dijo que iba a hacer todo lo posible para que yo consiguiera una.

«No, no, no», dijo un miembro del grupo, «querer cosas que no podemos conseguir es lo que nos llevó a las drogas en primer lugar, debes fijarte metas *realistas*».

Dave puso el ejemplo de Thomas Edison: «Intentó crear el teléfono y la bombilla muchas veces y fracasó; ¿deberíamos haberle dicho que se rindiera y fuera razonable?».

«Eso es diferente».

«¿En qué es diferente?».

«Thomas Edison era un profesional; era brillante».

Inmediatamente, mi mente se llenó de nombres de personas brillantes que habían fracasado o a las que se les había etiquetado. Abraham Lincoln, que se presentó a las elecciones varias veces y finalmente lo consiguió, llegando a ser uno de los presidentes más venerados de nuestro país. Pensé en Albert Einstein, que, a pesar de sus dificultades para hablar, llegó a ser un científico brillante. ¿Deberían haber renunciado cualquiera de esos hombres, aceptado la «realidad» y abrazado la mediocridad?

Por un lado, entendía el argumento que planteaban... sé realista, no te pierdas en sueños imposibles porque ese tipo de pensamiento conduce a la decepción, la depresión y, especialmente en la mayoría de los participantes en los tribunales de drogas, al abuso de drogas. Pero Dave y yo nos opusimos firmemente al doble mensaje de «consigue un trabajo, cualquier trabajo, trabaja 40 horas a la semana, vuelve a casa y no sueñes». Después de todo —parecían decir—, es lo único que realmente eres capaz de hacer».

Acababa de terminar de releer uno de mis libros favoritos de James Hogan, *Voyage from Yesteryear,* y me indignó esta idea restrictiva y cerrada. Dave les dijo: «Sugerirnos a cualquiera de nosotros que somos incapaces de cosas mejores, que debemos fijarnos metas modestas y esperar menos de nuestras vidas... En el mejor de los casos, están siendo opresivos. Y en el peor, están siendo criminales».

No les gustó oír eso. Y creo que es una lástima. Al diablo con ellos, porque, al fin y al cabo, son el ejemplo del fracaso en el peor de los casos y de la mediocridad en el mejor. ¿Qué pueden saber ellos sobre alcanzar tus sueños?

Día 151 – 11/1/2010 – Cumpleaños de Dave

Color: Sin acción

Una de las consejeras del programa del tribunal de drogas se llama Fingers. Bueno, obviamente ese no es su verdadero nombre, pero la llamábamos así debido a la escalofriante historia que escuchamos sobre su pasado. Al principio del programa, Dave llegó a casa y me habló de esta supuesta consejera. Digo «supuesta» porque Dave estaba absolutamente seguro de que no tenía ningún título universitario, solo algún tipo de certificado (inferior a un título de técnico superior) y formaba parte de un equipo de consejeros que se reunían individualmente y en grupo con los participantes del tribunal de drogas.

Fingers había compartido su historia de adicción un día en el grupo. Al parecer, había llegado a una etapa desesperada en su adicción a la metanfetamina, lo que la había llevado a deberle una gran suma de dinero a su traficante. Le dijeron que podría pagar su deuda si le hacía un favor. Al parecer, había otra mujer que le debía bastante más dinero y él quería algo a cambio.

Fingers atrajo a la mujer fuera del bar, cogió un cuchillo afilado o un hacha y *le cortó los dedos para quitarle los anillos.*

Cuando Dave me contó esta historia, no podía creerlo. Ese tipo de cosas no suceden, ¿verdad? Meses después, Fingers se retractó de su historia, alegando que solo golpeó a la mujer y le hizo entregar sus anillos. No sé qué historia creer. Sinceramente, eso no es lo importante. Lo importante es que esta mujer, una antigua adicta que había sido violenta con otra persona hasta cierto punto, sin ninguna formación oficial, ahora actuaba como consejera en el programa del tribunal de drogas. ¿Cómo podía eso ser de ayuda?

Día 153 – 13/1/2010

Color: amarillo y azul

Ahora nos amenazaban activamente con la posibilidad de que Dave no pasara a la fase tres. Sherrie pidió pruebas de que Dave trabajaba para mí ayudándome con las limpiezas. La llamé y le pregunté qué necesitaba exactamente y si una carta sería suficiente. Ella dijo que sí y añadió que Dave tendría que conseguir un *tercer* trabajo (además de trabajar para mí y enseñar Chi Gung) para aumentar sus horas de trabajo semanales a 40, o no se le permitiría pasar al siguiente nivel.

Día 157 – 17/1/2010

Color: naranja y azul

Anoche vino un rastreador. Era el ayudante Good Old Boy, y Dave lo recibió en la puerta y le dijo: «Hace tanto tiempo que no os veo a ninguno que he salido a comprar un barril y una pipa nueva. ¿Queréis verlos?».

El ayudante Good Old Boy parpadeó y preguntó: «¿De verdad?».

«No, ¿quieres comprobarlo?».

«No».

«¿En serio?

El ayudante Good Old Boy se limitó a sonreír y dijo: «Oye, tengo gente a la que todavía tengo que ver y que necesito comprobar. ¿De verdad quieres que entre?».

Dave respondió: «Claro que sí».

«Y por eso precisamente no es necesario».

Luego le preguntó por qué Dave aún no estaba en la fase tres.

Día 159 – 19/1/2010

Color: naranja y amarillo

Dave comenzó a presidir dos reuniones de Narcóticos Anónimos a la semana. Esto demuestra una mayor responsabilidad, compromiso y dedicación a su «recuperación».

Día 164 – 24/1/2010

Color: azul

El ayudante del sheriff Good Ole Boy llegó tarde, alrededor de las 11 de la noche. Normalmente ya estamos acostados a esa hora, pero todos habíamos dormido la siesta esa tarde y P.E. había dormido más de tres horas. Entró, charló un rato y le preguntó a Dave por sus clases de Chi Gung. Le dijo a Dave que, cuando se sometiera a votación para pasar a la fase tres, sin duda tendría su voto.

Día 165 - 25/1/2010

Color: Naranja

Empezamos a trabajar en la remodelación del baño del pasillo y completamos la mayor parte de la demolición. En las semanas siguientes instalaríamos un suelo de baldosas, pintaríamos las paredes, sustituiríamos los accesorios (incluidas las luces), mejoraríamos las tuberías y convertiríamos una cómoda antigua con un lavabo elevado. El inodoro estaba ahora en la bañera y se había quitado y retirado el linóleo. También habíamos descubierto una tabla podrida que había que sustituir.

Como parte de los preparativos para pasar a la fase tres, Dave tenía que demostrar un aumento de las horas trabajadas para que el tribunal de drogas pudiera ver que tenía un empleo remunerado. Al menos uno de los funcionarios del tribunal de drogas, su agente de libertad condicional Sherrie, parecía no querer reconocer que ser propietario de un negocio significa algo más que dar clase unas pocas horas a la semana. También significa facturación, marketing y muchas reuniones y promociones. Significaba atraer constantemente a gente nueva, ya que no todo el mundo va a apuntarse a una clase y convertirse en un alumno permanente.

Dave tuvo que demostrar su inversión en Kansas City Chi Gung registrando sus horas, junto con las horas que dedicaba a mi negocio de limpieza.

Había concertado varias reuniones para esa semana: el martes por la tarde en el Penn Valley Community College, el miércoles por la tarde con Cradle of Love, y estaba trabajando en una reunión con una coordinadora de Johnson County Parks & Recreation. La última podría ser un callejón sin salida, aunque ella estaba muy interesada en Dave en ese momento. Uno de los afiliados a JCP&R había contratado a Dave para enseñar Tai Chi, pero luego había consultado sus antecedentes y descubierto que tenía cargos pendientes en su contra, y le había dicho que su política era no contratar a nadie con antecedentes penales o incluso con cargos pendientes. Entonces asignaron la clase a otro instructor.

Esperábamos que una reunión cara a cara y una revelación completa por adelantado ayudaran con este problema, pero yo no tenía muchas esperanzas. Pasara lo que pasara, Dave tenía otras reuniones y obtendría otras victorias, pero esto era un reto sin importar a dónde fuera si le hacían algún tipo de verificación de antecedentes.

Día 166 – 26/1/2010

Color: verde y azul

Mi temor de que Dave no fuera aprobado para pasar a la siguiente fase aumentó considerablemente con el informe de Dave sobre una segunda reunión desastrosa con la nueva consejera, Labels. Él había cometido el error de decir lo que pensaba y hacerle saber que le llevaría un tiempo adaptarse a ella como su nueva consejera. Mencionó problemas de confianza y esto se convirtió inmediatamente en el tema principal de las sesiones de terapia.

Cuando presentó sus deberes, ella le puso un cero porque no había hecho un resumen de su semana en algún tipo de gráfico. Luego le preguntó por los deberes de la semana anterior, que consistían en hacer una lista de sus puntos fuertes y débiles. No le había gustado su lista de puntos débiles, ya que le parecía demasiado corta. Él no sabía qué hacer para mejorarla y se lo dijo, por lo que ella también le puso un suspenso por esos deberes.

Más tarde, mientras él hablaba de un proyecto de remodelación del baño de su casa y de todos los detalles del mismo, de alguna manera ella terminó etiquetándolo como perfeccionista.

Vi con bastante claridad uno de los problemas evidentes con los que Dave seguía tropezando: nuestro deseo compartido de comprensión y aceptación. Queremos que los demás sepan *quiénes* somos. Pero en situaciones como esta, la comprensión y la empatía solo funcionan hasta cierto punto. Y en algunos casos, la franqueza de Dave se utilizaba en su contra. No era buena idea decir lo que pensaba, y cada vez que lo hacía se arrepentía profundamente.

Día 168 – 28/1/2010

Color: amarillo y verde

Dave le llevó a Sherrie su plan de negocio, su horario de clases y sus estimaciones de ingresos previstos para tenerlo todo listo para el juicio del día siguiente. Sherrie, que parecía totalmente opuesta a aceptar a Dave como empresario, insistió en que de alguna manera consiguiera 40 horas de trabajo a la semana y pareció al menos algo impresionada por el papeleo. Seguíamos manteniendo la esperanza de que a Dave le permitieran pasar al nivel tres. Esto probablemente significaría un día libre adicional, ya fuera el viernes o el lunes. Nuestro objetivo era tener los viernes libres. Tener los viernes libres permitiría a Dave ofrecer una clase al mediodía en un hospital local y también una franja horaria por la tarde en las bibliotecas locales.

Día 169 - 29/1/2010

Color: amarillo y azul

El viernes era día de juicio y fue un desastre absoluto. Allen fue reprendido por perder su trabajo. Lo perdió debido a su historial de conducción. Conducía coches clásicos de un almacén a otro en una casa de subastas local. Cuando llegó la comprobación del Departamento de Tráfico, lo despidieron.

Dave fue el siguiente y se planteó el tema de los deberes incompletos. Cuando se le preguntó al respecto, Dave intentó explicarse. Solo pudo decir unas cinco palabras antes de que uno de los fiscales del equipo del tribunal de drogas empezara a gritarle. Cuando intentó responder, le gritaron por interrumpir, precisamente lo que él le había hecho a él en primer lugar.

La atención se centró en su plan de negocio y le preguntaron si todos sus alumnos sabían que era drogadicto. Él respondió: «No imparto clases sobre drogadicción, así que no, no están al tanto de la situación».

El tribunal respondió que eso era un «gran problema» y luego le preguntaron si el tai chi/chi gung promovía un estilo de vida saludable y libre de drogas, y él mintió y dijo que «sí». Esto, por supuesto, planteó la pregunta de cómo lo había hecho durante los últimos 20 años mientras fumaba marihuana y bebía. Cuando admitió que eso era cierto, le dijeron de nuevo que tenían un «gran problema» con eso.

La jueza rompió su plan de negocio delante de todo el tribunal y le dijo que su prioridad era el tribunal de drogas, no su familia, ni su negocio, ni su vida personal. A continuación, le mandó volver a su asiento.

Después de la vista, se acercó al teniente Large, jefe del equipo del sheriff, para hablarle sobre uno de los ayudantes de la cárcel que no había seguido el protocolo al realizar las pruebas de drogas y de orina a los participantes en el tribunal de drogas. No encendía el alcoholímetro hasta que el participante se quedaba sin aliento y luego les gritaba que «siguieran respirando» mientras les preguntaba si querían ir a la cárcel. Tampoco realizaba el análisis de orina delante del participante, lo que supone una grave violación de la política. Podía crear un «falso positivo» si quería, porque ordenaba al participante del DC que se tumbase en el suelo mientras analizaba la orina. Dave había tenido muchos problemas con este tipo porque no bebe grandes cantidades de refrescos como el resto del grupo y su orina es de color amarillo claro o casi transparente. El tipo siempre le acusa de diluir su orina para pasar la prueba de drogas.

Cuando se acercó a la teniente Large, la jueza le ordenó que volviera a colocarse frente a ella. «A veces debe pensar que este tribunal está en su contra, ¿no es así, Sr. Shuck?».

«Sí, señora, a veces lo parece», Dave imitó con gestos cómo ella destrozaba su plan de negocio.

«Lo hice para causar efecto, Sr. Shuck. Tengo una copia de su plan de negocios en mis archivos. Tengo una pregunta para usted. Si me miente, es posible que no pueda asistir al grupo hoy». Ella lo miró con dureza, con la amenaza de la cárcel y las sanciones como una posibilidad evidente. «Y sabré si miente. No hemos hablado últimamente y recientemente se han aprobado algunas leyes para legalizar la marihuana. Dígame, señor Shuck, ¿cuál es su postura respecto a esta legislación?».

Dave la miró a los ojos y dijo: «Su Señoría, creo que la guerra contra las drogas en lo que respecta a la marihuana es injusta e inmoral. Apoyo la legalización de la marihuana. Dicho esto», hizo una pausa, «creo que, al igual que un alcohólico debe mantenerse alejado de los bares, yo debería evitar consumir marihuana».

Ella negó con la cabeza: «Eso es lo que pensaba que diría. Vaya a tratamiento, Sr. Shuck, nos vemos la semana que viene».

Dave habló entonces con el teniente Large, quien asintió y dijo que también había oído esto de otras fuentes y que se ocuparía de la situación ese mismo día. Dave se dirigió entonces al tratamiento.

Nada más entrar, Sonia le ordenó que pasara a su despacho y le dijo con frialdad: «Debes comenzar la terapia familiar con Labels inmediatamente, a partir de la semana que viene». Cuando Dave le preguntó cuánto duraría, ella respondió: «Durará lo que tenga que durar, quizá hasta que completes el programa. Ahora creo que tienes que ir a clase».

Dave entró en clase y estaba dirigida por el Director, el exadicto convertido en consejero que había retrasado el ascenso de Dave durante cinco semanas para «ver cómo manejaba la presión». Cuando comenzó la clase, el Director se volvió hacia Dave y le sonrió: «Bueno, Dave, estoy seguro de que tienes algo que "procesar" con respecto a tu semana».

«No, ahora mismo no. Voy a procesar lo que ha pasado hoy en el tribunal por mi cuenta y hablaré con mi mujer sobre ello esta noche. Creo que el lunes estaré en mejores condiciones para hablar de ello».

El director esbozó una sonrisa burlona: «¿Temes cavar un agujero aún más profundo?».

«No», respondió Dave con la misma ironía, «me temo que te daría un golpe en la cabeza con una pala».

Por alguna razón, esta respuesta hostil y la insinuación de una amenaza hicieron reír al tipo. «¡Así me gusta!». Después de eso, dejó a Dave en paz.

Más tarde, Fingers llamó a Dave a un lado. «Me enteré de lo que pasó y, por si sirve de algo, si hubiera estado allí, te habría defendido. Entiendo por qué tienes problemas de confianza; después de todo, hoy se ha demostrado que tienes buenas razones para no confiar en nosotros».

¿Era Fingers un aliado? No lo creía. Después de meses lidiando con sus maquinaciones, creía que todo era un juego elaborado. Estaba diseñado para quebrantar a los participantes del tribunal de drogas, para mostrarles lo indefensos que estaban.

Las lecciones que aprendían eran muchas, y ninguna de ellas especialmente positiva. No animaban a las personas ni les daban esperanza para un futuro mejor. Las derribaban al suelo y luego les daban fuertes patadas en las costillas y la cabeza mientras sus víctimas yacían allí aturdidas y en estado de shock.

No era la primera vez que un funcionario del tribunal de drogas decía: «Oh, si yo hubiera estado allí, habría hablado en tu favor». Todos eran unos mentirosos y unos hipócritas. Esa fue la lección del día.

Llamé a mi padre y le puse al día. Se enfadó mucho, sobre todo por lo de «consigue un trabajo, pero tienes que decirles que eres adicto». Se le ocurrió un plan para conseguirle a Dave un empleo con las horas que fueran necesarias para cubrirlo por completo.

Me dijo que conocía a gente que estaría dispuesta a decir que Dave trabajaba para ellos y que sí, que sabían que era adicto. Decidimos simplemente abandonar el negocio del Chi Gung hasta que terminara el juicio por drogas. Seguiríamos intentando montar el negocio, pero dejaríamos de hablar de ello.

Día 170 – 30/1/2010

Color: naranja y verde

Los dos estábamos deprimidos, frustrados y resentidos. Principalmente, seguíamos volviendo a la pregunta de cómo podríamos darle la vuelta a la situación e impresionar de alguna manera al tribunal con nuestras actitudes positivas. Mientras tanto, soñábamos en silencio con dejar este lugar cuando terminara el tribunal de drogas y pudiéramos mudarnos al centro de California y cultivar kilos de marihuana en una granja ecológica autosuficiente.

No podía evitar soñar con cómo podríamos cultivar productos especiales para los restaurantes locales, como frutas y verduras tradicionales, y financiarlo todo con el negocio de la marihuana. Al diablo con el tribunal de drogas y sus métodos controladores: estábamos decididos a sobrevivir y, finalmente, escapar de sus garras.

Día 172 - 1/2/2012

Color: amarillo y azul

Dave acudió ayer a la terapia y una consejera a tiempo parcial llamada Jessa dirigía una clase de terapia de grupo y, al verlo, le preguntó: «Dave, he oído que lo pasaste mal en el tribunal el viernes; ¿te importaría compartir con el grupo lo que pasó?».

Dave había tenido tiempo suficiente para procesar lo sucedido y contó lo que había ocurrido. Otros miembros del grupo dieron su opinión sobre el hecho de que la jueza hubiera destrozado su plan de negocio, sugiriendo que lo que ella había intentado decir era que, si él no se tomaba en serio el tribunal de drogas, en esencia estaba destrozando sus propios sueños de tener un negocio exitoso.

Jessa asimiló todo esto y, después de clase, irrumpió en la oficina de Sonia exigiendo una verificación de lo que le había sucedido a Dave en el tribunal el viernes.

Sonia admitió que sí, que la jueza había destrozado su plan de negocios delante de él y que sí, que luego el resto del equipo se había turnado para humillarlo aún más. Jessa estaba muy molesta por el trato que vio que recibían Dave y los demás. Unas semanas más tarde presentó su renuncia.

Día 175 - 4/2/2010

Color: Naranja y Fase Cuatro

Sherrie se enfadó mucho con Dave cuando él la llamó para decirle que iba a salir del condado para comprar una motosierra eléctrica en Buckner. Mientras ella le regañaba, él se dio cuenta de que las razones del drama del viernes pasado en el tribunal eran más que unos simples ceros en los deberes. El equipo del tribunal de drogas estaba enfadado con él por no haber proporcionado objetivos en *todas* las facetas de su vida (NA, tribunal de drogas, tratamiento y sus planes de negocio).

O bien él había malinterpretado sus peticiones o bien ellos no las habían especificado con eficacia. En cualquier caso, el problema estaba en su mano. Inmediatamente elaboró objetivos detallados para todas las áreas y entregó la documentación, incluidas copias de nuestras declaraciones de impuestos, a Sherrie.

Había incluido una nota al pie de los objetivos en la que pedía disculpas si había habido algún malentendido con el tribunal en relación con la documentación que había entregado la semana anterior y explicaba que simplemente les había proporcionado sus objetivos empresariales.

Sherrie parecía satisfecha con el papeleo y dedujo que no todo el mundo estaba en contra de que él iniciara su negocio de Chi Gung/Tai Chi y que ascender al Nivel Tres no era del todo imposible para el tribunal al día siguiente.

Me mantuve cautelosamente optimista y le pedí a Dave que me llamara al día siguiente tan pronto como terminara la audiencia. Si lo ascendían al nivel tres, podría optar a pasar al nivel cuatro tan pronto como el primer viernes de julio. Y si eso salía bien, podría estar pensando en una posible fecha de graduación a principios o mediados de diciembre.

Día 176 – 5/2/2010

Color: verde y azul

No hubo ascenso de nivel ese mes. Eso significaba que la fecha de graduación más temprana posible era enero de 2011. Después de todo lo que habíamos pasado, no íbamos a contener la respiración.

Día 181 – 10/2/2010

Color: amarillo

Me reuní por primera vez con Labels, la consejera de Dave. Me pareció una persona muy peligrosa.

Al comienzo de la reunión de asesoramiento familiar obligatorio, se sentó frente a nosotros y dijo: «Estoy segura de que saben que, si considero que no son una influencia positiva para Dave, puedo decirle al juez que ustedes y Dave deben vivir separados mientras él participe en el programa del tribunal de drogas. ¿Cómo les hace sentir eso?».

Me quedé un momento en silencio, sorprendida de que esa mujer acabara de amenazarme. Como si eso fuera a tener algún efecto positivo o me animara a abrirme a ella de alguna manera. ¿Dónde había obtenido esta persona su título de consejera? ¿Qué idiota la había dejado graduarse?

Respiré rápidamente y puse cara de desconcierto. «Supongo que podrías hacerlo», dije encogiéndome de hombros. «Pero no se me ocurre por qué, así que ni siquiera sé cómo responder a eso».

Logré sonreír, lo suficiente como para convertir mi rostro en una máscara complaciente. No serviría de nada intentar ser más lista que esta horrible criatura, ni mostrar demasiado mi inteligencia.

El comienzo de esa reunión dictó el resto de nuestra relación de terapia familiar. No confiaba en ella. Tampoco creía que tuviera ninguna habilidad para la terapia.

Ella estaba, y sigue estando, en el mejor y el peor lugar en el que podría estar. Es lo mejor para ella, porque tiene un empleo real, lo cual es una maravilla en sí mismo. Y lo peor, porque está ocupada empujando a sus clientes (prefiero llamarlos víctimas) a agujeros desagradables etiquetados, mientras cree que en realidad les está haciendo algún bien.

Pasé el resto de nuestras sesiones de terapia asegurándome de que a) siempre lleváramos educación física para aumentar el factor de distracción/caos, y b) siempre intentara tener al menos dos o tres proyectos o actividades en los que estuviera trabajando en ese momento para hablar de ellos. Esto le quitaba un tiempo valioso que, de otro modo, habría dedicado a encasillarnos y etiquetarnos. Estas sesiones de terapia no tenían absolutamente ningún beneficio, salvo el de permitirme fomentar el comportamiento modelo y la actitud cooperativa de Dave en el programa.

Día 195 - 24/2/2010

Color: Naranja

Nos reunimos de nuevo con Labels. Llené la hora hablando sin parar sobre nuestro jardín (el legal). La noche anterior también habíamos convertido la clase de *perejil, salvia, romero y tomillo* en un asunto familiar. Había sido una gran experiencia y Dave estaba muy emocionado por poder participar y contribuir al debate.

James se llevó a Dave a un lado después de la sesión para decirle que él lo había apoyado, pero que había otros que estaban en su contra. ¿Su motivo? Creen que es arrogante y sabelotodo. James se opuso a ellos y no se ganó ningún amigo, pero se mantuvo firme, diciendo que mostrar arrogancia o ser inteligente no era una razón válida para impedir que alguien pasara a la siguiente fase.

A veces, la inteligencia puede ser un inconveniente. Este era un claro ejemplo de ello. A la gente no le gusta sentirse estúpida. Y a las personas que ocupan puestos de poder *realmente* no les gusta sentirse estúpidas.

Día 199 – 28/2/2010

Color: naranja y amarillo

Hoy vino un rastreador. El ayudante Good Ole Boy le dijo a Dave que apoyaba su ascenso el próximo viernes. Mencionó, al igual que James hacía unos días, que había varias personas en contra y otras muchas a favor del ascenso.

Según el ayudante Good Ole Boy, las objeciones expresadas no eran muy relevantes. Le dijo a Dave que esperaba que lo ascendieran en la próxima cita con el tribunal.

Día 200 – 1/3/2010

Color: verde

Allen fue apartado y se le dijo que el viernes pasaría a la fase tres. Nadie le dijo nada a Dave sobre el avance.

Día 201 – 2/3/2010

Color: amarillo y verde

Era un día sin tratamiento, así que Dave fue a la oficina local de Belton para entregar una muestra de orina. Mencionó que había oído que Allen iba a pasar a una fase superior y Sherrie le dijo que él también lo haría. Esperemos que todo vaya bien el viernes.

Día 202 – 3/3/2010

Color: amarillo y fase cuatro

Era el momento de otra sesión de terapia familiar con Labels. Ella fue directa al grano. «Hace unas semanas mencionaste que sabías que se cultivaba marihuana en el sótano. Cuéntame más sobre eso». Esa discusión ocupó la mayor parte de la reunión. Antes, Dave me había pedido que le preguntara sobre el aumento de nivel. El aumento de fase está relacionado con el tribunal de drogas, y nos informaron de que el viernes era algo bastante seguro en ese momento. El aumento de nivel está relacionado con el tratamiento y afecta al número de días u horas a la semana que Dave debe estar en Harrisonville.

Labels nos informó de que tardaría unas dos semanas, ya que ya había presentado la documentación necesaria. Era una buena noticia, ya que el aumento de fase y el aumento de nivel no coinciden necesariamente. Cuando P.E. anunció que necesitaba ir al baño, Dave la acompañó mientras yo le preguntaba a Labels más detalles sobre las horas que nos esperaban.

«Hago todas estas preguntas porque necesito planificar nuestros ingresos y gastos. La guardería es cara; cuanto antes podamos pasar a tiempo parcial, mejor», le expliqué.

Labels se aferró a esto inmediatamente, con su bolígrafo ocupado tomando notas en el papel. «Oh, ¿tienes problemas de dinero? ¿No estás pagando tus facturas? ¿Qué facturas no puedes pagar?».

Ni loca le iba a decir que acabábamos de declararnos en bancarrota. Los papeles se habían presentado el día anterior. «Estamos pagando todas nuestras facturas y todavía tenemos dinero ahorrado para cubrir emergencias, pero tengo que planificar cualquier emergencia, etc. No tiene sentido quedarse sin dinero y luego preocuparse por cómo conseguirlo cuando podemos poner en marcha un plan ahora que nos evite una situación estresante».

Labels esbozó una sonrisa desagradable y tensa: «Bueno, probablemente sea mejor no planificar nada en lo que respecta al tribunal de drogas».

«Entiendo la necesidad de esperar a que sucedan las cosas, pero también hay que tener en cuenta que mis sitios de acogida, y los de Dave, están planificando actualmente las clases de otoño. Así que, me guste o no, tengo que planificar con al menos 4-6 meses de antelación. Así son las cosas. Es la naturaleza del negocio en el que estoy».

Lo dejamos así y pasamos a otros temas.

Día 203 – 4/3/2010

Color: verde

Tercera vez esta semana que se suspende la UA. Dave volvió a hablar con Sonia y ella le confirmó que le subirían de nivel. También mencionó que se había dado cuenta de que él y otro participante habían trabajado hasta el final del baile sin quejarse. Le dijo que había esperado a ver si él lo aprovechaba, si llamaba la atención sobre ello, para señalar lo duro que había trabajado. El hecho de que no lo hiciera, de que lo hubiera hecho por un acto desinteresado de servicio a la comunidad, le había impresionado mucho.

Le dijo que apreciaba su ayuda el fin de semana pasado, especialmente por su entusiasmo y dedicación sin que ella ni los demás tuvieran que insistirle. Finalmente, recibimos la confirmación de que Dave iba a subir de nivel. ¡Un paso más cerca de la graduación!

Tribunal de drogas: una breve historia

Anteriormente hablé del aumento acelerado de la tasa de encarcelamiento en Estados Unidos. A medida que las detenciones por drogas en la guerra contra las drogas llenaban rápidamente las prisiones, se produjo un grave problema de hacinamiento. A principios de la década de 1980, el número comenzó a aumentar rápidamente, pasando de 500 000 encarcelados en todo Estados Unidos a casi 2,5 millones en 2006.

Algo tenía que cambiar. Y, por primera vez, se puso en práctica la sugerencia de la desviación de drogas como posible táctica para reducir su consumo. El primer tribunal de drogas, situado en el condado de Miami-Dade, en Florida, apareció en escena en 1989. Según el informe de 2006 del Instituto Nacional de Justicia titulado «[16] » (Los tribunales de drogas: un enfoque alternativo al encarcelamiento), «los tribunales de drogas surgieron a finales de la década de 1980 en respuesta al rápido aumento de los casos de delitos graves relacionados con las drogas, que sobrecargaban los tribunales del país y desbordaban sus cárceles y prisiones. Su objetivo es reducir el abuso de sustancias y el comportamiento delictivo y liberar a los tribunales y los sistemas penitenciarios para que puedan ocuparse de otros casos».

> «El tribunal de drogas ha sido un obstáculo para la adicción de mi hija, en lugar de un tratamiento. En primer lugar, el tribunal decidió que mi hija no podía vivir en casa porque su hermano estaba en otro tribunal de drogas. El juez dijo «mudarse o ir a la cárcel», pero el tribunal de drogas de mi hijo dijo que no había problema porque son familiares directos.
>
> Mi hija trabaja 40 horas a la semana y tiene que gastar la mayor parte de lo que gana en un apartamento. También tiene que pagar la gasolina para ir a las clases y a las pruebas de drogas, y mi marido y yo tenemos que ayudarla con la comida. Era adicta a la heroína y lo dejó de golpe en casa.
>
> Consiguió un trabajo y recientemente la ascendieron. Pero el estrés la está agotando y temo que vuelva a la heroína después de seis meses limpia. Mi hija lo está intentando a pesar del tribunal de drogas, pero es casi como si quisieran obligarla a volver a la adicción». —Michele

En este capítulo trataré el funcionamiento de los tribunales de drogas, así como las ventajas y los inconvenientes del sistema de tribunales de drogas.

Cómo funciona

Entonces, ¿qué es exactamente un tribunal de drogas y cómo funciona? Hasta ahora, usted ha leído mi relato al respecto, que, por supuesto, fue escrito desde el punto de vista de un participante. A continuación, se presenta el objetivo oficial de los tribunales de drogas, tomado del Comité de Normas de Tribunales de Drogas de la Asociación Nacional de Profesionales de Tribunales de Drogas:[17]

En 1997, la Asociación Nacional de Profesionales de Tribunales de Drogas publicó *Definiendo los tribunales de drogas: los componentes clave,* diseñado para proporcionar a los tribunales un modelo que se pueda adaptar a las necesidades específicas de la comunidad.

Los 10 componentes clave son:

1. Los tribunales de drogas integran los servicios de tratamiento del alcoholismo y otras drogas con la tramitación de casos del sistema judicial.

1. Mediante un enfoque no contradictorio, la fiscalía y la defensa promueven la seguridad pública. Los participantes deben renunciar a sus derechos procesales a un juicio rápido y firmar una confesión preventiva antes de que se les permita participar.
2. Los participantes elegibles son identificados tempranamente y se les asigna rápidamente al programa del tribunal de drogas.
3. Los tribunales de drogas proporcionan acceso a una serie de servicios de tratamiento y rehabilitación relacionados con el alcohol, las drogas y otros problemas similares.
4. La abstinencia se supervisa mediante pruebas frecuentes de alcohol y otras drogas.
5. Una estrategia coordinada rige las respuestas del Tribunal de Drogas al cumplimiento de los participantes.
6. Es esencial la interacción judicial continua con cada participante del Tribunal de Drogas.
7. El seguimiento y la evaluación miden el logro de los objetivos del

programa y evalúan su eficacia.

8. La formación interdisciplinaria continua promueve la planificación, la implementación y el funcionamiento eficaces de los tribunales de drogas.
9. La creación de asociaciones entre los tribunales de drogas, los organismos públicos y las organizaciones comunitarias genera apoyo local y mejora la eficacia de los tribunales de drogas.

La idea es relativamente sencilla: crear y hacer cumplir un entorno libre de drogas para los participantes en los tribunales de drogas. Hacer obligatoria la abstinencia de cualquier droga ilegal (y a menudo del alcohol), mantenerlos fuera de la cárcel siempre que cumplan con las normas de los tribunales de drogas y fomentar un estilo de vida libre de drogas *después de* la graduación.

Puesta en marcha en el condado de Cass

En 2005, el condado de Cass, en Misuri, puso en marcha el programa de tratamiento de los tribunales de drogas que funciona en la actualidad. Su objetivo: ayudar a los drogadictos a recuperarse de su adicción, romper el ciclo del consumo de drogas y, a menudo, el comportamiento delictivo que lo acompaña, y transformar sus vidas.

Según la serie de artículos de 2012 en *The Democrat Missourian*:[18]

> *«Hace ocho años, el programa del tribunal de drogas del condado de Cass era un sueño que parecía bueno sobre el papel, pero ¿podría ponerse en marcha?*
>
> *La jueza del circuito del condado de Cass, Jacqueline Cook, vio el potencial: una oportunidad para cambiar vidas. Lo mismo hicieron el entonces presidente del tribunal de circuito, Joseph Dandurand, y el fiscal Chris Koster.*
>
> *Pero el dinero para la formación y la puesta en marcha era entonces, como ahora, escaso... En 2003, Cook solicitó y recibió una subvención del Departamento de Justicia de los Estados Unidos para poner en marcha el programa. La antigua secretaria del Tribunal de Circuito Kelly Elliott se sumó con entusiasmo al proyecto, al igual que el sheriff Dwight Diehl, la Oficina de Libertad Condicional y Libertad bajo Palabra del condado de Cass y varios proveedores de tratamiento de todo el condado, según Cook.*
>
> *En 2004, el equipo recién formado recibió formación en California y pasó meses planificando lo que sería el lanzamiento en 2005 del programa que, según Cook, ha cambiado un número increíble de vidas.*

Los tribunales de drogas parecían un paso en la dirección correcta. Se partía de la base de que, mediante el asesoramiento, la modificación del comportamiento, la educación sobre las drogas y otras medidas, una persona acusada de posesión o consumo de estupefacientes podía evitar el encarcelamiento y, posiblemente, aprender a vivir sin drogas.

Una serie de artículos recientes publicados en *The Democrat Missourian* detallaban las fases por las que debe pasar un participante en el tribunal de drogas del condado de Cass:[19]

Fase uno: estabilización

La fase más intensa, la fase uno, incluye un examen clínico completo y evaluaciones de las habilidades laborales y educativas. También es la fase más restrictiva, ya que obliga al solicitante a permanecer en el condado, salvo para comparecer ante el tribunal o para realizar tareas relacionadas con el trabajo. Durante este tiempo, es casi imposible trabajar, ya que todos los días, excepto los miércoles y domingos, los participantes en el tribunal de drogas deben estar en el centro de tratamiento de Harrisonville. También es obligatoria la participación en AA (Alcohólicos Anónimos) o NA (Narcóticos Anónimos), con una asistencia mínima de tres reuniones por semana. En combinación con un toque de queda a las 10 de la noche, el objetivo del tribunal de drogas es eliminar todas las drogas ilegales y el alcohol del organismo del participante. Esta fase dura al menos ocho semanas y requiere un mínimo de 30 días de sobriedad total antes de que el participante pueda pasar a la siguiente fase del tratamiento.

Fase dos: tratamiento temprano

Durante la fase dos, el participante debe conseguir un empleo o, en algunos casos, ser estudiante a tiempo completo. Se reduce el número de días que el participante debe asistir al tratamiento, pero se sigue exigiendo la asistencia a tres reuniones semanales de AA o NA. El toque de queda se amplía de las 10 p. m. a las 11 p. m. Durante esta fase, el participante comienza a identificar las señales de alerta de recaída y desarrolla formas de prevenir o reducir las recaídas. Al final de la fase dos, los participantes habrán estado en el tribunal de drogas durante al menos seis meses.

Fase tres: tratamiento activo

Es durante esta fase cuando el participante aprende a gestionar sus emociones y las racionalizaciones que le llevan a tomar malas decisiones. Las comparecencias ante el tribunal se reducen a una vez al mes y las reuniones de los 12 pasos a dos veces por semana. Además, el toque de queda se amplía hasta la medianoche. Esta fase dura un mínimo de cinco meses, con los últimos 120 días «limpios».

Fase cuatro: mantenimiento y cuidados posteriores

Se requiere la participación continua en un programa de 12 pasos, pero solo una vez por semana durante la fase final del tribunal de drogas.

Mientras tanto, el toque de queda sigue siendo a medianoche, y se espera que los candidatos mantengan su empleo y cumplan con los requisitos educativos. Se lleva a cabo un asesoramiento individual mensual.

Es durante esta fase cuando el participante puede desempeñar un papel de mentor, aprende a disfrutar de la vida y se da cuenta de todo lo que puede ofrecer una vida sin sustancias, según Bruegge.

La duración media de la fase cuatro es de cinco meses, pero no hay un mínimo.

Así que ahí lo tienes. Hay cuatro fases del tribunal de drogas, con una duración mínima prevista de 15 meses en el programa y un plan de tratamiento de drogas relativamente sencillo. El condado de Cass tiene un programa ambicioso y comprometido para tratar a los delincuentes no violentos relacionados con las drogas. Sin embargo, ningún programa está exento de dificultades. Ningún programa es mejor (o peor) que las personas que lo diseñan y lo dirigen. Lo que nos lleva a...

Los inconvenientes

En una época en la que los términos «Gran Hermano» y «estado niñera» se utilizan cada vez con más frecuencia, el tribunal de drogas ocupa un lugar destacado en cuanto a su invasión de la privacidad y la libertad personales. Los asistentes al tribunal de drogas aceptan que los funcionarios del tribunal intervengan en casi todos los aspectos de sus vidas. Para evitar el encarcelamiento, permiten que los funcionarios del tribunal de drogas controlen lo que hacen cada día en las primeras etapas del programa, hasta el punto de obligarles a estar en casa a una hora determinada por la noche. Para la mayoría, este grado de control por parte de los funcionarios de los tribunales de drogas es comparable, si no peor, a volver a vivir la adolescencia.

Sin duda, toda la experiencia transmite una sensación de figura paterna enfadada.

Como la mayoría de las escuelas públicas, también se aplica una mentalidad de «talla única». Una persona con un mayor nivel de funcionamiento está sujeta a las mismas normas y reglamentos que alguien que todavía está perdido en las garras de la adicción a la metanfetamina. Y aunque entiendo el concepto, simplemente no estoy de acuerdo con la premisa. Las personas no son todas iguales y, en la mayoría de los casos, no funcionan ni prosperan en un entorno rígido.

También había una gran diferencia entre cómo se aplicaban las normas para salir del condado cuando Dave entró en el programa y cuando finalmente lo abandonó. Al principio, todo lo que tenía que hacer era informar a Sherrie de que iba a salir del condado y decirle para qué (un evento de educación en casa, ayudar a mi madre con una reforma en su casa o recoger algún artículo para vender) y era perfectamente aceptable. Durante la fase dos o tres, Sherrie se fue de vacaciones y todas las llamadas que normalmente recibía de los participantes del tribunal de drogas fueron a parar al teniente Large. A él no le gustaba recibir tantas llamadas. Cuando ella regresó, se revisó todo el sistema de salidas del condado y se impuso un bloqueo casi total de las salidas fuera del condado. Esto se convirtió en una frustración para nosotros, ya que significaba que muchas de las salidas que habíamos planeado para la educación en casa con nuestra hija (especialmente las salidas orientadas a la ciencia de las que Dave era responsable) tuvieron que cancelarse. El condado de Cass no es grande, y participar en eventos familiares en la propia ciudad de Kansas se hizo imposible mientras Dave estaba en el programa. No había ninguna razón realmente válida para ello: ¿por qué restringir a alguien la visita a un museo o a un centro de naturaleza?

El equipo del Tribunal de Drogas del condado de Cass también insistió mucho en que tenían derecho a decidir con quién podía vivir un participante y con quién no. Como mencioné en la última sección, esto me fue presentado de una manera bastante desconcertante durante nuestra sesión inicial de terapia familiar. Para mí fue claramente una amenaza, por lo que decidí hacer todo lo posible para asegurarme de que diéramos una buena impresión. No quería que Labels pensara ni por un momento que no éramos la pareja perfecta, perfectamente compatible y trabajando juntos para lograr un entorno libre de drogas para todos nosotros. Si alguna vez hubo algún beneficio que obtener de nuestra terapia familiar obligatoria, yo ciertamente no lo experimenté, ya que estaba demasiado ocupada asegurándome de que nuestro muro de unidad fuera completamente liso e inquebrantable. No fue difícil; nuestra relación es sólida, a pesar de un ligero comportamiento complaciente por ambas partes. Sin embargo, al final, la terapia familiar no nos reportó ningún beneficio ni a mí ni a Dave personalmente.

En la primera página del folleto para participantes del Tribunal de Drogas se afirma que el tribunal de drogas no tiene por objeto ser un castigo, sino una rehabilitación. Sin embargo, como Dave afirmó más tarde en su solicitud de graduación, «sigue existiendo un modelo firmemente arraigado de encarcelamiento, represalias y castigo. La amenaza de lo que sucederá si nos salimos de la línea siempre se cierne sobre nosotros».

Cuando entregó esa solicitud a los funcionarios del tribunal de drogas, al menos uno de ellos admitió que se había debatido si castigarlo o no por decir lo que pensaba. Si el objetivo del tribunal de drogas es fomentar la sobriedad y una vida sana, mediante la sobriedad forzada, la educación y el autoexamen, ¿cómo se pueden conseguir ambas cosas?

O se quiere a alguien que pueda pensar por sí mismo o se quiere a alguien que diga «Sí, señora, no, señor» y siga ciegamente el statu quo. Me parece que el segundo tipo es el más propenso a volver con sus amigos y reanudar su vida de adicción a las drogas. El primero es más propenso a tener perspectiva, una visión más amplia del mundo y comprender plenamente la influencia negativa de la adicción a las drogas.

O tal vez, y lo más probable, a los funcionarios de los tribunales de drogas no les gustaba la idea de que, de alguna manera, su sistema necesitara mejorar.

Un debate nacional

Desde la aparición de los tribunales de drogas en 1989, y tras decenas de miles de participantes, ha crecido el debate nacional sobre la eficacia de los tribunales de drogas.

En 2011, la Drug Policy Alliance publicó «Los tribunales de drogas no son la respuesta: hacia un enfoque del consumo de drogas centrado en la salud». El artículo mencionaba varios fallos clave de los tribunales de drogas:

La investigación sobre los tribunales de drogas suele ser poco fiable

Se han realizado numerosos estudios sobre los tribunales de drogas, pero ahora se está examinando la mala calidad de esa investigación. John Roman, investigador principal del Urban Institute, fue citado diciendo: «La crítica central es que emplean muestras de conveniencia o comparan a los participantes en los tribunales de drogas con los que fracasan en ellos, lo que en la práctica supone amañar el juego para garantizar que el estudio encuentre un efecto positivo de los tribunales de drogas».

Los tribunales de drogas suelen «seleccionar» a los participantes

El artículo continúa señalando que «algunos tribunales de drogas pueden optar por inscribir a sabiendas a personas que no necesitan tratamiento, pero para las que la participación en el tribunal de drogas se considera la única forma de evitar antecedentes penales por una infracción menor de la ley de drogas. Puede que esto no sea un hecho insignificante. Como se ha mencionado anteriormente, alrededor de un tercio de los participantes en los tribunales de drogas no padecen un trastorno por consumo de sustancias clínicamente significativo».

Y al seleccionar a personas que no necesitan este programa, ¿a quiénes estamos dejando atrás en un viaje directo a la cárcel sin parar y sin cobrar 200 dólares? Mientras mi marido asistía al tribunal de drogas, había un solo afroamericano en el programa. Si tenemos en cuenta que los afroamericanos son entre tres y cuatro veces más propensos a ser arrestados por delitos relacionados con las drogas, ¿no crees que debería haber un par más en el programa?

Las recompensas y sanciones suelen ser desastrosas e inapropiadas

> «Todos vivimos con miedo cada día... ¿Será hoy el día en que se lleven a mi hijo por orina «diluida»... algún desconocido que le mire el pene y le repita una y otra vez que, si está claro, irá a la cárcel? ¿Qué autoridad le hemos dado a nuestro sistema de justicia penal para castigar a los más necesitados? Los únicos que salen bien parados de esta pesadilla son los policías». Lou Ann B.

Si no llamas o no envías una muestra de orina, automáticamente se te considera culpable.

Si un alcoholímetro sin calibrar y sin probar indica que has estado bebiendo (un derecho legal que se niega a los participantes en los tribunales de drogas), te encarcelan sin posibilidad de apelación hasta que llega el resultado de la prueba días o semanas más tarde.

Si bebes agua y tu orina es pálida en lugar de oscura y amarilla, se te acusa de «diluir la orina» y se te amenaza con el encarcelamiento.

Y que Dios te ayude si te atreves a replicar. Solo un tonto haría eso.

El poder del tribunal para otorgar caprichosamente recompensas y sanciones a un participante en un tribunal de drogas no solo es molesto, sino que puede ser desastroso. Vimos cómo se repetía este escenario una y otra vez durante la estancia de mi marido en el tribunal de drogas. Hay personas que perdieron su trabajo debido a alcoholímetros mal calibrados, rumores y pura arrogancia. Era mucho más fácil señalar al participante y llamarlo perdedor, mentiroso o fracasado, que reconocer sus propias deficiencias y errores patéticos.

Los tribunales de drogas limitan el acceso a tratamientos probados y más allá

El informe se centró en el enfoque de los tribunales de drogas respecto a la metadona y otros tratamientos no adictivos: «A pesar del respaldo de los Centros para el Control y la Prevención de Enfermedades, el Instituto de Medicina, SAMHSA, el Instituto Nacional sobre el Abuso del Alcohol y el Alcoholismo, el Instituto Nacional sobre el Abuso de Drogas, la Organización Mundial de la Salud e incluso la Asociación Nacional de Profesionales de Tribunales de Drogas, muchos, y quizás la mayoría, de los tribunales de drogas siguen prohibiendo el tratamiento con metadona u otras terapias de mantenimiento debido a una preferencia ideológica por la abstinencia».

Pero eso no es todo. La mayoría de los tribunales de drogas amplían su alcance a otras drogas legales, incluyendo la prohibición de medicamentos para tratar el TDA, el TDAH, e incluso insisten en que *no* se permita a los participantes tomar analgésicos en casos en los que se hayan roto un hueso o necesiten cirugía.

Fase tres

Día 214 – 15/3/2010

Color: Verde

El ascenso de Dave al nivel tres se confirmó durante su sesión semanal de asesoramiento y se le permitió marcharse a casa. A partir de ese momento, solo tendría que asistir los miércoles por la tarde, de 6 a 8, hasta el final del programa. ¡Qué alivio! ¡Por fin tenía libre la mayor parte de la semana!

Día 216 – 17/3/2010

Color: azul y fase cuatro

P.E. estaba enfermo con fiebre, alergias o resfriado y una infección urinaria. Como resultado, faltamos a nuestra cita de terapia familiar. Tenía dos días de retraso, me hice una prueba de embarazo y descubrí que estábamos esperando un bebé. Esto era inesperado, por decir lo menos. Ambos estábamos luchando por decidir qué hacer, ya que yo había perdido recientemente casi 800 dólares de ingresos mensuales al dejar mi trabajo de oficina.

Día 221 – 22/3/2010

Color: Sin acción

Con el bebé en camino y nuestras finanzas en pésimo estado, sacamos a P.E. de la guardería por completo. Esto significaba un ahorro de casi 400 dólares al mes. Envié un correo electrónico a todos mis clientes actuales, les informé de que estaba esperando mi tercer hijo para finales de noviembre, que seguiría haciendo limpiezas hasta mediados de octubre y les pregunté si les parecía bien que llevara a P.E. conmigo a las limpiezas. Probablemente no empezaría a llevarla con nosotros de inmediato, pero eso significaba que yo me encargaría de la mayoría de las limpiezas hasta que Dave encontrara un trabajo a tiempo completo.

Día 223 – 23/3/2010

Color: Amarillo y Fase Cuatro

Nos reunimos de nuevo con Labels para nuestra cita de asesoramiento familiar. Ella preguntó: «¿Cómo lo están llevando todo esto?». Se refería al embarazo y yo le respondí: «Bueno, no lo habíamos planeado, pero nos las arreglaremos». A lo largo de nuestras interacciones, pude ver cómo buscaba una debilidad, un gancho, un desacuerdo entre Dave y yo, con la esperanza de encontrar alguna oportunidad para hincarnos el diente y destrozarnos, y luego, sin duda, informar de ello al juez y al equipo del tribunal de drogas. Era agotador estar con ella, incluso durante una breve hora. Confiaba en ella tanto como en darle una patada voladora. Sin embargo, fue un alivio cuando nos cambió a cada dos semanas. Era una mejora, pero estaba decidida a no contarle nada de valor. Confiaba más en una serpiente en la hierba que en ella.

Día 224 - 24/3/2010

Color: naranja y amarillo

Dave fue a una reunión de formación con Eco-Energia. Era para un trabajo de ventas, estrictamente a comisión. Me daba mucho miedo. ¿100 % a comisión? ¿Vendiendo energía verde en plena crisis económica? Me daba miedo solo pensarlo y tenía ganas de gritarle: «¡No podemos permitirnos que la cagues!». En lugar de eso, no dije nada.

Día 235 – 4/4/2010

Color: amarillo y azul

Sherrie, la agente de libertad condicional de Dave, se enteró del nuevo trabajo de Dave en Eco-Energia y se mostró muy comprensiva. Le sugirió que hablara con el teniente Large el viernes para ver si podía conseguir algunas instalaciones geotérmicas y solares para el Centro de Justicia u otras oficinas gubernamentales en Harrisonville.

Día 242 – 11/4/2010

Color: Naranja y Fase Cuatro

Dave pagó 100 dólares en efectivo al tribunal en concepto de tasas judiciales. El tribunal de drogas es un programa que los infractores pagan en parte. Las diferentes fases tienen un coste semanal diferente y, cuando llegan a la fase cuatro, los participantes en el tribunal de drogas suelen haber pagado al menos 1700 dólares.

Le dieron un impreso con el desglose de las tasas pagadas hasta la fecha que no tenía ningún sentido. La secretaria del tribunal, una favorita del juez, se negó a hablar con él, alegando que estaba ocupada. A continuación, volvió a hablar con un compañero de trabajo sobre su día. A pesar de nuestras repetidas peticiones, no conseguimos una explicación adecuada de qué tasas se adeudaban, cómo se habían facturado y cuándo. Consideré la posibilidad de escribir una carta de queja al juez.

Día 243 – 12/4/2010

Color: Naranja

Dave recibió un mensaje de texto de Sherrie exigiéndole que proporcionara los recibos de sueldo de Mid-Continent Public Library y Cradle of Love que demostraran que está ganando algo de dinero. No tiene ninguno de ellos porque a) no es un empleado y b) los pagos aún no han llegado. Esto también sería motivo de preocupación con los ingresos de Eco-Energia, ya que no era un empleado, sino un contratista independiente y trabajaba 100 % a comisión.

Era una fuente inagotable de frustración, ya que hemos explicado más de una vez que Dave no es empleado... en ningún sitio. Para aquellos que no conocen otra vida que la de ganar un salario y cobrar un sueldo, el concepto de propiedad de un negocio o de contratista independiente les resulta ajeno. Era como enseñar a la plebe a usar el jabón.

Día 244 - 13/4/2010

Color: naranja y verde

Esta tarde le escribí una carta al juez y se la di a Dave para que la revisara.

Su Señoría:

Me siento cada vez más frustrada por la falta de explicaciones sobre la contabilidad de los honorarios de los que mi marido es responsable como participante en el Tribunal de Drogas del Condado de Cass.

Para nosotros es muy importante pagar todas nuestras facturas puntualmente, pero esto resulta difícil cuando no disponemos de un saldo exacto ni de ninguna explicación sobre lo que implican los cargos. Yo soy la responsable de pagar todas las facturas, de las finanzas del hogar y del negocio, y me siento terriblemente frustrada por la falta de información o de voluntad por parte de cualquier empleado para darnos una explicación sobre a qué corresponden los cargos o qué fechas cubren.

He adjuntado una sencilla hoja de cálculo que he preparado en Excel, ya que necesitaba alguna forma de contabilizar los cargos y hacer un seguimiento de nuestro saldo actual. Según la información del manual del tribunal de drogas y mi estimación de las fechas (simplemente he enumerado los cargos tal y como se han producido los lunes, el primer día laborable de cada semana), creo que actualmente deberíamos tener un crédito de 5,00 dólares (pagamos 100 dólares en efectivo el 12/4/10). El documento impreso que recibimos de la oficina financiera no lo refleja y nadie en la oficina está dispuesto a dedicar tiempo a explicarnos cómo se aplican los cargos (y los pagos). Lo hemos preguntado varias veces. La última vez, una empleada se negó a atendernos diciendo que no tenía tiempo para explicárnoslo y luego volvió a su conversación personal sobre su día con otro compañero de trabajo. Fue frustrante para mi marido y a mí me molestó bastante. Queremos pagar esto, pero necesitamos entender qué estamos pagando y cuándo.

Teniendo en cuenta que al menos un participante no pudo pasar a la siguiente fase debido a un saldo pendiente, estoy segura de que comprenderá por qué estoy decidida a pagar nuestro saldo completo cada mes para evitar que Dave se encuentre en esta situación. No entiendo por qué sigue siendo un problema tan importante ni por qué la contabilidad de cómo se aplican las tasas del tribunal de drogas se hace de forma tan aleatoria.

Por favor, perdónenme si me he extralimitado. Pero me parece injusto esperar el pago íntegro (saldo cero) cuando el tribunal carece por completo de una simple hoja de cálculo y nadie está dispuesto a rendir cuentas o explicar cómo y cuándo se aplican los cargos/pagos. Agradecería cualquier ayuda u orientación que puedan brindarme al respecto.

Dave lo leyó y me miró con temor. «Por favor, no envíes esto; me temo que me meterían en la cárcel». Continuó explicando que había oído que la secretaria favorita del juez, Candy Joe, se había quejado de alguien con tanta vehemencia que lo encarcelaron sin otra razón que la de haberla ofendido. Dejé la carta a un lado y al final nunca la envié.

Día 245 – 14/4/2012

Color: amarillo y verde

Desastre y aún más amenazas...

Dave parecía furioso cuando regresó de presentar una UA. «Realmente detesto a esta gente». Había hablado con Sherrie y le habían dicho sin rodeos que debía proporcionar los recibos de sueldo de todos los trabajos que «afirmaba estar haciendo».

Esto incluía las clases de tai chi, las clases que impartía conmigo en la Biblioteca Pública Mid-Continent y Eco-Energia. Incluso después de las ventas con Eco-Energia, ella le informó de que seguían sin aceptarlas, ya que en las nóminas no figuraba el número de horas que había trabajado. Sherrie le aconsejó que buscara un empleo a tiempo completo (no se aceptaría ningún otro tipo de empleo) inmediatamente o se enfrentaría a tener que realizar 40 horas de servicio comunitario a la semana hasta que encontrara un empleo aprobado.

También le dijo que cualquier trabajo que hiciera para mi empresa de limpieza no contaría porque no se le pagaba directamente por el trabajo. Los cheques se extendían a nombre de C's Cleaning Services y los ingresos netos iban directamente a nuestras cuentas familiares.

Sherrie también insistió en que tenía que hablar con Tony, el jefe de Dave en Eco-Energia. Por supuesto, esto significaba que tendría que contarle a Tony que estaba en un programa de rehabilitación de drogadictos, algo de lo que seguimos hablando muy poco, incluso en presencia de familiares y vecinos.

Dave salió, reunió más contactos y tarjetas y luego regresó a casa para hacer la temida llamada. Momentos después, el cambio en su tono disipó todos mis temores. Tony tenía experiencia con el sistema judicial y entendía exactamente lo que el agente de libertad condicional necesitaba en cuanto a la explicación del trabajo, la verificación de que Dave estaba trabajando, y había proporcionado este mismo tipo de verificación laboral para otro vendedor de la empresa. «¿Cuánto tiempo llevas limpio y cuánto tiempo te queda en el programa?», preguntó Tony.

«Llevo 18 meses sin consumir drogas y nueve meses sin probar una gota de alcohol», respondió Dave.

«No te preocupes por eso. Ni un poco», le aseguró Tony, «hoy llamaré a tu agente de libertad condicional para verificar tu empleo y ayudarla a comprender que, aunque trabajas a comisión, estás empleado».

Día 256 – 25/4/2010

Color: amarillo y fase cuatro

Descubrimos que el bebé no tenía latido cardíaco y había dejado de desarrollarse. Ambos quedamos devastados por la noticia.

Día 257 – 26/4/2010

Color: verde

Los dos seguíamos conmocionados por la noticia del aborto espontáneo. Lo afrontamos cada uno a nuestra manera, y esas maneras parecían cambiar cada hora.

Al final de la tarde, nuestros nervios estaban destrozados. Mientras conducíamos hacia casa, Dave me respondió bruscamente cuando le recordé que «mantuviera la profesionalidad» después de que se despachara a gusto sobre uno de los ingenieros. Estaba impaciente por que el tipo terminara de redactar el alcance del trabajo para una posible venta. «Sabes, Dave, si solo quieres que te diga que sí a todo, dímelo y no tendré ningún problema en hacerlo». Me contuve para no añadir: «Puedo hacer el tonto, no es ningún problema».

Fue difícil, muy difícil. Me aterrorizaba nuestra próxima sesión de terapia, que era en solo una semana. Sabía que no haría nada estúpido ni le respondería con sarcasmo, ni compartiría mi mala opinión sobre sus habilidades como terapeuta, pero lo último que quería era hablar de mis sentimientos.

Ojalá pudiera decirle: «Aquí es donde pongo el límite. El tribunal de drogas puede obligarme a asistir a estas reuniones y a cooperar (con la amenaza muy real de separar a nuestra familia o encarcelar a mi marido), pero ni el tribunal de drogas ni usted tienen permiso para entrar en este ámbito. No voy a compartir contigo estos sentimientos porque no eres una consejera *que* yo elegiría voluntariamente. Este es un dolor que voy a experimentar y superar por mi cuenta y con mi familia. No te incumbe».

Me imaginé que ella me presionaría para que le contara mis sentimientos y me preguntaría cómo lo estaba llevando, y yo le diría: «Esto no es asunto suyo. Puede que tenga que hablar con usted, pero no tengo por qué hablar sobre nuestro aborto espontáneo. No es asunto suyo y, francamente, usted es la última persona del mundo con la que compartiría mis emociones sobre este tema. Preferiría hablar con un completo desconocido antes que con la lamentable excusa de consejera que finge ser».

De alguna manera, esperaba encontrar una forma educada, expresada en un lenguaje vago, de sugerirle que se fuera a la mierda y se muriera. No era una persona en la que confiara ni que me cayera bien. En absoluto. La idea de compartir mi dolor con ella me revolvió el estómago.

Día 258 – 27/4/2010

Color: verde y azul

Dave había hablado con Sherrie el día anterior sobre sus actividades laborales actuales. Le describió los trabajos de ventas en los que estaba trabajando y ella le pidió un informe sencillo en el que detallara cómo había empleado su tiempo la semana pasada, esta semana y la próxima. Dijo que enviaría una copia al equipo del tribunal de drogas y opinó que, por ahora, sería satisfactorio.

Varios participantes del tribunal de drogas estaban actualmente en la cárcel, uno por no recordar llamar/entregar, otro por falsificar documentos y otro por «conducta delictiva». ¿Sería demasiado esperar que, con todos los demás metiendo la pata, el equipo del tribunal de drogas dejara de someternos a un escrutinio tan excesivo? Cuando lo pregunté en voz alta, Dave se limitó a reír con amargura. «Ni lo sueñes», dijo, «en todo caso, empeorará».

Día 259 – 28/4/2010

Color: verde y azul

Mientras Dave se preparaba para irse a una reunión, me contó su sesión de asesoramiento individual del lunes con Labels. «Labels volvió a preguntarme por nuestra apretada agenda y sugirió que, con tanto que hacer, podría aumentar significativamente la presión sobre mí y amenazar con una recaída en las drogas o el alcohol».

Continuó diciendo: «Le expliqué que ajetreado no significa caótico. El caos provoca estrés negativo y tendencia a recaer. Le dije que tenemos objetivos claros y definibles para cada día y que discutimos lo que hay que hacer, lo que puede esperar y las áreas urgentes. Cada día es un avance constante hacia el logro de nuestros objetivos de estabilidad financiera, emocional y física. Cuando terminé y firmé la hoja en la que se acusaba recibo de la reunión, ella había marcado la casilla de «baja probabilidad de recaída».

Puse los ojos en blanco: «Sí, espera a que se entere del aborto espontáneo; ¡tendrás que volver a tener la misma conversación!».

Una conferencia de todo el día sobre energía verde se acortó para que Dave pudiera ir a presentar una prueba de orina en Harrisonville antes de las 5 de la tarde. Cuando llamó a primera hora de la mañana para preguntar si podía pasar después de las 5 de la tarde por Harrisonville para no perderse nada de la conferencia, Sherrie le reprendió: «No me avisaste. Es una forma criminal de pensar esperar que podamos acomodarte sin previo aviso». Era una forma criminal de pensar preguntar si podía dejarlo en menos de una hora antes de la hora límite. ¿En serio?

Me mordí la lengua, pero no pude evitar preguntar: «Me pregunto si ser una zorra repugnante le sale de forma natural o si tiene que esforzarse por ello».

Día 266 – 5/5/2010

Color: naranja y azul

La vista se celebró un día antes debido a que era el fin de semana del Día de la Madre.

Sherrie había solicitado un informe de la semana de Dave, que él entregó ayer, incluyendo una lista de contactos, con el fin de mostrar al equipo del tribunal de drogas en qué está trabajando y las horas al día/semana que está ocupado. Esperábamos que entonces le permitieran seguir trabajando sin interferencias.

Debido a mi aborto espontáneo, él indicó que había realizado todas las limpiezas durante las últimas dos semanas. Sherrie se dio cuenta de esto y solicitó copias de los cheques, lo que me hizo mirarlo con rebeldía después de que él le transmitiera el mensaje.

«A mí tampoco me gusta», dijo, «no es asunto suyo cuánto dinero ganas, pero como figura que he hecho el trabajo, quieren saber cuánto».

Ella echó un vistazo a las páginas de contactos, unas 25 en total, y junto con una lista detallada de sus actividades diarias, pareció quedar satisfecha.

«Esto es impresionante», dijo mientras revisaba todo, «pero probablemente no podamos hablar de ti hasta la semana que viene, ya que actualmente tenemos a tres participantes en la cárcel».

Dave se quedó atónito: «¿Tres? ¿TRES? Espera, están Little Girl, Beer Brat y ¿quién más?».

«Lo verás por la mañana; llevarán ropa naranja». Volvió a la lista de contactos. «Entonces, si contactáramos con algunas de estas personas, ¿qué dirían?».

«Dirían que sí, que habían hablado conmigo sobre aplicaciones geotérmicas o solares para sus hogares o negocios».

Dave dudó y luego dijo: «Si tienes que llamarlos, por favor, no los llames a todos. A quienquiera que contactes, una vez que le digas que eres mi agente de libertad condicional en el tribunal de drogas, esa persona no va a hacer negocios conmigo. Entiendo que quizá tengas que contactar con algunos de ellos, pero por cada uno que lo hagas, esa es una venta que sin duda *no* voy a hacer».

Era la típica situación sin salida. Los agentes de libertad condicional eran conocidos por poner a los presos en libertad condicional o a los participantes en los tribunales de drogas en situaciones insostenibles... Se te exige que consigas un trabajo. Bien, ahora que tienes un trabajo, necesitan verificar que lo tienes, y eso significa llamar a tu jefe. Por muy bien que se comporte un empleado, cuando el empleador recibe una llamada del agente de libertad condicional de su empleado, como mínimo resulta desconcertante.

En el peor de los casos, crea un mal ambiente en la relación laboral. De repente, el empleador tiene un poder sin precedentes para contratar, despedir o abusar de cualquier otra forma del empleado/delincuente. «Haz [rellena el espacio en blanco] o se lo diré a tu agente de libertad condicional. Mantén la boca cerrada o te despediré y acabarás infringiendo la libertad condicional, porque sé que tienes que mantener un trabajo para no ir a la cárcel».

El sistema está roto. Y ahí estábamos nosotros, atrapados dentro, sin poder para arreglarlo.

Hubo un aspecto positivo durante la semana: los tres participantes del tribunal de drogas que se encuentran actualmente en la cárcel. Obviamente, no fue positivo para ellos, pero lo único en lo que podía pensar era que cualquier cosa que desviara la atención del equipo de nosotros era buena. Si los demás tropezaban y cometían errores tontos, a) nos hacía quedar mejor y, b) mantenía al equipo del tribunal de drogas ocupado lidiando con ellos.

Queríamos pasar desapercibidos y que todos nos ignoraran. No estábamos haciendo nada malo, pero cuando las cosas estaban tranquilas, el equipo del tribunal de drogas parecía no tener nada mejor que hacer que meterse con nosotros. Era increíblemente frustrante y estresante cuando lo hacían. Luchábamos por llegar a fin de mes, íbamos corriendo de una cita a otra, de la limpieza a clase, e intentábamos llevar una vida lo más normal posible cada día. Cuando el equipo tenía unas semanas tranquilas, se ensañaba con los que no causábamos problemas, seguros de que tramábamos algo malo y de que íbamos a alterar nuestro ya frágil pequeño mundo.

Día 267 – 6/5/2010

Color: Naranja

En el tribunal, los funcionarios del tribunal de drogas interrogaron a Dave en detalle sobre su trabajo en Eco-Energia. Le hicieron preguntas rápidas por todas partes. Al final, parecían satisfechos de que sí, que trabajaba para esta empresa y que sí, que sabía mucho sobre lo que vendía. Esperaba que cedieran un poco en cuanto a la necesidad de que les presentara un informe semanal de sus horas de trabajo.

Día 269 – 9/5/2010 – Día de la Madre

Color: verde

Fuimos a Pierpont's para el brunch del Día de la Madre y Dave echó un vistazo largo y pausado a su alrededor. «Tómate tu mimosa», me aconsejó. Yo también miré a mi alrededor, igual de paranoica.

«¿Estás segura? Porque si te pone nerviosa, dímelo. No hace falta que me tome una».

«Adelante, no pasa nada».

Una vez completada la primera fase del tribunal de drogas, a Dave se le permitió volver a entrar en restaurantes, pero todavía no se le permitía sentarse en una mesa donde se sirviera alcohol. Aunque no bebiera, si un funcionario del tribunal de drogas lo veía en una mesa con alcohol, lo encarcelarían durante 36 horas antes de que tuviera tiempo de explicarse.

Incluso pasar la prueba de alcoholemia no habría servido de nada, ya que lo habrían considerado cómplice de alguien que abusaba del alcohol. ¡Puedes estar seguro de que se cercioró de que no hubiera nadie conocido cerca antes de tomar esa decisión!

El brunch fue fabuloso... y también la mimosa.

Día 275 – 15/5/2010 – Fiesta en el jardín

Color: azul

Poco antes de que comenzara nuestra fiesta en casa/jardín a las 2 de la tarde, Dave recibió una llamada telefónica de uno de los participantes del tribunal de drogas. Dynamite tenía programado trabajar ese día durante varias horas en un evento de reciclaje, como parte de su servicio comunitario obligatorio. Se presentó y no había nadie allí. Llamó a Sherrie, no respondió, así que llamó a Dave.

El día era triste, lluvioso y frío. «No, tío, no he oído nada de que se haya cancelado», respondió Dave por teléfono.

Dynamite finalmente recibió una respuesta de Sherrie, que simplemente le dijo: «Bueno, tendrás que recuperar las horas en otro momento».

Sin explicación, sin preocupación particular, a pesar de que ella es la coordinadora encargada de organizar cuándo se realiza el servicio comunitario y cuándo no.

Dave se enteró el lunes de que lo mismo le había pasado a otro chico el sábado por la tarde y luego a otros dos o tres participantes del tribunal de drogas el domingo. Al parecer, el evento se había cancelado, pero Sherrie nunca se molestó en llamar para avisarles.

Todo esto le resultaba muy familiar. Una y otra vez se les dice a los participantes del tribunal de drogas, de forma encubierta o abierta, que su tiempo no es importante, que sus necesidades en lo que respecta a la familia o el empleo son irrelevantes y que su futuro está condenado a un ciclo de fracasos repetitivos y consumo de drogas. Se les dice que no se confía en ellos y que, francamente, no son dignos de confianza.

Se les acusa de mentir cuando a menudo no lo han hecho; se les ridiculiza cada vez que se atreven a aspirar a algo mejor de lo que los funcionarios del tribunal de drogas creen que es su destino en la vida.

Es un territorio oscuro en el que adentrarse. Las etiquetas tienen la terrible capacidad de convertirse en realidad. Si le dices a un niño que es estúpido suficientes veces, él lo cree. Esto no cambia de repente con la edad adulta, especialmente si la infancia de esa persona se vio dañada por las drogas o el abuso. Muchos de estos participantes tienen un retraso en su desarrollo por diversas razones: drogas, negligencia y otras.

Muchos de ellos son como Little Girl, que a los 20 años sigue teniendo la edad mental de una niña de 12 en muchos aspectos debido a su consumo de drogas (consumió metanfetamina por primera vez a los 12 años). ¿Es de extrañar que muchos de estos participantes fracasen repetidamente en su intento de cambiar sus vidas?

Día 284 - 24/5/2010

Color: azul y fase cuatro

Los lunes Dave tiene una reunión individual con Labels. Cerca del final de la sesión, ella le dijo que no se verían la semana siguiente debido al Día de los Caídos. Él lo anotó en su calendario y dijo: «Vaya, 376 días».

«¿376 días para qué?», preguntó Labels.

«Desde que consumí alcohol o drogas por última vez», respondió él.

Ella se enfadó: «¿Entonces no estás tomando tu sobriedad día a día?».

Dave estaba confundido: «Por supuesto que sí, pero cada vez que voy al tribunal, la juez me pregunta "cuántos días" y yo le doy ese número».

Labels seguía con el ceño fruncido. «Entonces, lo que me estás diciendo es que no te preocupa tu sobriedad a diario. ¿Qué pensaría tu padrino de eso?».

Dave no sabía qué decirle. Le parecía que ella tenía que encontrar algo que corregir en él y que esa insignificancia era lo mejor que se le ocurría.

Despreciaba a esa mujer. Su rostro lo decía todo, y normalmente era insultante. Cuando hablábamos de las clases que impartíamos, ponía una mueca de desprecio. Casi esperaba que algún día se le escapara decir en voz alta: «¿En serio, un par de drogadictos patéticos impartiendo clases? Como si alguien fuera a hacerles caso».

Cuando P.E. se portaba mal, aunque fuera mínimamente, Labels ponía los ojos en blanco o ponía una expresión estúpida de «estoy tan sorprendida». No podía entender si la mujer despreciaba por completo nuestros logros o si estaba tan resentida y celosa que no podía soportarlo. En cualquier caso, estaba donde estaba por su total falta de capacidad. Nadie en su sano juicio la contrataría como terapeuta. Por desgracia, eso significaba que estábamos atrapados con ella. Me dan pena los que nos han seguido en los años posteriores.

Día 286 – 26/5/2010

Color: amarillo y verde

Después de terminar la limpieza matutina, paramos en casa para almorzar. Dave llamó a la oficina de libertad condicional de Belton para asegurarse de que hubiera alguien allí que pudiera hacer la prueba de orina y nos dirigimos allí tan pronto como terminamos de comer. P.E. y yo esperamos en el coche mientras él entraba.

«¡Dios mío, ha sido la peor experiencia de mi vida!», dijo mientras se deslizaba en su asiento y nos alejábamos. Me lo contó mientras nos dirigíamos a la siguiente limpieza.

Todo había empezado bien. El agente que estaba dentro era alguien con quien había tratado en el pasado y saludó a Dave de forma bastante amistosa. Una vez que la orina estuvo en el vaso y se leyó la tira reactiva, su actitud cambió drásticamente.

«Sr. Shuck», dijo con severidad, «¿cuál era su droga preferida?».

«Marihuana».

«¿Qué *más*, Sr. Shuck?».

«Eh... ¿alcohol?». Dave estaba confundido por la reacción del hombre y preocupado.

El agente parecía frustrado y enfadado: «¿Qué otras *drogas ilegales,* señor Shuck?».

«Ninguna». El miedo de Dave iba en aumento; ¿qué podría aparecer en la tira reactiva?

«¿Nada? ¿En serio?». La voz del hombre denotaba desprecio.

«Señor, ¿podría ser más específico? ¿Qué me está preguntando?».

«Ha dado positivo en cocaína, señor Shuck».

«No, no, eso es imposible. Nunca he consumido cocaína en mi vida». Dave estaba ahora completamente aterrado.

El agente miró la tira reactiva. «Bueno, quizá debería coger mis gafas y volver a mirar. Pero si está mintiendo y esta tira es correcta, hoy irá a la cárcel, señor Shuck».

Con el corazón acelerado y las palmas sudorosas, Dave estaba al borde de un ataque de pánico. «Por favor, ¿podría venir alguien más para que lo compruebe?».

Tras unos tensos momentos, apareció otro agente. Como no estaba familiarizado con la tira reactiva, necesitó ayuda para interpretarla. Los dos agentes lo discutieron un momento y el primero le preguntó cuántas líneas veía junto a la cocaína. «Dos», respondió el segundo agente. Esto indicaba un resultado negativo para la cocaína. «Pero la segunda línea no es tan oscura como me gustaría». Miró fijamente a Dave.

Dave negó con la cabeza: «Casi me dan un infarto».

«¡Por el amor de Dios! ¿Quién demonios intenta leer una tira reactiva sin gafas? ¿Qué clase de incompetentes trabajan allí?». Estaba enfadado. «¿Y qué fue eso del último comentario? ¡Negativo significa negativo! ¿Tienen estudios secundarios? ¿Saben sumar? ¿Cómo pueden ser tan estúpidos?».

Por supuesto, no hubo ninguna disculpa. Los funcionarios de los tribunales de drogas, los agentes de libertad condicional, los jueces y todos los demás de su calaña parecen compartir una característica común: ven a todos los ciudadanos como delincuentes activos o futuros delincuentes. Dado que Dave ha «demostrado» ser un delincuente a sus ojos, no pueden imaginar otro mundo en el que pueda ser algo más o diferente. Por lo tanto, ¿por qué iba *a merecer* siquiera una disculpa?

Día 302 - 11/6/2010

Color: amarillo

Nos llamó nuestra abogada del caso civil que presentamos en California. Había hablado con el juez y llamaba a Dave para decirle que necesitaba que fuera a California el 13 y el 14 de julio para someterse a un examen médico y prestar declaración. La oficina del juez aprobó el viaje y le dio a Dave un margen de tiempo desde el 12 hasta el 15 para el desplazamiento. Parecía que todo su buen comportamiento estaba dando sus frutos.

La defensa pagaría el viaje, ya que ellos exigían que se realizara este viaje adicional. Tanto Dave como yo tendríamos que regresar a California el 9 de agosto para la mediación previa al juicio. Pero el viaje en julio sería exclusivamente de Dave.

Día 312 - 21/6/2010

Color: naranja y verde

Tenía una migraña punzante después de dos limpiezas completas y de estar al aire libre con más de 37 grados de temperatura, y Dave presidió una reunión de NA los viernes de 6:30 a 7:30. Regresó tarde, frustrado con uno de los miembros que se quedó hablando sin parar después de que la reunión hubiera terminado. Al principio, Dave había quedado bastante impresionado con este tipo, ya que parecía culto e inteligente, y Dave le había pedido inicialmente que fuera su padrino. Él había rechazado la oferta, diciéndole a Dave que le quedaba un largo camino por recorrer antes de poder ser un buen padrino.

Después de conocerlo durante casi un año, la opinión que Dave tenía de él había cambiado considerablemente. El tipo dejó a su esposa y a sus dos hijos, diciendo que quería el divorcio. Cuando se dio cuenta de que podría tener que pagar la manutención de los hijos y posiblemente una pensión alimenticia, volvió a casa, diciendo que quería arreglar las cosas.

Para entonces, su esposa, que se había opuesto al divorcio durante tanto tiempo a pesar de los abusos verbales, había cobrado valor y se había dado cuenta de que se merecía algo mejor. Así que ahora ella pedía el divorcio y él se quejaba de que estaba intentando «arreglar las cosas por el bien de la familia».

Esta saga, así como los muchos detalles de la situación que no voy a contar aquí, hicieron que Dave apretara los dientes. Estaba disgustado con el tipo y sorprendido por su narcisismo e inmadurez. También me sirvió para recordar lo dedicado que era Dave conmigo y con P.E.

Día 313 – 22/6/2010

Color: naranja y verde

La noche anterior, el padrino de Dave en Narcóticos Anónimos anunció que había recaído. Dave se preocupó inmediatamente de que la noticia llegara al equipo de tratamiento y al tribunal de drogas. Según las reglas, si tu padrino recae, tienes que buscar uno nuevo. No es que tuviera muchas opciones entre las que elegir. Así que decidió no decir nada hasta que encontrara otro padrino y esperar que nadie más se enterara.

Al día siguiente, Swimmer se graduaría. Considerado por la mayoría como la estrella brillante del tribunal de drogas, el chico de oro, por así decirlo, su salida del programa significaría que Dave era ahora el mejor participante. De hecho, cuando Dave le entregó los papeles a Sherrie, ella lo mencionó. Le dijo que casi todo el mundo estaba satisfecho con su progreso.

Sherrie y otros habían mencionado en repetidas ocasiones la probabilidad de que Dave pasara a la fase cuatro (la fase final del programa del tribunal de drogas). Cruzamos los dedos para que esto suceda el 2 de julio. Ese día será nuestro cuarto aniversario de boda.

Día 316 – 25/6/2010

Color: verde y fase cuatro

Los recortes presupuestarios en el condado habían afectado a la disponibilidad de Sherrie los viernes. Ya no estaba disponible para supervisar los análisis de orina en la oficina de libertad condicional y libertad vigilada los viernes. Los demás trabajadores de la oficina, situada en Belton, se habían quejado de que era demasiado trabajo para ellos supervisar los análisis de orina en cualquier momento, lo que significaba que si Sherrie no estaba disponible (ahora no estaba disponible de 12:00 a 13:00 de lunes a jueves) o estaba ausente, el participante en el tribunal de drogas tendría que conducir 26 millas hacia el sur hasta Harrisonville e ir al tratamiento o a la cárcel del condado para someterse a un alcoholímetro y a un análisis de orina cuando les tocara.

El día 316 era viernes y le tocaba a Dave, así que condujo hasta Harrisonville y fue primero al tratamiento, según el protocolo. Le dijeron que debía acudir a Libertad Condicional y Libertad bajo Palabra, y él les recordó la ausencia de Sherrie allí.

«Bueno, tendrá que ir a la cárcel porque James no está aquí para supervisar un análisis de orina». Los análisis de orina suelen ser supervisados por personas del mismo sexo y no se permite que personas del sexo opuesto los realicen, con la excepción de Sherrie.

Así que Dave condujo hasta la cárcel, donde rápidamente se negaron de nuevo diciendo que no tenían tiempo para hacerle la prueba de alcoholemia y el análisis de orina. Cuando Dave explicó la razón por la que no podía ir a los otros dos lugares, el agente le dejó entrar y luego anunció: «Bueno, no tenemos puntas para el alcoholímetro». Miró a Dave, se encogió de hombros y dijo: «Supongo que tendremos que mantenerte aquí hasta que lo tengamos».

«¿Cuándo será eso?», preguntó Dave.

«El lunes».

«Un momento, ¿quiere retenerme aquí hasta el lunes para hacerme la prueba de alcoholemia porque no tiene puntas para el alcoholímetro?». En ese momento, Dave estaba dentro de la cárcel sin posibilidad de salir.

«Sí, claro, ¿por qué no?».

Dave empezó a entrar en pánico: «Mire, ¿podría llamar al agente Crane, al ayudante Good Ole Boy o al teniente Large y preguntarles sobre esto, por favor?».

El agente se encogió de hombros y llamó al ayudante Good Ole Boy, quien rápidamente le aconsejó que recogiera la muestra de orina y dejara marchar a Dave.

No sé qué me enfurece más: la falta de un protocolo claro o el desprecio total por el individuo.

Este tema común siguió presente en segundo plano durante toda nuestra experiencia en el tribunal de drogas y era alto y claro: *no tienes derecho al respeto ni a la comprensión básicos. Solo eres un drogadicto jodido que merece desprecio y ningún tipo de respeto. Tu tiempo, tu familia y tus compromisos no importan, tu vida no importa. Si te quejas, te castigaremos. Si te desvías de nuestras órdenes esquizofrénicas, te castigaremos.*

¿Es así como funciona nuestro sistema judicial? Si alguien infringe la ley, ¿no tiene derecho a ningún respeto humano básico? ¿Quiénes son estos supuestos funcionarios de la justicia? ¿Matones y fanfarrones?

Día 319 – 28/6/2010

Color: azul y verde

El día 319 fue el primero de los dos días de pruebas de Dave para el programa gratuito de climatización que esperaba realizar desde mediados de julio hasta finales de agosto. Tan pronto como llegó al entrenamiento, llamó para preguntar por su color y luego llamó a Sherrie para pedirle consejo. Sabía que estaría en el entrenamiento hasta las 4:00 y no estaba seguro de si tenía que conducir como un loco hasta Harrisonville para presentar una UA antes de las 5:00 p. m. o qué.

Ella parecía irritada: «¿Por qué no me lo dijiste?».

«Te lo dije, hace más de dos semanas».

«Bueno, deberías haberlo pensado y haber buscado alguna solución posible».

«Te pregunté qué creías que debía hacer y me dijiste: "Ya se nos ocurrirá algo"», respondió Dave, manteniendo la calma en la medida de lo posible.

«Bueno, da igual. Es tu problema. Supongo que tendrás que conducir hasta Harrisonville cada mañana y llamar para saber tu color. Si es tu color, puedes dejarlo y luego dirigirte a la ciudad».

Harrisonville estaba a 42 km en dirección contraria.

Día 322 – 1/7/2010

Color: azul

Dave dejó la información que Sherrie le había pedido sobre la formación en certificación de climatización, las becas para estudiantes (federales y estatales) y la información sobre el programa de climatización de la universidad comunitaria local en la que se había matriculado para el otoño. Mientras estaba allí, mencionó la posibilidad de pasar a la fase cuatro al día siguiente.

«Solo llevas cuatro meses en la Fase Tres», respondió Sherrie. «No cumples los requisitos».

Dave le recordó que había pasado dos semanas más en la Fase Uno del programa y que, desde entonces, varios miembros del tribunal de drogas le habían sugerido que podría pasar a la siguiente fase antes de tiempo. «No sucedió en la Fase Uno, ni en la Fase Dos, así que esperaba...», dejó la frase en el aire.

«¡Ah, es verdad!». Sherrie había olvidado claramente la conversación que habían mantenido sobre el tema solo nueve días antes. «Te lo hemos prometido y no lo hemos hecho. Bueno, está bien, tienes mi voto».

Día 323 – 2/7/2010 – 4º aniversario de boda y fase cuatro.

Color: amarillo

Día del juicio. Estábamos tan nerviosos por ello que se me olvidó que era nuestro aniversario de boda hasta que mi padre llamó a media mañana para felicitarnos.

¡Éxito! Dave pasó a la fase cuatro y todo el mundo parecía muy contento con él. La jueza se mostró juguetona y le tomó el pelo mientras revisaba su documentación, diciendo: «A ver, déjeme pensar, ¿hay algo más que debamos discutir con usted, señor Shuck?».

Dave sonrió: «Sí, su señoría, quería darle las gracias por creer en mí lo suficiente como para permitirme ir a California durante cuatro días. Se lo agradezco mucho y no le defraudaré».

«Sabemos que no lo hará, Sr. Shuck, y creemos en usted. Por eso vamos a seguir adelante y pasarle hoy a la fase cuatro».

Después de haber estado tan segura y luego tan terriblemente decepcionada, no estaba dispuesta a creerlo hasta que él llegó a casa y me dio la buena noticia. Esto significaba que solo tenía que asistir a una reunión de NA por semana, sus reuniones individuales con Labels se redujeron a una cada dos semanas y nuestras citas de terapia de pareja se redujeron a una al mes.

Lo mejor de todo es que esta es la fase final del tribunal de drogas. Había pasado casi un año y por fin nos encontrábamos en la recta final. El final está a la vista.

El panorama general

Hasta ahora he hablado mucho de los inconvenientes y nuestras frustraciones a lo largo del proceso del tribunal de drogas. No se dejen engañar, porque soy partidaria de la desviación de drogas como alternativa al encarcelamiento. En todos los niveles, los programas de desviación de drogas son preferibles a encerrar a las personas.

Sin embargo, hay varias inconsistencias que afectan a los programas de los tribunales de drogas, al menos al que yo he conocido, que realmente necesitan ser corregidas.

Sustituir los tribunales de drogas por atención y asesoramiento

Después de estudiar los tribunales de drogas desde dentro y desde fuera, tengo que estar de acuerdo con la Drug Policy Alliance y decir que *no* son la respuesta a nuestro problema.

Tenemos que dejar de tratar la adicción a las drogas como un delito y empezar a tratarla como una enfermedad. Para ello es necesario cambiar nuestras leyes, legalizar (o, como mínimo, despenalizar) las drogas y destinar al menos una parte de los miles de millones que gastamos en la guerra contra las drogas a proporcionar asesoramiento y rehabilitación a los adictos.

Según el Instituto Nacional sobre el Abuso de Drogas, los principios para un tratamiento eficaz incluyen:

- La adicción es una enfermedad compleja pero tratable que afecta al funcionamiento del cerebro y al comportamiento.

- No existe un tratamiento único que sea adecuado para todos.

- Las personas deben tener acceso rápido al tratamiento.

- Un tratamiento eficaz aborda todas las necesidades del paciente, no solo su consumo de drogas.

- Es fundamental permanecer en tratamiento durante el tiempo suficiente.

- El asesoramiento y otras terapias conductuales son las formas de tratamiento más utilizadas.

- Los medicamentos suelen ser una parte importante del tratamiento, especialmente cuando se combinan con terapias conductuales.

- Los planes de tratamiento deben revisarse con frecuencia y modificarse para adaptarse a las necesidades cambiantes del paciente.

- El tratamiento debe abordar otros posibles trastornos mentales.

- La desintoxicación con asistencia médica es solo la primera etapa del tratamiento.

- El tratamiento no tiene por qué ser voluntario para ser eficaz.

- El consumo de drogas durante el tratamiento debe supervisarse continuamente.

Aumentar la financiación de los servicios de salud mental

Según el artículo de ElevationsHealth[24] de 2016 *titulado «El coste anual de la guerra contra las drogas»*, el Gobierno de los Estados Unidos ha gastado más de un billón de dólares en la lucha contra las drogas. «Solo en 2015 se gastaron 36 000 millones de dólares en la guerra contra las drogas, pero esa cifra solo corresponde a las fuerzas del orden y algunos servicios sociales, y no tiene en cuenta el coste del encarcelamiento de los delincuentes no violentos relacionados con las drogas una vez que son detenidos y condenados a prisión».

El artículo continúa diciendo que «cada año se gastan aproximadamente 80 000 millones de dólares en encarcelar a presos estadounidenses y, dado que el 50 % de nuestra población carcelaria cumple condenas por delitos relacionados con las drogas, eso significa que hay que añadir 40 000 millones de dólares adicionales a los 36 000 millones que cuesta la guerra contra las drogas, lo que eleva el total a 76 000 millones de dólares».

¿Qué pasaría si gastáramos solo la mitad de esa cantidad en servicios de salud mental y rehabilitación para drogadictos? ¿Cómo sería eso? Mediante una combinación de terapia conductual, asesoramiento en pequeños grupos y individual, de carácter positivo y empoderador (en lugar de amenazante con el encarcelamiento), podríamos marcar la diferencia en las vidas de las personas que consumen drogas para hacer frente a la depresión, las enfermedades físicas y mentales y el dolor.

Aumentar la educación

El conocimiento es poder. ¿Cuántas veces has oído eso? Con él, podemos cambiar nuestras vidas. Convertirnos *en algo más* de lo que somos actualmente. Para muchos, la educación en su juventud fue deficiente. Quizás no les fue bien en la escuela. Quizás su vida familiar era deficiente. Y muchos de estos participantes son padres. Los tribunales de drogas ya ofrecían muchos miniprogramas, pero con el aumento de la financiación, estos programas podrían ampliarse para incluir:

- Clases para padres
- Clases de comunicación personal y relaciones
- Nutrición, salud y preparación de comidas
- Habilidades laborales (informática, mecanografía, evaluación de habilidades, exposición a diferentes entornos laborales)
- Autosuficiencia, bricolaje, manualidades, incluso espíritu emprendedor

Sí, casi todas estas clases ya se ofrecen en mayor o menor medida. Lo que sugiero es un programa mucho más intensivo, que fomente y promueva un estilo de vida diferente, lleno de confianza, orientación y propósito.

Cambiar el mensaje

Este mensaje que hemos escuchado una y otra vez —«eres un adicto; estás perdido en tu adicción»— puede ser contraproducente. En lugar de derribar a una persona con la intención de reconstruirla para mejor, tal vez deberíamos centrarnos en empoderarla con esperanza, fe y dedicación.

Sin duda, *pueden* llevar una vida productiva y libre de drogas. Ese debería ser el mensaje, seguido rápidamente de ejemplos reales que estén *a su alcance*. Una y otra vez, durante nuestra experiencia en el tribunal de drogas, se nos presentó el mensaje tácito: «*Cumpla con nuestras expectativas de lo que debería ser*». Aparentemente, esas expectativas incluían un sueldo —McDonald's o Sonic eran perfectamente aceptables— y *no* un negocio propio o un trabajo atípico de ningún tipo. En lugar de elogiar los esfuerzos de mi marido por iniciar su propio negocio de artes marciales, el juez rompió públicamente su plan de negocio y lo tiró al suelo. Fue devastador.

El mensaje debe cambiarse por:

- «Por supuesto que puedes cambiar tu vida y estamos aquí para ayudarte a hacerlo».
- Tienes una mente y un corazón: aliméntalos, abraza la vida y las oportunidades.
- No pongas límites a tus propias capacidades.
- Cree en ti mismo.

Quizás sea demasiado optimista por mi parte creer que este enfoque podría ser más eficaz que el de la zanahoria y el palo, pero ahí lo tienes. Nunca me gustó el enfoque de la zanahoria y el palo. Siempre me sentí tentado de arrancarle el palo a alguien de las manos, golpearlo con él y luego meterle esa maldita zanahoria por la garganta.

Cada uno de nosotros tiene un potencial increíble, incluso aquellos que se vieron afectados por las drogas, como Little Girl o Beer Brat. Cada uno de ellos sigue teniendo la capacidad de hacer grandes cosas, incluso pequeñas cosas, como llevar una vida libre de drogas. No deberíamos decirle a la gente lo que *no puede* hacer o lo que es *incapaz* de hacer. No debemos limitar sus sueños. Debemos sustituir sus adicciones por la realidad de quiénes son en su interior y el potencial de las maravillosas oportunidades que tienen en sus vidas. Cambia el mensaje y es muy posible que cambies el resultado.

Evita el modelo de encarcelamiento/castigo

Cuando estás en medio de todo esto, luchando por una buena causa, tratando de salvar a las personas de sí mismas, es fácil perder la perspectiva. Es fácil frustrarse, volverse insensible y endurecerse; después de todo, has oído todas las mentiras posibles.

Los funcionarios de los tribunales de drogas pueden ser buenas personas, pueden tener buenas intenciones, pero al final siguen abordando esto desde un modelo de encarcelamiento/castigo. El mero hecho de pensar en imponer algún tipo de represalia a una persona por decir lo que piensa (algo sobre lo que leerás en el próximo capítulo) dice mucho de la mentalidad de estas personas. *Dicen* que no se trata de encarcelamiento, represalia o castigo, pero sus *acciones* y *respuestas* demuestran claramente que sí lo es.

Es especialmente fácil caer en esta trampa del castigo frente a la rehabilitación cuando se tiene en cuenta quiénes son los funcionarios de los tribunales de drogas. Son jueces, agentes de policía y fiscales. Por muy buenas que sean sus intenciones, su formación y sus experiencias dictan la realidad. Siguen viendo a los participantes en los tribunales de drogas como delincuentes y drogadictos. Hasta cierto punto, siguen racionalizándolo todo pensando, y a menudo diciendo: «Deberían estar agradecidos de no estar en la cárcel en este momento».

Quizás sea nuestra percepción cultural la que influye aquí, pero el encarcelamiento *nunca* es la respuesta a la adicción a las drogas. En todo caso, empeora la enfermedad y condena a la persona a una pena de por vida como delincuente convicto, despojado de oportunidades y opciones.

A menudo, las acciones del equipo del tribunal de drogas no eran proactivas, sino reactivas. Esto es comprensible en el sentido de que no se puede estar preparado para todas las posibilidades, todos los resultados, pero la reacción debe ser cuidadosamente moderada con discusión, tiempo y reflexión. ¿Cómo afectará la reacción a los participantes del tribunal de drogas? ¿Proporcionará una oportunidad de aprendizaje necesaria? ¿Es vengativa, fruto de la frustración hacia un participante concreto?

Y, por último, el hecho de que las acusaciones, la grosería y la falta de respeto se repartieran semanalmente, incluso diariamente, sin pensar en disculparse o reconocer que lo que estaban haciendo era injusto, cruel y simplemente *incorrecto*, era reprensible. Era un recordatorio constante de que no éramos más que niños maleducados sin derecho a una disculpa cuando se equivocaban.

Lo único que se consigue con ese comportamiento es recordar al participante en el tribunal de drogas que 1) la vida no es justa y nunca lo será y 2) no es lo suficientemente importante como para merecer una disculpa cuando alguien le ha hecho daño (aunque sin duda se espera que sea al revés).

Si se mejoran estos aspectos del tribunal de drogas, las tasas de reincidencia se reducirán drásticamente.

Legalizar la marihuana

En este país consumimos una gran cantidad de drogas legales cada día (cigarrillos, alcohol, chocolate y cafeína) y todas ellas son mucho más adictivas de lo que la marihuana jamás será.

Según el Dr. Jann Gumbiner, autor de «*¿Es adictiva la marihuana?*[20] », «en comparación con otras sustancias, la marihuana no es muy adictiva. Se estima que el 32 % de los consumidores de tabaco se volverán adictos, el 23 % de los consumidores de heroína, el 17 % de los consumidores de cocaína y el 15 % de los consumidores de alcohol. La cocaína y la heroína son más perjudiciales para la salud física y la nicotina es mucho más adictiva. Es mucho más difícil dejar de fumar cigarrillos que dejar de fumar marihuana».

Por lo tanto, lo diré claramente: la marihuana *no* es adictiva en el sentido tradicional de la palabra «soy un drogadicto». Simplemente no lo es. Numerosos estudios de investigación respaldan este hecho.

La humanidad ha consumido marihuana de una forma u otra desde tiempos inmemoriales. No debería ser ilegal y, desde luego, no debería ser una droga de la Lista 1. Tenemos que legalizar esta droga para que no haya más confusión: *el tratamiento* de la drogadicción debe ser para los drogadictos (cocaína, heroína, metanfetaminas y otras, *no para* los fumadores de marihuana). Los fumadores y productores adultos de marihuana no deberían ser procesados, al igual que no lo son los fumadores de cigarrillos, los productores de tabaco, los bebedores de cerveza o las fábricas de cerveza.

Esto eliminará la necesidad de que los fumadores y productores de marihuana: a) saturen el sistema judicial con juicios innecesarios por una droga a menudo inofensiva (y que, según las investigaciones, es *beneficiosa* en algunos casos), y b) permitan que los programas de tratamiento de la drogadicción se centren en los verdaderos adictos que más necesitan ayuda. También ahorraría a nuestro país miles de millones de dólares en fondos de los contribuyentes destinados a las prisiones que encarcelan a los usuarios o productores no violentos, junto con muchos otros gastos derivados (acogida de los hijos de los fumadores y productores de marihuana, fiscales, jueces y personal encargado de la lucha contra las drogas).

Una vez que legalicemos la marihuana, podremos centrar nuestra atención en los programas de rehabilitación y tratamiento de drogas para las drogas graves que destruyen vidas y que han quedado en segundo plano con respecto a la marihuana en las últimas dos décadas. Una vez que nuestro enfoque esté donde debe estar, podremos avanzar realmente hacia la reducción de la adicción y la mejora de las vidas.

Demonios, legalicemos TODO

Ya que estoy sacudiendo el árbol, podría aprovechar para sugerir algo que podría parecer una idea revolucionaria: ¿por qué no legalizar todas las drogas para el consumo de adultos? ¿Parece drástico? Hay varios ejemplos que podemos analizar para ver el éxito que tendría una medida así.

En *Breaking the Taboo*[21] , el documental se centra en Portugal y Suiza, dos países con un consumo desenfrenado de drogas y, en el caso de Suiza, con un aumento vertiginoso de los casos de VIH y adicción a la heroína. «En Portugal, decidieron despenalizar el consumo de todas las drogas». Las personas que son sorprendidas en posesión de drogas no son acusadas de ningún delito ni encarceladas. En su lugar, se les lleva ante una «junta de disuasión» compuesta por psiquiatras y trabajadores sociales que tratan de comprender las necesidades de estas personas interceptadas por la policía. Les ofrecen ayuda, no encarcelamiento. «El paso más fundamental que hay que dar es darse cuenta de que la adicción es un problema médico y, por lo tanto, los adictos deben ser tratados médicamente, no penalmente. Si aceptamos ese principio básico, superamos la mayoría de los desacuerdos sobre la política de drogas».

En Portugal, el consumo de drogas entre los jóvenes ha disminuido de forma constante cada año en todas las categorías de drogas. Ha pasado de ser el problema número uno al número trece, porque los problemas asociados al consumo de drogas (delincuencia, encarcelamiento y otros) también han disminuido de forma constante como resultado del cambio en la política general sobre drogas y la decisión de despenalizar.

Morgan Freeman, narrador de *Breaking the Taboo,* se centra a continuación en Suiza: «En los años 90, Suiza se enfrentó a una epidemia de sida que se propagaba rápidamente entre la población consumidora de heroína... Como presidenta [de Suiza], la comisionada mundial Ruth Dreifuss pidió una serie de soluciones drásticas para la epidemia, entre ellas la prescripción médica de agujas limpias y heroína a los adictos que no podían dejar el hábito».

Imaginemos eso por un momento. En realidad, *suministraron heroína* a los adictos. ¿Cuál fue el resultado? Según *Breaking the Taboo*, «en Suiza, el número de consumidores de drogas inyectables con VIH/sida se ha reducido en más de un 50 % en diez años».

Cinco razones para legalizar las drogas

#1 - Elimina la tentación y el encanto

Seamos sinceros: cuando alguien te dice que no puedes hacer algo, ¿lo aceptas sin más y haces lo que te dicen? ¿O lo cuestionas, pones en duda su afirmación y buscas formas de evitarlo?

Al final de la Ley Seca, había más consumidores de alcohol que al principio. Y la guerra contra las drogas ha demostrado, una y otra vez, que ocurre lo mismo.

En lugar de difundir mentiras o información errónea («¡la marihuana te volverá loco!»), deberíamos centrarnos en la verdad y dejar de utilizar mensajes simplistas como «simplemente di no». No ha funcionado con los embarazos adolescentes y no va a disuadir a los curiosos de experimentar.

N.º 2: La legalización destruirá el comercio ilegal de drogas

El auge de los cárteles se debe a la guerra contra las drogas. Al igual que la hidra mitológica, si le cortas una cabeza, le crecerán dos en su lugar. Me recuerda a una técnica de crianza que aprendí hace décadas: cuando un niño está buscando pelea, hay que quitarle el impulso. No hay que entrar al trapo. No tendrá adónde ir.

Si legalizamos las drogas, eliminamos la mayor parte de los beneficios de los narcotraficantes. Un kilo de cocaína se vende por alrededor de 1000 dólares en Colombia, pero debido a su naturaleza ilegal, cuesta cerca de 100 000 dólares en las calles de Nueva York. Si ya no hay beneficios, los cárteles se derrumbarán.

N.º 3: Nos permite centrarnos en la prevención, el tratamiento y la rehabilitación

Tenemos que dejar de pensar en los adictos como seres inferiores. Ruth Dreifuss plantea la pregunta y la respuesta de forma elocuente: «¿Quiénes son los adictos? Nuestros hijos. Personas a las que queremos, personas a las que nos gustaría recuperar».

No recuperaremos a estas personas golpeándolas en la cabeza con un palo. Las recuperaremos dándoles amor, una apariencia de aceptación y, por lo tanto, compartiendo con ellas la esperanza de que puedan recuperar el control de sus vidas.

Como dice el expresidente Bill Clinton en *Breaking the Taboo:* «Debería haber lugares seguros donde las personas con adicción puedan acudir sin pensar que van a ser arrestadas. Donde puedan satisfacer sus necesidades básicas. Tengo experiencia en esto, incluida experiencia personal. Tenía un hermano adicto a la cocaína. Así que sé mucho sobre esto y entiendo, más que la mayoría de la gente, lo que implica».

N.º 4: Reduce el consumo general

Quizás esto vaya de la mano con el punto n.º 1, pero si se elimina el atractivo, el romanticismo de «hacer algo malo», y se combina con el punto n.º 3, se observará una caída drástica en el consumo.

Las personas responden mucho mejor a la amabilidad y la aceptación que a la alienación o el castigo. La legalización reducirá el consumo de drogas duras a pasos agigantados.

N.º 5: devolverá a esta nación a ser «la tierra de la libertad»

NO somos libres. No en una nación que tiene más del 25 % del total de presos del mundo encarcelados dentro de sus fronteras. En cambio, somos una nación de miedo, de vigilancia y de persecución. Hemos cedido el control de nuestros cuerpos al gobierno, y ese gobierno parece decidido a asegurarse de que acabemos encarcelados.

Algo tiene que cambiar: NOSOTROS tenemos que cambiar. La marea está cambiando y una gran ola, favorable al consumo de marihuana por parte de los adultos, ha comenzado a cobrar impulso. Dos estados (Washington y Colorado) han aprobado recientemente leyes que legalizan la marihuana, 14 han despenalizado la posesión de pequeñas cantidades y 18 estados han aprobado proyectos de ley sobre la marihuana medicinal. Todos estos son pasos en la dirección correcta, pero el problema mayor de la guerra contra las drogas sigue presente mientras otras drogas sigan siendo ilegales.

Fase cuatro

Día 324 – 3/7/2010

Color: Naranja y amarillo

Hoy ha sido el primer día en que Dave ha llamado como Fase Cuatro. A partir de ahora, solo tendrá que presentar un análisis de orina si aparece la Fase Cuatro, no la verde. Esperemos que esto sea poco frecuente y no le suponga una presión excesiva mientras está en clase y entrenando.

Día 333 – 12/7/2010

Color: naranja y azul

Dave se fue a California para someterse a un examen médico por parte de la defensa, así como para prestar declaración. Esto fue autorizado por el juez del tribunal de drogas. Tenía previsto regresar el jueves, día 336.

Día 336 - 15/7/2010 - Viaje de Dave a California

Color: Fase cuatro

Por error, reservé el vuelo de regreso de Dave a la 1:30 a. m., hora de California. Regresó agotado y se echó una siesta de cuatro horas antes de que tuviéramos que ir a la reunión con Labels. Nuestra «tarea» —pensar en algún aspecto de nuestra relación que necesitara mejorar— debía entregarse en la reunión. Le dijimos que lo habíamos hablado repetidamente y que simplemente no se nos ocurría nada.

Cuando surgen situaciones en las que no estamos de acuerdo, hemos aprendido a discutirlo y a ceder o llegar a un compromiso. Pocas veces, por no decir nunca, no hemos sido capaces de ponernos de acuerdo. El único ejemplo que se me ocurre es nuestro desacuerdo sobre si vivir en una casa antigua o no. Ese es fácil... al final nos mudaremos a la casa de sus padres cuando ellos fallezcan. Esa casa fue construida en 1906 y sin duda cumple los requisitos. Y ya le he dicho que si tengo éxito como escritora, compraremos la casa que yo quiera. Y sin duda será una casa antigua.

En cualquier caso, esta postura llevó a Labels a hacer la pregunta obvia: ¿cómo evitaréis las drogas en el futuro si ambos estáis dispuestos a transigir?

Le recordé que dejé a mi primer marido en gran parte por su insistencia en seguir abusando de las drogas, incluso a costa de que su mujer y su hija tuvieran menos para comer o un techo decente sobre nuestras cabezas. También le recordé que la redada se produjo en un momento en el que estábamos llegando a un punto de decisión. Dave había estado fumando en el garaje desde antes de que naciera P.E. Ella acababa de cumplir dos años y cada vez sentía más curiosidad por lo que hacía su papá en el garaje. Yo le había advertido a Dave que no podía seguir fumando marihuana al ritmo que lo había estado haciendo y que algo tenía que cambiar.

Dave se unió a la conversación en ese momento y añadió: «Sabía, porque ella había empezado a mencionarlo con más frecuencia, que era solo cuestión de tiempo que tuviera que dejarlo. No quería pensar en ello, pero calculé que me quedaban como mucho dos meses antes de que Christine se plantara e insistiera en que lo dejara».

Día 354 – 2/8/2010

Color: amarillo y fase cuatro

Uno de los participantes que tenía previsto graduarse en menos de dos semanas está en la cárcel tras una discusión con su esposa. Al parecer, la discusión se caldeó y, cuando él intentó retirarse para calmarse, ella lo siguió.

Finalmente, él la abofeteó y ella llamó a la policía, que lo detuvo inmediatamente. En este momento, ella se ha negado a presentar cargos, pero el daño ya está hecho. Él lleva más de una semana en la cárcel, preguntándose y preocupándose por si se enfrentará a la pena completa, además de a los cargos por violencia doméstica.

Teniendo en cuenta que siguen admitiendo en el programa a reincidentes y les dan repetidas oportunidades, es poco probable que expulsen a Millionaire del programa.

Dave mencionó que la esposa de Millionaire nunca se tomó el programa en serio y ha sido un obstáculo desde el principio.

Correo electrónico de Dave:

«Millionaire estaba en la cárcel el miércoles pasado. Se supone que debe decir que tuvo una discusión con su esposa y que intentó marcharse de la zona. Ella lo siguió de habitación en habitación, sin dejarlo escapar para que se calmara. También se especula que ella lo estaba golpeando. Él la abofeteó y ella llamó a la policía. Ella no quiere presentar cargos, pero ya es demasiado tarde. La policía está presentando cargos por maltrato conyugal.

Millionaire debía graduarse en dos semanas. Existe una política que establece que nadie en el tribunal de drogas puede incurrir en nuevos cargos por violencia, o será expulsado del programa y se enfrentará a todos los cargos y a la pena correspondiente por su delito. Ahora se enfrenta a 15 años».

Día 362 – 10/8/2010

Color: amarillo y azul

Dave recibió una llamada de su agente de libertad condicional mientras estaba en clase: «Dave, soy Sonia. No tengo constancia de que ayer faltaras. O me dices dónde estuviste o llámame de camino a la cárcel».

Él la llamó y le dejó un mensaje diciendo que se había presentado en la Oficina de Libertad Condicional y Libertad bajo Palabra de Belton.

Ella no le devolvió la llamada.

Más tarde la llamó para ver si había recibido el mensaje. «Sí, tuve que rebuscar entre todas las bolsas de orina para encontrar la tuya. Gracias. No me dijeron que habías venido». Ella pensaba que Dave había hecho algo mal. «Además, tienes que ir al servicio comunitario el sábado».

Él le dijo que tenía que dar clase el sábado y le preguntó por qué no se lo habían comunicado antes.

«Bueno, publiqué una copia en el tratamiento en julio. Millionaire estaba programado, pero como no puede estar allí, le toca a usted. Llame a Allen; aprobaré que cambie con él».

Millionaire llevaba tres semanas en la cárcel y era la primera vez que nos enterábamos de cualquier cambio en el calendario.

Día 363 - 11/8/2010

Color: Naranja

Dave regresó de su reunión semanal del miércoles con más de una hora de retraso. Cuando llegó a casa a las 9:30 de la noche, todavía estaba furioso. Le informaron de que las reuniones de NA o AA dirigidas por miembros del tribunal de drogas ya no contarían para el número mínimo de reuniones semanales a las que tenía que asistir.

El problema de las reuniones no dirigidas por asistentes al tribunal de drogas (él dirigía dos por semana en ese momento) se debía a que se había violado la confidencialidad y el anonimato de las reuniones: un asistente le había dicho a uno de los miembros del equipo del tribunal de drogas que había reuniones a las que asistían principalmente participantes del tribunal de drogas y que al menos una de las reuniones duraba solo 30 minutos. Solo unas pocas reuniones habían sido así, principalmente debido a la falta de participación de los asistentes.

También se le informó de que el viernes siguiente habría una reunión obligatoria con un documental informativo sobre el Holocausto.

Como nieto de una judía polaca (la abuela materna de Dave) y un gitano polaco (el abuelo materno de Dave), Dave estaba bastante bien informado sobre el Holocausto. También tenía planes de asistir a una formación organizada por Children's Mercy para el programa Healthy Homes que estaban poniendo en marcha. Iba a formar parte del primer grupo en recibir formación para realizar las evaluaciones de Healthy Homes.

Podría haber sido un buen trabajo. En cambio, tendría que ir a esa reunión y asistir a una clase sobre el Holocausto, «impartida por un goyim, que me dirá que los malvados nazis mataron a mucha gente. Es bueno que los participantes conozcan la historia, pero esto parece estar fuera del ámbito del Tribunal de Drogas, ¿no crees?».

Una vez terminada la reunión del grupo, Dave se quedó para hablar con Sonia, una de las funcionarias más razonables del tribunal de drogas. Describió al equipo del tribunal de drogas como un grupo de matones o, mejor aún, como un niño con una lupa que quiere quemar las patas de unas hormigas.

Le recordó una vieja tira cómica *de Life in Hell*, en la que un conejo lleva una camisa de fuerza encadenada a una silla en una celda acolchada. Hay una pequeña ventanilla en la puerta que está abierta, por lo que se puede ver un par de ojos que miran con ira al conejo. El pie de foto dice: «Las palizas continuarán hasta que mejore la moral».

Le dijo que todo el equipo del Tribunal de Drogas parecía sacado de una pesadilla de Kafka. Sonia respondió recordándole una analogía que él había hecho en los primeros meses del programa, en la que comparaba el tribunal de drogas con el océano. «El océano no te ama ni te odia; es incapaz de sentir tales emociones. Es solo el océano. Si vives o mueres, le da igual».

Dave le preguntó a Sonia si había leído *El viejo y el mar*. Ella no lo había leído. Él le hizo un breve resumen de la historia y terminó diciendo: «Aunque al mar no le importe, de vez en cuando puede jodernos el día».

Dave dijo que cada vez que empezaba a sentir que el programa iba bien, ocurría algo que lo estropeaba todo de nuevo. «Hacen todo lo posible para asegurarse de que tengamos miedo. El miedo es como una droga para ellos y necesitan ir a rehabilitación para dejar el hábito».

Ninguno de ellos había oído hablar del Experimento de Stanford[5] antes de que Dave lo mencionara. Y después de oír hablar de él, ninguno pensó que pudiera caer en los roles en los que habían caído los estudiantes. Están cegados por su poder y ebrios del miedo que este puede generar.

Sonia no estaba de acuerdo y pidió un ejemplo. Dave señaló la situación de diez meses antes, cuando esperaba pasar de la fase uno a la fase dos. Después de animarlo, preguntándole si estaba deseando pasar a la siguiente fase y disfrutar del tiempo extra que tendría, decidieron impedirle avanzar en el programa para ver cómo reaccionaba. Era como si el equipo del tribunal de drogas quisiera ver a Dave retorcerse como un gusano en un anzuelo.

Dave le contó a Sonia nuestra primera sesión de terapia familiar, en la que Labels había dicho de manera despreocupada que, con un simple trazo de su pluma, podía declarar que nuestro plan de vivienda era inaceptable. Si lo hubiera hecho, él habría tenido que vivir en la cárcel hasta que el equipo del tribunal de drogas inspeccionara y aprobara otro alojamiento.

Dave le dijo a Sonia que había planeado participar en el programa de antiguos alumnos, asesorando a los nuevos participantes del tribunal de drogas y ayudándoles a adaptarse a las nuevas normas, pero que ahora lo único que quería era alejarse de ellos y no volver a mirar atrás. A sádicos como el director y otros nunca se les debería dar carta blanca para perturbar la vida de las personas o jugar con sus emociones y sueños de esta manera.

Como dijo Dave: «Hay un lugar especial en el infierno para ellos. Ojalá vayan pronto».

Dave continuó diciéndole a Sonia que cada vez que pensaba en el panorama general, se sentía como Don Quijote cargando contra los dragones (molinos de viento) y desgastando lentamente su espíritu, dejándolo viejo, destrozado y vacío.

En cuanto a mí, cada vez que pienso en todo lo que hemos pasado, me viene a la mente una frase de *Jurassic Park*: «Estaban tan preocupados por si *podían hacerlo* que no se pararon a pensar si *debían* hacerlo».

Es como si los participantes en el tribunal de drogas ya no fueran humanos, ya no merecieran los mismos derechos o incluso un sentido básico de respeto. Y si piensan así de nosotros, ¿por qué molestarse en llevarnos al tribunal de drogas? ¿Por qué no encerrar a los perdedores subhumanos y acabar con ello?

Día 365 – 13/8/2010

Color: verde y azul

Los viernes son las reuniones semanales de NA. Dave se marchó temprano para preparar la reunión, como suele hacer, pero había decidido que otra persona presidiera la reunión. Como no sabía si el tribunal de drogas había decidido seguir adelante con el nuevo edicto o no, prefirió pecar de cauteloso. Al no presidir la reunión, su asistencia seguiría contando.

La Niña Llorona llegó para decirle que no podía quedarse a la reunión; estaba demasiado asustada y le explicó por qué. Dijo: «El director se levantó hoy en el tribunal y dijo: "El tribunal de drogas no puede dictar a qué reuniones de NA o AA deben asistir. Sin embargo, si asisten a cierta reunión», hizo una pausa y miró a los participantes del tribunal de drogas, «y saben quiénes son, tengan en cuenta cómo esto puede reflejarse en su compromiso con su recuperación».

En esencia, el director se había convencido de que la reunión de Serenity Today en Belton estaba poblada en su mayoría por participantes del tribunal de drogas que la utilizaban como una forma fácil de eludir la asistencia obligatoria a NA/AA que exigía el tribunal de drogas. Esta creencia se vio reforzada cuando descubrieron que Little Girl tenía una relación con otro participante del tribunal de drogas llamado Chris. Las relaciones íntimas entre los participantes del tribunal de drogas están prohibidas, al igual que cualquier tipo de amistad o contacto con un delincuente mientras se está en el programa.

«*No* me echarán de mi reunión local», afirmó Dave, con aspecto muy enfadado. Little Girl está asustada, al igual que varios otros, y ya no volverán a las reuniones».

También ha habido informes de que los participantes del tribunal de drogas se negaban a compartir, se sentaban en las reuniones sin participar y que estas a menudo duraban solo 30 minutos. Dave recordaba una reunión en la que solo había tres personas, cada una de las cuales había compartido y la reunión había durado 30 minutos. «Sin embargo, a menudo nos pasamos. ¡Hoy hemos tenido tres participantes y la reunión ha durado una hora y 20 minutos!».

Día 369 – 17/8/2010

Color: Sin acción

El viernes pasado, nuestro abogado de California nos llamó para informarnos de que se había fijado una nueva reunión de mediación para nuestra demanda civil. Esta demanda se remontaba a un accidente de tráfico ocurrido en California en 2007, en el que un hombre que había llegado tarde de comer estaba ocupado enviando mensajes de texto con su teléfono y chocó contra el coche en el que Dave era pasajero, destrozando ambos coches e hiriendo a Dave y a su amigo Tony. Fue una forma horrible de terminar nuestras vacaciones allí.

La reunión era obligatoria y ambos teníamos que asistir en persona. Como ocurre con la mayoría de los asuntos legales, nos avisaron con muy poca antelación. La fecha se fijó para el 1 de septiembre y estábamos a mediados de agosto. Dos semanas para obtener el permiso del juez para viajar, además de pagar un precio desorbitado por los billetes de avión. La única buena noticia era que podría ver a Danielle en su 22.º cumpleaños y pasar un rato con ella.

El martes 17 de agosto estaba completamente agotada. No había respuesta del juez de Missouri y los precios de los billetes ya habían subido 100 dólares más. Sin saber muy bien si debía hacerlo o no, compré los billetes para los tres. Si Dave y yo teníamos que ir, P.E. también. No iba a ir hasta California y no darle a mi suegra la oportunidad de ver a su nieta menor por primera vez en tres años.

Día 381 – 29/8/2010

Color: azul

Dave recibió noticias sobre Millionaire...

En primer lugar, permanecerá en la cárcel hasta que se presenten los cargos por violencia doméstica. Si tiene que cumplir alguna condena, la cumplirá. Una vez que haya terminado, cumplirá 120 días de cárcel a discreción del tribunal de drogas y luego volverá a entrar en el programa desde el primer día.

Cuando me enteré de esto, me sentí físicamente mal. Hace unos meses, Beer Brat estaba en la fase dos o tres y fue sorprendido conduciendo sin carné, mientras estaba con un conocido delincuente, y fue detenido tras conducir a toda velocidad por un complejo de apartamentos lleno de gente, con niños por todas partes. ¿Le condenaron a prisión? No. Le condenaron a unas semanas para que reflexionara sobre ello. No se le imputaron cargos adicionales, fue degradado a la fase uno y volvió a empezar el programa inmediatamente.

¿Qué motivo tendría el tribunal de drogas para tratar con tanta severidad a Millionaire por una infracción relativamente menor?

Día 390 - 7/9/2010

Color: amarillo

P.E. y yo regresamos de nuestra semana en California a media tarde del martes 7 de septiembre. Lo primero que hice fue empezar a revisar mis más de 200 correos electrónicos para ver si había alguno que requiriera atención inmediata. Mientras revisaba los correos electrónicos, Dave entró y se dio cuenta de que se había saltado un día en enviarme el color del día. Esta era nuestra doble comprobación y también servía para mantenerme al día para este libro.

Revisé los registros telefónicos de Vonage para ver si había llamado a la línea directa el domingo, el día en cuestión. No había nada. Después de seis meses sin sanciones, cualquier sanción registrada se pone a cero. Esto significaba que, en lugar de ser acumulativa, y siendo la tercera vez que se olvidaba de llamar, Dave solo pasaría 24 horas en la cárcel, en lugar de 72. Revisamos el horario de la semana y nos dimos cuenta de que el mejor momento para ir sería justo después de su clase nocturna. Así que se fue a clase y, cuando regresó, comió un poco, llamó a su agente de libertad condicional Sherrie y se dirigió a Harrisonville para entregarse en la cárcel del condado.

Día 391 – 8/9/2010

Color: Desconocido (en la cárcel durante 24 horas)

Dave regresó a casa a las 10:30 p. m. del miércoles por la noche. A decir verdad, creo que lo liberaron media hora antes de las 24 horas, pero no iba a quejarme. Había regresado y, por primera vez, no lo habían puesto con el resto de los presos.

En su lugar, lo habían puesto en una celda individual que tenía un catre, un inodoro y un lavabo. Para tirar de la cadena o usar el lavabo, tenía que pulsar un botón y esperar a que la oficina lo viera por la cámara y le diera permiso.

Le dijeron que si oía el tic-tac de la cámara, debía girarse y mirar hacia ella, con la cara descubierta. La cámara estaba cubierta de saliva y la celda estaba sucia.

«No sé cómo habría aguantado más de 24 horas allí», dijo Dave, sacudiendo la cabeza, «estaba empezando a perder la cabeza. Y las pesadillas que tenía, maldita sea».

No puedo imaginar cómo debe ser para aquellos que están condenados a pasar años o incluso décadas entre las paredes de una prisión.

Día 393 – 10/9/2010

Color: amarillo y verde

Marc Emery, el «Príncipe de la Marihuana», fue condenado a cinco años en una prisión federal. Emery es un ciudadano canadiense que, tras una batalla de cinco años, fue extraditado a Estados Unidos para enfrentarse a cargos por vender semillas a ciudadanos estadounidenses.

La noticia incluía una cita del juez: «No hay duda de que sus acciones fueron ilegales y delictivas, y que sus acciones provocaron que otros infringieran la ley y sufrieran las consecuencias».

Dave tenía que recuperar las dos horas que había perdido el miércoles (debido a sus 24 horas en la cárcel), así que se dirigió a Harrisonville tan pronto como regresó de llevar la furgoneta al taller. Unas horas más tarde estaba de vuelta, sacudiendo la cabeza ante las ridículas travesuras que estaban haciendo los nuevos participantes.

Algunas de estas personas no forman parte del tribunal de drogas, sino de un programa diferente conocido como CSTAR. En ambas sesiones de una hora de duración, Dave escuchó mientras describían la mezcla de drogas (recetadas y de otro tipo) y alcohol que cada uno tomaba para colocarse o calmarse y concentrarse... normalmente todo a la vez.

El hecho de asistir solo los miércoles por la noche, un horario reservado para los participantes en el programa del tribunal de drogas que se encuentran en las fases más avanzadas del tratamiento, le ha proporcionado a Dave un oasis de calma. Los que tienen menos control sobre sus adicciones y su comportamiento simplemente no están presentes. Así que, durante la mayor parte de los últimos seis meses, Dave no ha tenido que ver ni tratar con los «alborotadores». Fue un poco impactante.

Día 410 - 27/9/2010

Color: verde y azul

Correo electrónico de Dave:

Christine,

Le estaba hablando a Labels sobre mi jardín. Le mencioné que tengo serpientes de jardín que se reproducen en mi estanque. Le dije que son serpientes muy bonitas, la más larga mide entre 75 y 90 cm. Se quedó horrorizada.

«¿Qué piensa P.E. de ellas?», preguntó.

«Ella cree que son geniales. Le he dicho que hay algunas serpientes que son venenosas y que, si no sabes si una serpiente es inofensiva, debes mantenerte alejado de ella», le respondí.

Me contó que la última vez que estuvo en su sótano, pensó en cómo las serpientes podrían esconderse en cualquier lugar. No ha vuelto al sótano desde hace meses y le da pánico volver allí. Cuando le pregunté qué tenía de malo las serpientes, me respondió que no las odiaría tanto si no hubieran decidido no tener patas. Dijo que las serpientes persiguen a las personas y que tienen un aspecto «asqueroso».

Es revelador que Labels tenga tantos problemas con una serpiente inofensiva. Me recuerda un dicho que escuché una vez: «Muchos trabajadores del campo de la salud mental se sienten atraídos por una carrera que ellos mismos a menudo necesitan desesperadamente». Los consejeros, psicólogos y similares suelen estar tan trastornados como sus pacientes. Y no, no creo que eso los haga más eficaces en su trabajo o más empáticos. Creo que solo los convierte en personas con problemas, con sus propios fantasmas y esqueletos con los que lidiar, que huyen de sus problemas mientras fingen ayudar a los demás.

En nuestra reunión de terapia familiar de ese día con Labels, mencioné a William Randolph Hearst y el castillo Hearst en San Simian, California. Labels tenía una mirada perdida.

Intenté refrescarle la memoria diciendo: «Ya sabes, ¿el tipo que era dueño de los periódicos?». Labels se limitó a mirarme sin comprender.

Continué: «Era dueño de enormes extensiones de bosque donde se imprimía el papel de sus periódicos. Era uno de los oponentes más abiertos a la marihuana de su época. Había leído artículos sobre cómo el cultivo de cáñamo para papel podía acabar con la industria maderera, que los plásticos derivados del cáñamo eran la opción más barata y que las semillas de cáñamo podían utilizarse tanto como fuente de alimento como una forma fácil de crear combustible. Fue el padre del periodismo sensacionalista y es en parte responsable de la guerra hispano-estadounidense. Cuando uno de sus reporteros volvió y le dijo que no había motivos para que los estadounidenses atacaran México, se le citó diciendo: «Tú me das las fotos y yo te doy la guerra». Era un especulador y un criminal de guerra, y uno de los hombres más ricos de Estados Unidos». Labels no tenía ni idea de quién era y me miró con incredulidad.

¿Cómo es posible que una persona que trabaja a diario con participantes en tribunales de drogas no tenga unos conocimientos básicos de historia, y en especial de la historia de las drogas en Estados Unidos? La marihuana lleva menos de 100 años siendo ilegal y muchas otras drogas llevan mucho menos tiempo.

Esto me recuerda el dicho: «Quienes no aprenden de la historia están condenados a repetirla». Si no podemos aprender las lecciones, o ni siquiera conocer los hechos básicos de la historia, ¿cómo podemos afrontar eficazmente los retos de hoy en día? Sí, el mundo es diferente, pero la naturaleza humana sigue siendo la misma.

Dave llamó a su agente de libertad condicional, Sherrie, para preguntarle si podía llevar a nuestra hija P.E. a una fiesta de cumpleaños. Ella dijo que no. Las reglas habían cambiado, una vez más, y le informaron que debía consultar con ella cualquier evento con varios días de antelación. Cuando entró en el programa, los participantes en la Fase Cuatro solo tenían que llamar y decirle dónde íbamos a estar. No se necesitaba ningún permiso.

Día 412 - 29/9/2010

Color: Naranja y Fase Cuatro

Dave fue a la oficina de Libertad Condicional y Libertad bajo Palabra para presentar su UA, la primera en más de un mes, y también para pedirle permiso a su agente de libertad condicional, Sherrie, para asistir a varios eventos próximos. Ella tomó su lista y dijo que tendrían que votar cada uno de los puntos.

Cuando vio la clase de cultivo de setas, negó con la cabeza y dijo: «Oh, acabamos de tener problemas con alguien que consumía setas (obviamente, del tipo psicodélico); no hay forma de que aprueben esta clase».

Dave dijo: «Es una clase sobre el cultivo de setas shiitake. Es como decirle a alguien que acaba de ser detenido por posesión de marihuana que no puede cultivar verduras en su jardín». Ella se limitó a encogerse de hombros.

Cuando él presentó su prueba de detección de drogas, ella comentó: «Sabes, probablemente deberíamos analizarla en el laboratorio; ha pasado un mes desde la última vez que te hiciste la prueba. ¿Qué opinas, Dave, debería analizarla en el laboratorio?».

Ella lo miró con curiosidad. Enviar la prueba al laboratorio significa un análisis de drogas aún más exhaustivo que la típica tira de diez drogas con la que analizan la orina en el centro.

Él se limitó a mirarla y dijo: «Ahora es tuya; haz lo que quieras con ella».

Tenía la mandíbula apretada cuando regresó a casa. «Ella esperaba que me enfadara porque le había negado mi petición de ir a la fiesta de cumpleaños». Él resopló: «Como si eso fuera a alterarme».

Día 413 - 30/9/2010

Color: azul y fase cuatro

Dave tuvo que volver a pasar por la oficina de libertad condicional y libertad vigilada de la ciudad. Cuando llegó, Sherrie le dijo: «Todo el equipo antidroga está alborotado después de descubrir que has estado cultivando setas en tu casa».

Dave la miró con incredulidad: «Las setas blancas son *un alimento*».

«Sí, pero no lo pediste permiso, y eso hace que parezca que estabas siendo furtivo o intentando engañarnos».

«Sherrie, no ha habido ningún engaño ni secretismo. Nunca se me pasó por la cabeza pedir permiso, al igual que nunca se me pasó por la cabeza pedir permiso al equipo antidroga para cultivar verduras en mi jardín trasero».

Dave explicó: «Hay literalmente *miles* de tipos de setas. Las setas shiitake se cultivan en madera, las setas de botón crecen en la tierra y las setas psilocibinas crecen en el estiércol de vaca. Yo me quedo con las de madera y las de tierra».

Sherrie lo pensó por un momento. «En realidad, tu argumento sobre las verduras que cultivas es probablemente el más lógico que he oído. Déjame hablar con el equipo de nuevo y te responderé sobre esto». Hizo una pausa y luego preguntó: «¿Qué vas a hacer si te decimos que no?».

Dave se encogió de hombros: «Obviamente, haré lo que dicte el equipo de drogas. No veo que tenga otra opción en este asunto».

«Sí, pero ¿cómo te *sentirás* al respecto?», insistió ella.

«¿Qué importa cómo me sienta? ¿Qué tiene eso que ver con el tribunal de drogas?». Dave se encogió de hombros de nuevo: «He leído el manual del tribunal de drogas varias veces y nunca he visto nada que diga que me tiene que *gustar* lo que decida el equipo del tribunal de drogas. Simplemente tengo que acatarlo».

Día 414 - 1/10/2010

Color: amarillo y verde

1 de octubre de 2010: el gobernador saliente de California, Arnold Schwarzenegger, firmó el proyecto de ley 1449, que reduce la posesión de hasta 28,5 gramos de marihuana a una infracción civil. Esto se castiga con una multa máxima de 100 dólares, y no hay que comparecer ante el tribunal, ni hay que pagar costas judiciales ni se genera un antecedente penal. La siguiente cita me impactó profundamente: «El gobernador Schwarzenegger

merece todo el crédito por ahorrar a los contribuyentes del estado el coste de procesar a los infractores menores por posesión de marihuana», dijo el director de California NORML, Dale Gieringer. «Los californianos reconocen cada vez más que la guerra contra la marihuana es un desperdicio de recursos policiales».

La marea está cambiando. Solo faltaban 31 días para el 2 de noviembre. Ese día, los californianos votarían si legalizar el consumo de marihuana.

Día 415 – 2/10/2010

Color: Naranja

Ninguna de las principales fuentes de noticias había publicado *nada* sobre la nueva legislación sobre la marihuana. Había estado buscando en *la CNN, ABC News* y nuestras emisoras locales, y no había nada al respecto. No era la primera vez que veíamos lagunas tan evidentes en la cobertura informativa. Como si al ignorar lo que ha sucedido y no darle cobertura, lo hicieran desaparecer.

Fue un sombrío recordatorio de cómo se controla la información en el país. La maquinaria propagandística sigue viva y coleando, y puedes estar seguro de que está filtrando y controlando exactamente la información que recibimos como nación.

Día 416 – 3/10/2010 – Fiesta de cumpleaños de P.E.

Color: amarillo y fase cuatro

Juro que siempre parecen intuir cuándo estamos más ocupados. El día de la fiesta de cumpleaños de P.E. significaba que Dave tenía que conducir hasta Harrisonville, a la cárcel del condado. Cuando llegó y explicó por qué estaba allí, el sheriff se mostró exasperado: «¿No puede ir al centro de tratamiento y presentarse allí?».

Dave le explicó que el centro de tratamiento cerraba los domingos. El sheriff puso los ojos en blanco y dijo: «¿Cuántos de *ustedes* vendrán aquí hoy?». Dave se limitó a sonreír y dijo que no lo sabía. Se habían quedado sin tiras reactivas para el análisis de orina, así que el sheriff simplemente le dio un alcoholímetro y lo dejó marchar.

Día 428 - 15/10/2010

Color: verde y fase cuatro

Teníamos que ir a una limpieza, así que Dave se dirigió al centro de tratamiento, con la esperanza de llegar en el momento perfecto, entre el tribunal y antes de las clases, para entregar su análisis de orina. Cuando llegó, el director le dijo: «Ahora mismo estoy ocupado hablando con alguien; tendrás que esperar».

«No hay problema, tómese su tiempo», dijo Dave y se sentó a esperar. Diez minutos más tarde, el director terminó de hablar con la persona y salió de su oficina.

Sonrió burlonamente a Dave y le dijo: «Ahora tengo que dar clase. Deberías haber llegado antes».

Una vez más, Dave respondió: «No hay problema, tengo un libro, esperaré». Y esperó una hora entera a que el director terminara la clase y no tuviera ninguna otra excusa.

«¿Este tipo se levanta cada mañana y se pregunta cómo puede ser más idiota que el día anterior?», pregunté. «¿Hace una lista? Me lo imagino, el título sería "Idiotez general". Dime, Dave, ¿la sacó y la revisó para ver si podía tachar algo más de la lista?».

Dave se encogió de hombros: «Tienes que recordar que el director es el tipo que está convencido de que tengo un complejo narcisista de Dios. Solo está tratando de demostrar que su teoría es correcta provocándome, y yo voy a seguir dejándole jugar a sus pequeños juegos mentales y no permitiré que me afecte. Además, es un recordatorio más de que mi vida no está bajo mi control».

Se me erizaron los pelos: «¿Qué demonios pasa con eso, de todos modos? Siguen insistiendo en este punto, pero no parecen dar a la gente ninguna esperanza de que las cosas cambien. ¿Cómo ayuda eso a alguien a recuperarse? ¿Cómo afecta eso a cualquier cambio?».

Dave no tuvo ninguna respuesta para mí, salvo repetir que, en su caso, el director seguía empeñado en demostrar que padecía un trastorno narcisista de la personalidad. Tuve que admitir que *alguien* padecía un trastorno narcisista de la personalidad... pero desde luego no era Dave.

Día 437 – 24/10/2010

Color: Naranja y Fase Cuatro

Hace un par de semanas, Dave se enteró de que uno de los nuevos participantes del tribunal de drogas había estado en la cárcel. La secuencia de los acontecimientos fue la siguiente...

Mark fue despertado a la una de la madrugada de un sábado por un rastreador y se le hizo una prueba de alcoholemia. Dio negativo y volvió a la cama. Por la mañana llamó para preguntar por el color del día y le comunicaron cuál era. Como era domingo, tuvo que ir directamente a la cárcel del condado para hacerse la prueba.

Cuando Mark llegó, le hicieron la prueba con un alcoholímetro nuevo sin calibrar. Dio positivo en alcohol, 0,02, y fue encarcelado inmediatamente.

Insistió en que le hicieran un análisis de orina, jurando que no había consumido alcohol. Accedieron a su petición y enviaron la muestra a un laboratorio para su análisis, que dio negativo en la prueba con tira reactiva. Más tarde ese mismo día le hicieron otra prueba con el alcoholímetro y obtuvieron el mismo resultado de 0,02.

A pesar de que había estado en la cárcel y de que, para entonces, cualquier alcohol presente en su organismo ya se habría metabolizado. Deberían haber sospechado de un mal funcionamiento del equipo cuando se obtuvo el mismo nivel de lectura horas después de su encarcelamiento.

Permaneció en la cárcel hasta el viernes, cuando se presentó ante el juez, quien le gritó, le llamó deshonesto y le volvió a enviar a la cárcel... hasta que llegaron los resultados del laboratorio más tarde ese mismo día.

Los resultados del análisis de orina fueron negativos y lo liberaron sin ninguna disculpa ni admisión de comportamiento irresponsable por su parte. Mientras tanto, perdió su trabajo debido a su ausencia y ahora estaba desempleado.

Dave sugirió que tal vez, debido a su negligencia al dar por sentado que el nuevo alcoholímetro tenía que ser correcto, la próxima vez le darían un pase libre. El consejero, Fingers, se rió y dijo: «Por supuesto que no. Le ha venido bien estar en la cárcel; ahora será menos arrogante».

¿Menos arrogante? *¿Menos arrogante?* La mayoría de los funcionarios de los tribunales de drogas no son más que monstruos maliciosos, ignorantes y de mente estrecha. ¿Cómo se atreven a decidir que alguien es *arrogante*?

Día 441 – 28/10/2010

Color: verde y azul

Dave preguntó por la fecha de su graduación mientras estaba en tratamiento en Harrisonville. Le dijeron que aún no se había decidido nada con certeza, pero que estaban considerando el segundo o tercer miércoles de diciembre para su graduación.

Hay tres personas que se graduarán: Jennifer a finales de octubre, Dave a finales de noviembre y Allen a finales de diciembre. Normalmente, las graduaciones se agrupan, pero el equipo del tribunal de drogas está considerando tres graduaciones separadas.

Mientras tanto, las elecciones que se avecinaban habían llamado nuestra atención. California estaba a punto de legalizar el consumo de marihuana en adultos mayores de 18 años. En honor a ello, vimos *Super High Me*, la versión del cómico Doug Benson de *Super-Size Me,* de Spurlock. Antes de empezar, Benson evitó el alcohol y el cannabis durante un periodo de purificación, y luego fumó y consumió cannabis todos los días durante 30 días seguidos. Según Wikipedia:

> *«Benson se sometió a varias pruebas para evaluar su salud física y mental tanto antes de los 30 días sin fumar cannabis como después de hacerlo durante 30 días seguidos. El médico de Benson concluyó que los efectos del consumo de cannabis en la salud de Benson eran, en general, insignificantes. Los mayores cambios observados se produjeron en su peso (Benson ganó ocho libras durante su mes de «colocón»). Su recuento de espermatozoides aumentó, contrariamente a lo que esperaban los estudios médicos. En una*

> *prueba de percepción extrasensorial, es discutible si sus resultados fueron notablemente mejores o peores, ya que su puntuación «sobria» fue de 1 acierto de 25, lo que puede considerarse inútil, mientras que su puntuación bajo los efectos del cannabis fue de 7/25. Su puntuación global en una prueba SAT aumentó (sobre todo en la parte verbal), aunque se mencionó que sus habilidades matemáticas se redujeron significativamente».*

No pude evitar preguntarme qué pasaría en los próximos días. Las elecciones del 2 de noviembre estaban a solo cuatro días. ¿Se aprobaría la Propuesta 19?

Aquí, en Misuri, lejos de la ilustrada costa oeste, también nos vimos asediados por carteles electorales. El que más me molestaba era el de Candy Joe, que se presentaba a la reelección como secretaria del tribunal.

Favorita del juez Baker, se encargaba de mantener al día los libros con las deudas de cada miembro del tribunal de drogas. Sí, era la misma que no se molestaba en actualizar los totales una vez al mes. También fue ella quien le dijo a Dave que «no tenía tiempo para hablar con él» y luego siguió conversando con un compañero de trabajo sobre lo que había comido en el almuerzo durante su horario de trabajo, en lugar de hacer su trabajo y responder a su pregunta.

Cuando los participantes del tribunal de drogas se quejaron de que no tenían los totales actualizados, ella se quejó al juez de que habían sido groseros con ella. En al menos un caso, esa persona fue encarcelada.

¿Era Candy Joe una servidora del pueblo? Creo que no. Desde mi punto de vista, parecía que ella consideraba al pueblo como sus sirvientes, especialmente a esos humildes drogadictos. ¿Por qué iba a elegirla para que siguiera *sin* hacer su trabajo?

Por desgracia, su rival tenía una batalla muy difícil por delante. Dave dijo: «Conocí a su rival y los dientes de esa mujer parecen estar pudriéndose».

«Genial. Entonces... ¿qué, es una adicta a la metanfetamina?», pregunté incrédulo.

«No, no, es demasiado grande para ser una adicta a las metanfetaminas», respondió él, sonriendo.

Todo era una broma entre nosotros, pero yo tenía una pequeña esperanza de que la rival ganara. La primera impresión es lo que cuenta para la mayoría de la gente.

Supongo que si quiero ser «el cambio que veo en el mundo», tendré que presentarme a secretaria del circuito. Sinceramente, ¿quién querría ese trabajo? Dudo que pudiera soportar estar tan cerca del juez Baker y del resto de ese grupo de matones a diario, sin importar lo que me pagaran.

Como dato de interés, el rival acabó ganando las elecciones y, en otoño de 2013, fue destituido de su cargo *con sueldo* mientras se enfrentaba a denuncias por incompetencia. Así se gastan los impuestos de los contribuyentes.

Día 445 - 1/11/2010

Color: naranja y azul

Dave recibió hoy de Sherrie los documentos de graduación. Tuvo que responder a un cuestionario y, posiblemente, escribir un trabajo sobre lo que había aprendido en el tribunal de drogas.

Día 446 - 2/11/2010

Color: naranja y azul

Día de las elecciones. Esa noche nos enteramos de que la Propuesta 19 no había sido aprobada en California. Ambos nos encogimos de hombros y dijimos poco, pero nos sentimos como si nos hubieran dado otro golpe. ¿Por qué había fracasado? Nuestras esperanzas de que una avalancha de leyes inundara los demás estados y legalizara la marihuana en pocos años se habían desvanecido.

Mirando atrás, tengo que decir que, para entonces, estábamos aturdidos. El estrés diario del tribunal de drogas, incluso ahora en sus aspectos menos restrictivos, seguía presente, pesando sobre nosotros en todo lo que decíamos o hacíamos. Por una vez, queríamos una «victoria», una gran victoria que nos levantara el ánimo y nos diera la esperanza de que otros no se encontraran en nuestra situación, pero las elecciones del 2 de noviembre de 2010 no nos dieron esa «victoria» que tanto deseábamos.

Día 448 – 4/11/2010

Color: azul

Tuvimos nuestra última cita de terapia familiar con Labels. Fue bastante informal, ya que estábamos terminando, así que le hablé de cómo estaba participando en el NaNoWriMo de noviembre. Ella me preguntó qué era lo que más me ilusionaba ahora que terminaba el programa del tribunal de drogas. «Más tiempo», le respondí, «estoy deseando tener más tiempo para el trabajo, la familia y los estudios».

Ella sonrió a Dave y dijo: «Apuesto a que tendrás síndrome de abstinencia, al no tener que llamar cada día para pedir tu color».

Los dos la miramos y dijimos: «Lo dudo». Dave le contó que el martes le había preguntado cuál era su color, temiendo que se hubiera olvidado de llamar. Un par de minutos más tarde, encontró el correo electrónico que había enviado y confirmó que había llamado, pero que había sido muy estresante. «Me empieza a latir fuerte el corazón, empiezo a sudar, el estrés que me causa, solo pensar que podría tener que volver a la cárcel por no llamar es algo que sin duda *no* echaré de menos».

Día 454 – 10/11/2010

Color: Naranja y azul

Dave llamó a Sherrie y le dijo que iba a empezar un nuevo trabajo instalando aislamiento. En lugar de alegrarse, ella pareció bastante molesta. «¿Cómo vas a compaginar eso con ir a la escuela a tiempo completo?», le preguntó.

«Todas mis clases son por la noche», le respondió él, sin molestarse en señalar que llevaba trabajando para mí haciendo limpiezas desde febrero.

«Bueno, aún hay que aprobarlo», le advirtió ella. «Necesitaré saber el nombre y la dirección de la empresa, quién es tu supervisor, cuál es tu salario, con qué frecuencia te pagan, y tendré que presentarlo para que lo apruebe el equipo del tribunal de drogas».

Todo esto por unas pocas horas de trabajo a la semana. Peor aún, Dave esperaba evitar tener que explicar su situación legal a su nuevo empleador. Afortunadamente, el hombre era de mente abierta. Le hizo a Dave algunas preguntas sobre el tribunal de drogas, le preguntó si actualmente consumía drogas y luego le dijo que estaría encantado de hablar con Sherrie si ella llamaba.

Día 471 – 27/11/2010

Color: Día libre

El sistema telefónico no funcionaba, así que hoy nadie tenía color. Después de intentarlo media docena de veces, Dave llamó a Sherrie, que respondió: «Hola, Dave, el sistema telefónico no funciona, no te preocupes».

Día 474 – 30/11/2010

Color: Naranja

Sherrie llamó, aparentemente incapaz de hacer una simple suma. «No cumples los requisitos para graduarte; solo llevas en el programa desde agosto del año pasado», le dijo a Dave, «septiembre, octubre, noviembre, diciembre, así que solo son 14 meses en total».

Dave mantuvo la calma: «Eso es un año más cuatro meses... así que 16 meses».

¿La respuesta de Sherrie? «Oh, claro, ¿en qué estaba pensando? Bueno, el equipo lo discutirá el viernes».

Que Dios nos libre a todos de los funcionarios públicos.

Día 478 – 4/12/2010

Color: azul

En la reunión de NA de esta noche había dos nuevos asistentes. Una pareja comprometida para casarse, de 25 y 26 años, con tres hijos entre ambos, arrestados por 26 plantas de marihuana. Los niños están bajo la custodia del estado, y entre ellos hay uno de siete años con Asperger severo y otro de dos años.

Según la pareja, no tienen antecedentes penales y ambos están siendo acusados de delitos graves de clase A. El fiscal ya ha informado a su abogado de que tienen la intención de presionar para que se les encarcele en lugar de optar por un tribunal de drogas.

Los niños, ahora bajo la custodia del estado, pueden ser dados en adopción en cualquier momento. Las autoridades los mantienen en un centro de acogida y el niño de siete años con síndrome de Asperger no está recibiendo tratamiento. La mujer afirmó que no sabía nada de las plantas, que su novio tenía su «cueva» en el sótano y que la mantenía cerrada con candado.

Día 481 - 7/12/2010

Color: azul

Dave llamó a Sherrie y le preguntó si el equipo ya había decidido la fecha de graduación. Ella le dijo que el equipo había estado «demasiado ocupado» con otras cosas y no había tenido tiempo de hacerlo. «Probablemente te graduarás en algún momento de enero», dijo, «pero aún no hemos discutido una fecha». En otras palabras, un gran «VETE A LA MIERDA» por parte del equipo del tribunal de drogas.

Día 483 – 9/12/2010

Color: amarillo y azul

El miércoles por la noche hubo terapia de grupo en Harrisonville con una nueva psicóloga en el equipo. Dijo que no formaba parte del equipo del tribunal de drogas y que, por lo tanto, todo lo que se dijera en el grupo, siempre y cuando la persona no pareciera estar en riesgo de recaída, era completamente confidencial y no saldría de esa sala.

Lo que siguió fue una sesión de dos horas de quejas por parte del grupo de asistentes, en su mayoría de la fase cuatro, que tenían mucho que decir sobre el equipo del tribunal de drogas, y nada de ello era halagador.

Una de las asistentes comenzó a llorar. Durante el tiempo que había estado en el programa, tanto su madre como su padre habían fallecido. Entre lágrimas, recordó que uno de los miembros del equipo le había dicho: «No nos importa si tu madre murió».

Otra persona mencionó cómo el juez había roto el plan de negocios de Dave en el tribunal y había tirado los pedazos al aire. Hubo muchas historias y mucha ira. El nuevo médico escuchó y se compadeció: «Es lamentable que tengas que mentir solo para completar el programa, especialmente cuando ellos enfatizan la honestidad».

Dave regresó del tratamiento esa noche notablemente más aliviado; le había sentado bien compartirlo con los demás.

Día 484 – 10/12/2010

Color: amarillo y fase cuatro

El síndrome de Estocolmo se desató en el tratamiento. Al menos tres de las personas de la clase del miércoles por la noche llamaron y contaron a un miembro del equipo del tribunal de drogas todos los detalles de lo que se había discutido en el tratamiento del miércoles por la noche. Esto provocó un gran escándalo y a Dave le dijeron que su solicitud había sido rechazada y que tenía que volver a redactarla y presentarla de nuevo.

Una de las consejeras, Sonia, le dio un buen consejo. Le dijo: «Di la verdad, aunque no sea lo que queremos oír. Si no has sacado nada del tribunal de drogas, entonces dilo».

Dave llegó tarde a casa esa noche después de clase y empezó a redactar un nuevo documento. «Necesito tu ayuda con esto», me dijo.

«Estaré encantada de ayudarte, pero ahora mismo no estoy en mi mejor momento», le respondí. «Son casi las 11 de la noche. Déjame dormir un poco. Escribe lo que puedas y envíamelo por correo electrónico a mi ordenador. Me levantaré a las 5 de la mañana, lo revisaré y lo editaré». No era la respuesta que esperaba oír, pero aceptó.

Día 485 – 11/12/2010

Color: Sin acción

Tal y como prometí, me levanté a las 5 de la mañana con la mente despejada. Sin duda, soy una persona madrugadora. Leí lo que había escrito y enseguida me di cuenta de lo que tenía que hacer. Trasladé gran parte del texto añadido a una nueva sección y luego aclaré algunas partes de su redacción. Sabía lo que quería decir.

Cuando terminé la mayor parte, lo desperté y lo leímos juntos. Me abrazó y me dijo: «Gracias, cariño, ¡era justo lo que necesitaba!».

Esto es lo que presentó al tribunal de drogas, justo a tiempo para la reunión semanal...

¿Cuánto tiempo llevas en el tribunal de drogas?

En diciembre cumpliré 16 meses en el tribunal de drogas. Empecé el 13 de agosto de 2009.

¿Cuánto tiempo llevas limpio y sobrio?

Dejé de fumar marihuana en noviembre de 2008 y no he bebido alcohol desde julio de 2009. En el momento de escribir este documento, llevo 484 días limpio.

Nombre del empleador:

Imparto clases de tai chi en North Kansas City a través de mi empresa Kansas City Chi Gung. Estoy pensando en crear otra empresa que fabrique e instale cajas aislantes alrededor de los ventiladores de ático. Esa empresa se llama Attic Boxes.

Trabajo para una empresa de aislamiento de viviendas llamada Millennium Insulation. Aislamos viviendas y negocios en el área de Kansas City con celulosa soplada y espuma aislante expansiva. En 2009 nos dieron un premio por un edificio que aislamos. Fue el edificio que más aumentó su eficiencia energética de todos los que se hicieron ese año.

Cuando no trabajo para Millennium, ayudo a mi esposa limpiando casas. Su empresa se llama C's Cleaning Services.

¿Tienes el GED o el título de secundaria?

Sí, me gradué en la escuela secundaria en 1987 en la Independent Learning School de San Francisco, California.

¿Cuánto tiempo llevas en este trabajo?

Llevo 10 años enseñando tai chi. He trabajado para mi esposa durante 4 años. Attic Boxes es una empresa nueva, al igual que mi empleo en Millennium Insulation.

¿Con quién vives?

Vivo con mi esposa y nuestra hija. Nuestra hija mayor vive en San José, California.

¿Es este un entorno de vida sobrio?

Sí. Mi esposa no bebe ni consume drogas.

¿Qué has aprendido mientras has estado en el tribunal de drogas?

La adicción es una enfermedad, no exactamente igual que la diabetes, pero para este ejemplo, la analogía funciona. Si alguien es diabético y no lo sabe o se niega a admitirlo, es impotente ante la enfermedad. Si admite que padece esta afección, debe reeducarse, cambiando lo que come y cuándo lo hace, la cantidad de ejercicio que realiza, etc. Los adictos deben reeducarse de manera similar en cuanto a cómo lidiar con el estrés, el control de los impulsos, las asociaciones, etc.

El primer paso dice que debemos admitir que éramos impotentes ante nuestra adicción y que nuestras vidas se habían vuelto ingobernables. En el segundo paso, descubrimos que existe un programa que puede enseñarnos a actuar sobre nuestros impulsos y, en el tercer paso, nos comprometemos a dedicarnos a ese programa. A partir de ese momento, desde el momento del compromiso en el paso 3, estamos en un camino que puede eliminar la impotencia de la adicción y devolvernos el control de nuestras vidas. De esa manera, creo que no soy impotente ante mi adicción. He encontrado ese poder y tengo las herramientas de carácter para elegir permanecer sobrio y en recuperación. No lo obtuve del Tribunal de Drogas, sino de NA.

¿Cómo te ha ayudado el Tribunal de Drogas?

Si no hubiera sido por el Tribunal de Drogas del Condado de Cass, estaría en prisión. En cambio, puedo ver crecer a mi hija y estar presente en su vida de primera mano, en lugar de solo en fotos y visitas ocasionales. La idea de tener que pasar por la cárcel y luego vivir el resto de mi vida con un delito grave sobre mi cabeza era una perspectiva realmente sombría. Entiendo que mis acciones egoístas me pusieron en esta situación, y estoy verdaderamente agradecido por la oportunidad de rehabilitarme.

Me obligaron a ir a NA, algo que no habría hecho por mi cuenta. Allí vi que podía llevar una vida sobria. Vi a personas como yo que habían tomado la decisión de vivir sin drogas.

En serio, el Tribunal de Drogas era el palo y NA era la zanahoria. Al principio, solo iba a NA por las sanciones que me impondrían si desobedecía. NA me mostró una nueva forma de vivir. Algo así como el viejo dicho: «Puedes llevar a un caballo al agua, pero no puedes obligarlo a beber». Me obligaron a ir a NA, pero yo mismo abracé la sobriedad con la ayuda de mi familia de NA. Es fácil hacer que las personas se abstengan de consumir, pero abrazar la sobriedad es una elección personal.

Cuando pasé a la Fase Cuatro, el juez Baker *me dio un imán con el mensaje: «Sé el cambio que quieres ver en el mundo». He reflexionado sobre esta cita y veo que se relaciona con varios aspectos de mi vida. Es la misma idea que la parte central de la Oración de la Serenidad: «Dame el valor para cambiar las cosas que puedo cambiar». Solo somos tan buenos como nuestras acciones, no como nuestras intenciones.*

Tenemos que preguntarnos cómo encajan nuestras acciones en la Regla de Oro. ¿Nos sentiríamos satisfechos si alguien nos tratara como nosotros le tratamos a él? ¿Cómo podemos vivir nuestras vidas con menos mentiras? ¿Qué podemos hacer hoy para ser mejores personas? ¿Cómo podemos dejar de juzgar a los demás por lo que percibimos como sus defectos? ¿Cómo podemos ser todos el cambio que queremos ver en el mundo?

¿Cuáles son tus planes para el futuro?

Recuperación: Seguiré trabajando con mi padrino semanalmente, hablando de nuestras semanas, la familia, el trabajo, etc. Tengo pensado seguir asistiendo a las reuniones de NA tan a menudo como sea posible y ofrecer orientación a los nuevos miembros, prestándoles apoyo en lo que pueda y remitiéndolos a miembros más experimentados cuando sea necesario.

Familia: Seguiré trabajando en mi relación con mi esposa y mis hijas. Nos leemos unos a otros varias noches a la semana y participamos activamente en nuestro grupo de educación en el hogar. Christine está más involucrada que yo hasta que salga del programa y pueda asistir a eventos con P.E. Christine y yo estamos investigando sobre permacultura y planeando formas de hacer que nuestro hogar sea más ecológicamente estable, reducir nuestra huella de carbono y ser más autosuficientes.

Educación y carrera profesional: Estoy estudiando en el Metropolitan Community College y estoy a punto de obtener mi título de asociado en ciencias con un certificado en diseño e instalación de sistemas fotovoltaicos.

Después, tengo previsto ir a una universidad de cuatro años y obtener mi licenciatura en Ciencias Aplicadas. He estado hablando con varias empresas solares locales del área metropolitana de Kansas City y espero desarrollar mi carrera profesional en una de ellas.

Enseñanza/espiritualidad: Tengo algunos alumnos dedicados que me han pedido que les enseñe meditación taoísta tradicional. Mi maestro en California acaba de ofrecer un completo «curso a distancia» que incluye numerosos CD, DVD, debates en línea y seminarios en directo. Es algo en lo que llevo trabajando 20 años. Ahora puedo profundizar más en el significado de mi vida.

Vida social: No me relaciono con viejos amigos que consumen drogas. Tengo un pequeño grupo de amigos que me apoyan y cuyos hijos son una influencia positiva para P.E.

En general, soy una persona hogareña. No salgo por la noche. La mayoría de mis actividades se desarrollan en mi casa.

¿Qué planes ha hecho para el cuidado posterior una vez que salga del Tribunal de Drogas?

Consulte mi propuesta de plan de cuidados posteriores.

Además

El jueves por la mañana, me permitieron pasar unas horas hablando primero con Labels y luego con Sonia sobre mi solicitud de graduación. Me dieron muy buenos comentarios y sugerencias. Sonia me dio un consejo que voy a seguir: escribir la verdad sin filtros. Puede que no sea lo que se espera en una solicitud de graduación del tribunal de drogas, pero allá vamos.

Mis niveles de estrés están por las nubes. Estoy deseando salir del programa. Se lo describí a Sonia como algo similar a un largo vuelo en avión. Mientras el avión está en el aire, no hay nada que hacer más que esperar. Sigues con la rutina, piensas en lo que harás cuando bajes del avión y puedas volver a tus actividades. No hay ningún sitio al que ir ni nada que hacer. Una vez que el avión aterriza, pero antes de que se apague la luz de «abróchense los cinturones», todo el mundo se pone nervioso. Están deseando bajar del avión y ponerse en marcha. Luego, cuando se abren las puertas, todo el mundo se pelea por coger sus maletas del compartimento superior, con los niveles de estrés por las nubes. Yo estoy al final de la fase cuatro, esperando a que se abran las puertas.

Quiero poder ir al cine en Power and Light sin tener que llamar a alguien para pedir permiso. Quiero poder ver a mis padres en California sin que un equipo vote si creen que es una buena idea o no. No quiero tener que preocuparme por dormir demasiado profundamente y perder una visita del rastreador. Estoy harta de orinar en un vaso. ***Quiero graduarme.***

Durante la reunión del miércoles por la noche, describí estar en el tribunal de drogas como vivir con un padre abusivo. Dije abusivo, pero inestable es mucho más preciso. Llegamos al tribunal e intentamos juzgar el estado de ánimo del equipo. ¿Nos gritarán o nos señalarán? No hay forma de saberlo. ¿Están de buen humor, dispuestos a contar chistes, o están de un humor en el que una palabra equivocada te hará merecedor de una reprimenda? ¿Se alegrarán de que te vaya bien y estés construyendo una nueva vida para ti mismo o romperán tus planes de negocio delante de ti «solo para dejar las cosas claras»? ¿Te impedirán avanzar solo para «ver cómo reaccionas»?

El punto n.º 3 de los objetivos del programa del Manual del Tribunal de Drogas (página 2) establece que debe «proporcionar un programa de tratamiento que sea beneficioso para los participantes, no solo un castigo». A mí me suena a rehabilitación, pero en cambio lo que obtenemos es un extraño híbrido. En el centro de tratamiento hay cierto nivel de rehabilitación, pero en el equipo del tribunal de drogas sigue existiendo un modelo firmemente arraigado de encarcelamiento, represalias y castigo. Siempre nos acecha la amenaza de lo que sucederá si nos salimos de la línea.

No creo que haya obtenido ningún beneficio de este programa desde que pasé a la fase cuatro en julio. Sinceramente, siento que los últimos cinco meses han sido una pérdida de tiempo. Tampoco creo que me hayan beneficiado las sesiones de terapia individual o familiar. Si tengo algún problema, acudo a mi padrino o a mi padre, no a Labels. No estoy diciendo que nadie obtenga ningún beneficio de la Fase Cuatro, solo que yo no lo he obtenido. En gran medida, esto también es una muy buena noticia. Tengo un maravilloso sistema de apoyo que me será muy útil mucho después de haber abandonado el programa.

Siento que, de buena fe, he hecho todo lo que se me ha pedido. He cumplido los términos y condiciones impuestos por el tribunal de drogas; he aprendido de la experiencia y me he mantenido limpio y sobrio.

El objetivo del tribunal de drogas es rehabilitar. Según Merriam-Webster, la definición de rehabilitar es «restaurar o llevar a una condición de salud o actividad útil y constructiva». Antes de comenzar el programa del tribunal de drogas, solo tenía un empleo a tiempo parcial, trabajando para mi esposa y su negocio de limpieza. Había dejado de fumar marihuana, pero seguía bebiendo. Ahora, más de dieciséis meses después, trabajo a tiempo completo. Participo en NA y mantengo una vida social con amigos que no consumen drogas ni alcohol. Estoy muy involucrado en el grupo de educación en el hogar de nuestro hijo menor. Estudio a tiempo completo y tengo un objetivo específico en cuanto a mi título.

En otras palabras, mis días están llenos de actividades útiles y constructivas. No tengo ningún interés en volver a donde estaba antes. Al contrario, estoy deseando salir del programa, seguir adelante con mi vida y dedicar más tiempo a mi familia, a la escuela y al trabajo. En este sentido, el tribunal de drogas ha sido un éxito rotundo. Espero que el equipo del tribunal de drogas esté de acuerdo y permita que mi graduación siga adelante.

Más tarde ese mismo día, mientras me alejaba en coche de mi segunda limpieza, vi que tenía un mensaje en mi teléfono móvil. La voz de Dave tenía un tono alegre: «Hola, cariño, he recibido noticias del equipo. Estaba muy nervioso y pensaba que o bien me meterían en la cárcel o me darían una fecha de graduación». Hizo una pausa y añadió: «Bueno... ¡parece que me graduaré el 5 de enero!».

Es bueno saber que, a veces, la verdad realmente funciona.

Día 503 – 29/12/2010

Color: verde y fase cuatro

Dave pasó por el departamento de Libertad Condicional y Libertad Vigilada de Belton para entregar una prueba de orina. Allí habló con Sherrie, quien le preguntó si estaba emocionado por graduarse. «Estoy deseando pasar más tiempo con el trabajo, la escuela y la familia», respondió. «¿Por qué, estás deseando deshacerte de mí?».

Sherrie sonrió y dijo: «En realidad, salvo por algunos contratiempos, eres una de las personas más honestas que he visto en el programa. No he tenido que preocuparme por lo que pudieras estar tramando o por cómo pudieras estar actuando a escondidas».

Y eso a pesar de todas las acusaciones que me ha hecho durante el último año y medio, ya fueran directas o indirectas. Sé que, como agente de la ley, Sherrie debe sentirse decepcionada una y otra vez por personas que ella espera que hayan cambiado su forma de actuar. Pero aún así, ella es como muchos de los funcionarios con los que me he encontrado a lo largo de los años. Todos están seguros de que eres culpable y no se disculpan cuando se demuestra tu inocencia. Es como si simplemente lo atribuyeran a: «Bueno, no te he pillado por *este* delito, pero estoy seguro de que eres culpable de algo». Ese tipo de comportamiento crítico todavía me repugna.

Día 509 – 4/1/2011

Color: verde y azul

El fiscal principal llamó hoy a casa e informó a Dave de que tenía que reunirse con él el miércoles, antes de la vista judicial. Al parecer, es para revisar y firmar los documentos necesarios que darán por concluido el caso de Dave y desestimarán todos los cargos. La reunión en el tribunal con la juez es el acto final y ella anunciará formalmente que se han retirado todos los cargos.

Dave se puso un poco nervioso cuando recibió la llamada y le preguntó al fiscal si estaba en problemas por haber dicho la verdad en su solicitud al tribunal de drogas. El fiscal le dijo que no, que no tenía ningún problema con lo que Dave había escrito, aunque sabía que algunos miembros se habían ofendido y habían sugerido algún tipo de represalia.

Día 510 - 5/1/2011

Color: Sin acción

El tribunal de drogas llamó hoy e informó a Dave de que tenía un saldo pendiente de 72,50 dólares que debía pagar hoy. En el pasado, algunos asistentes han tenido saldos pendientes o no han podido pagarlos el día de la graduación, y el tribunal nunca ha recibido el dinero.

Me reí mucho al ver la cantidad total, solo 72,50 dólares. Al principio, debido a la frustración por el hecho de que la secretaria no hiciera su trabajo y se olvidara de actualizar los saldos durante meses, empecé una hoja de cálculo en Excel y anotaba cada semana en cada fase. Las cuotas semanales variaban en función de la fase en la que se encontrara Dave. Cuando llegó a la fase cuatro, solo le cobraban 10 dólares a la semana, pero también tenía que pagar 12,50 dólares por cada UA, que, por supuesto, variaba. El total que aparecía en mi Excel era de 155 dólares, no de 72,50 dólares. Pero ¿por qué dar dinero extra al tribunal si es incapaz de llevar un buen registro financiero? ¡Gracias, Candy Joe! Su incompetencia nos había permitido ahorrar 82,50 dólares en tasas judiciales. Y estábamos pasando apuros, así que cada centavo contaba.

Me emocionó ver que había perdido las elecciones locales en noviembre. Antes de eso, parecía que no se había molestado en hacer su trabajo durante al menos dos meses. No había habido actualizaciones del saldo desde entonces.

Día 511 - 1/6/2011 - ¡Día de la graduación!

Color: azul y verde (y Dave todavía tenía que abandonar).

Lo admito: lloré cuando lo llamaron y lo hicieron oficial. No pude evitarlo. Me sentí increíblemente aliviada. Por fin, *por fin*, éramos libres. Habíamos sobrevivido, relativamente intactos, con cierta dignidad, con parte de nuestra integridad aún intacta. Nuestra odisea había terminado por fin.

Todavía en pie

> «La guerra contra las drogas ha sido un desastre. Para empezar, fue una idea estúpida, como combatir las hormigas rojas con bombas. El «remedio» es peor que la enfermedad». – Joe C.

El miércoles 5 de enero de 2011, Dave se graduó del programa de desviación de drogas del condado de Cass. Una semana más tarde, su nombre fue eliminado de los registros locales de Case.net y ahora podía estar tranquilo durante la mayoría de las verificaciones de antecedentes. Había evitado ser enviado a prisión por hasta 25 años, completó con éxito uno de los programas de tratamiento de drogas más intensivos del país y logró hacerlo con la mayor parte de su cordura y al menos una pequeña parte de su autoestima intacta.

En total, pasó 511 días en el programa y se le pidió que proporcionara una muestra de orina para análisis al menos 128 veces (una media de una gota cada cuatro días). Pasó un total de 72 horas en la cárcel del condado después de olvidarse de llamar para su color en tres ocasiones distintas.

Días en la fase uno: 85 días, 25 gotas de orina

Días en la fase dos: 118 días, 36 gotas de orina

Días en la fase tres: 120 días, 49 gotas de orina

Días en la fase cuatro: 188 días, 18 gotas de UA

Hace unos meses le pregunté a Dave: «¿Cuál crees que es el mensaje que debería transmitir nuestras experiencias, este libro?».

Lo pensó un momento y dijo: «Creo que para algunas personas que realmente luchan contra la adicción, NA y AA, incluso la terapia, pueden ser de gran ayuda. Si se alejan de las drogas y cuentan con el apoyo de otras personas, pueden cambiar sus vidas. Pero, ¿y para un fumador de marihuana? Simplemente no va a funcionar. Fumar marihuana es una *elección*, no una *adicción*».

La verdad y las mentiras

En los primeros meses del programa, mi padre dijo: «Nunca admitiría que soy adicto, hicieran lo que hicieran. Podrían mantenerme para siempre en el programa y nunca, jamás, les daría la satisfacción de escuchar esas palabras».

Ante la elección de participar en un programa de tribunales de drogas o pasar los próximos cinco a quince años de tu vida en prisión, ¿qué harías? ¿Dirías la verdad? ¿O mentirías y dirías que eres adicto?

Mientras Dave y yo discutíamos la posibilidad de que yo publicara este libro, él dijo: «Me obligaron, *me obligaron* a mentir, una y otra y otra vez. A decir que era adicto cuando no lo era. Si no lo hubiera hecho, nunca me habrían permitido graduarme del programa. Incluso es posible que me hubieran encarcelado».

Creo que Dave tomó la decisión correcta. También decidió participar plenamente en el programa del tribunal de drogas y aprender de él todo lo que pudiera. Se acercó a otras personas, se ofreció como voluntario en ocasiones para llevar a alguien en coche o simplemente para *escuchar* a alguien que lo necesitaba urgentemente. Para sobrevivir y avanzar en las diferentes fases y, finalmente, salir del programa, mintió y afirmó cientos, si no miles de veces, que era adicto.

Esto contradecía la honestidad que los responsables del programa predicaban cada día. Hasta el día de hoy, ambos creemos sinceramente que Dave no es, ni nunca ha sido, adicto a la marihuana. Era una forma de sobrevivir y afrontar la situación. Para completar con éxito cada fase y graduarse finalmente, tuvo que decir esas cosas. *Tuvo que mentir.* Fue una de las pocas concesiones morales que hizo y, sin duda, una que tenía sentido. Lo vio como una elección entre ser honesto y ser fiel a su familia. P.E. y yo lo necesitábamos *fuera* de la cárcel, y él hizo lo que tenía que hacer para asegurarse de estar ahí para nosotros.

Después de 511 días en el programa y cientos de horas de introspección, Dave había llegado a una definición muy clara de su consumo de drogas y alcohol. «No creo que sea adicto», dijo una noche, «pero sí creo que tengo un comportamiento compulsivo». Sí, a veces he abusado del alcohol y las drogas. Creo que durante el resto de mi vida, antes de decidir beber una cerveza o incluso pensar en fumar marihuana, me preguntaré primero: "¿Por qué estoy haciendo esto? ¿Es para distraerme de un día decepcionante? ¿Es por exceso?"».

Problemas económicos

Debido a los estrictos requisitos de la Fase Uno, las invasivas exigencias de los funcionarios del tribunal de drogas y nuestras propias malas decisiones, nos vimos obligados a declararnos en bancarrota total según el Capítulo 7 a los siete meses de iniciar el programa. Luchamos por llegar a fin de mes y conservar nuestra casa. Dependíamos de familiares, cupones de alimentos, programas locales para trabajadores desplazados y programas federales de ayuda a los estudiantes para sobrevivir hasta que Dave terminara el programa del tribunal de drogas y recuperara su libertad.

Nos vinculamos a programas estatales y federales y revelamos nuestras cuentas bancarias y otra información financiera para seguir recibiendo la ayuda que tanto necesitábamos. La parte independiente y privada de mí odiaba cada minuto de ello, pero hicimos lo que teníamos que hacer para recuperarnos y seguir cuidando de nuestro hijo.

En el momento de escribir esto, han pasado casi siete años desde su graduación. Una semana después de graduarse en el tribunal de drogas, Dave fumó marihuana durante aproximadamente una semana. Después de que se acabara lo que le había dado un amigo, le pregunté: «¿Y ahora qué?».

Me miró y me dijo: «Ahora lo dejo». Pasarían casi cinco años antes de que volviera a consumir de forma habitual.

Dave también ha vuelto al campo de la informática. Puede que no sea la carrera que él desea, pero le permite pagar las facturas.

En diciembre de 2012, Dave vio una bolsita tirada en el suelo cerca de un surtidor de gasolina. Estaba llena de un porro a medio fumar y lo que parecía ser marihuana. La recogió y la tiró a la basura. ¿Podría haber hecho eso un adicto?

Sigo dirigiendo mi negocio de limpieza a tiempo parcial, doy clases de educación comunitaria y estoy trabajando para poner en marcha mi carrera como escritora. Excepto por un año en la escuela pública, he seguido educando a mi hija en casa y nos hemos convertido por primera vez en padres de acogida de una preciosa niña en edad preescolar.

Nuestro matrimonio y nuestro compromiso mutuo son más fuertes que nunca, a pesar de las adversidades que hemos encontrado. Hemos seguido ampliando nuestras prácticas de jardinería ecológica en nuestra nueva casa en la histórica ciudad de Kansas. Pronto, ese jardín también estará lleno de plantas perennes, plantas silvestres comestibles, árboles frutales y mucho más.

Escribo en cuatro blogs: *The Deadly Nightshade*, un blog que trata temas de jardinería orgánica y autosuficiencia; *The Learning Advocate*, un blog que aborda cuestiones relacionadas con la crianza de los hijos y la educación; *ChristineShuck.com*, mi sitio web/blog de autora, y *The CottageBB*, un blog que detalla nuestras experiencias renovando dos casas y una autocaravana para convertirlas en destinos de Airbnb.

El número de lectores de ambos blogs crece cada día. He escrito un total de seis libros (a finales de 2017) y tengo más en camino.

A principios de mayo de 2012, recibimos noticias de una de las consejeras del tribunal de drogas, Sonia. Nos contó que habían recibido financiación para crear un huerto comunitario en Belton y nos pidió consejo y ayuda para ponerlo en marcha. Dave se reunió con ella y con un maestro jardinero local, y Sonia vino más tarde a nuestra casa, donde le dimos una variedad de productos orgánicos frescos para que los probara, junto con miel recién cosechada. Compartimos libremente nuestros conocimientos sobre compostaje y técnicas de cultivo asociado, y seguimos comprometidos con apoyar al grupo en sus esfuerzos de jardinería, siempre que nuestras apretadas agendas nos lo permiten.

Seguimos creyendo firmemente que el consumo de marihuana:

- *No* es inmoral
- *No* debería ser ilegal
- *No* es adictivo.

Esperamos con ilusión el día en que las leyes de este país reflejen la voluntad del pueblo en lugar de ceder a los incentivos económicos y políticos de encerrar en prisiones a miles de delincuentes no violentos por delitos relacionados con las drogas. Vivimos en un país que se preocupa más por encarcelar a un delincuente no violento por delitos relacionados con las drogas que por impedir que un pedófilo cause daño directo a un niño inocente. ¿Cómo puede tener eso algún sentido?

La guerra contra las drogas se ha cobrado la vida de personas inocentes, ha convertido a otras en soplones e informantes (lo que a su vez a menudo les ha costado la vida) y ha destrozado innumerables familias. Es una guerra *inmoral.* Se trata de dinero, se trata de control, disfrazado con el supuesto pretexto de salvar a las personas de sí mismas. Sus defensores y responsables llevan consigo la insistencia errónea de que las personas son tan estúpidas, tan indefensas en su adicción, que es mejor encarcelarlas, humillarlas y despojarlas de su libertad y su libre albedrío que permitir que sigan consumiendo drogas.

Si como nación queremos un cambio real para mejor, deberíamos legalizar la marihuana, sacar de la cárcel a los delincuentes no violentos relacionados con las drogas y rehabilitarlos para que se reincorporen a la sociedad, donde puedan volver con sus familias y crear una vida con sentido. Espero sinceramente que veamos esa realidad hacerse realidad en un futuro próximo. La marea está cambiando, nuestras voces deben ser escuchadas y nuestro futuro debe cambiar radicalmente.

Espero poder decir algún día lo siguiente.

«Con el tiempo, esta guerra, como todas las demás guerras, terminó». – Amanecer rojo, 1984

La marea *está* cambiando; espero poder decirlo pronto.

Once años después de « »: La marcha hacia adelante continúa

> «Me parece que si legalizamos y gravamos la marihuana, todos saldremos ganando. Nadie irá más a la cárcel por ello (salvo por delitos como conducir bajo los efectos del alcohol o las drogas o alterar el orden público), por lo que ahorraremos en ese aspecto.
>
> Los impuestos se pueden destinar a escuelas y programas de rehabilitación para el tipo de drogas que realmente perjudican a las personas de manera desproporcionada. A mí me parece bien».
> - S.B.

A finales de 2017, decidí volver a leer este libro, añadir algunos detalles y correcciones en las áreas necesarias, y dedicar un momento a revisar realmente lo lejos que hemos llegado como nación.

En ese momento, este mapa mostraba un progreso significativo, ya que cada vez más estados avanzaban hacia la legalización de la marihuana medicinal y/o la marihuana recreativa.

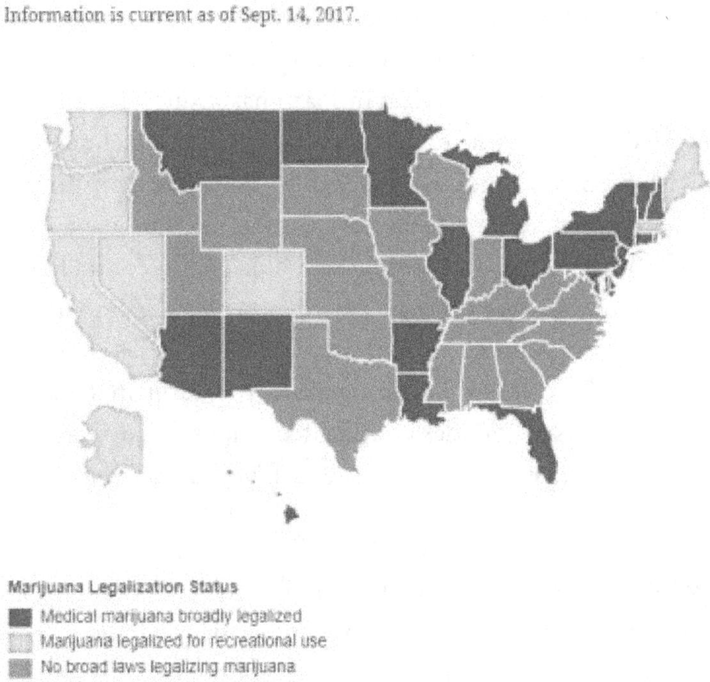

Este mapa es emocionante y frustrante al mismo tiempo. Me alegra ver que un gran número de estados se están pasando a las zonas verdes. Por desgracia para nosotros, nuestro estado natal, Misuri, no era uno de ellos.

El mapa de hoy es muy diferente:

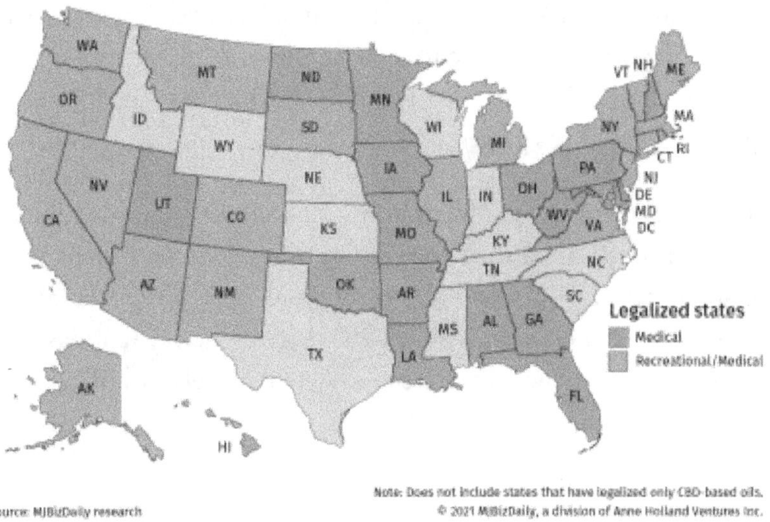

Actualmente, decenas de estados permiten el uso medicinal y/o recreativo de la marihuana, lo cual supone un cambio increíble. Dicho esto, nuestra lucha no ha terminado. No terminará hasta que la marihuana se legalice a nivel federal. Hasta entonces, estos cambios, aunque maravillosos, crean una división entre los gobiernos federal y estatales. A principios de 2019, el día en que presentó la Ley de Justicia sobre la Marihuana (S.597)[1], el senador Cory Booker (D-NJ) tuiteó: «La fallida guerra contra las drogas ha sido en realidad una guerra contra las personas, criminalizando de manera desproporcionada a los pobres, a las personas de color y a las personas con enfermedades mentales. Vuelvo a presentar la Ley #MarijuanaJustice[2] para comenzar a revertir nuestras fallidas políticas federales sobre drogas».

Las razones para legalizar la marihuana a nivel nacional son muchas. Echemos un vistazo a ellas.

- La prohibición ha arruinado innumerables vidas al encarcelar a estadounidenses que, de otro modo, serían pacíficos. Desde 1995, se han producido más de 15 millones de detenciones por cannabis. Las condenas a menudo pueden suponer un obstáculo para conseguir un trabajo, una vivienda, una licencia profesional, préstamos para estudiantes, ayudas alimentarias o permisos de armas de fuego.

- El cannabis es más seguro que el alcohol. Las investigaciones han demostrado sistemáticamente que es menos tóxico, tiene menos potencial de adicción y es menos probable que contribuya a problemas médicos graves.

- Un país que valora la libertad no debería castigar a los adultos por consumir cannabis. Vivimos en una nación que proclama el manido adagio de «la vida, la libertad y la búsqueda de la felicidad», y el Gobierno no debería destruir vidas y familias por una planta que tiene menos efectos nocivos que el alcohol.

---

1. https://www.congress.gov/bill/116th-congress/senate-bill/597/ text?q=%7b%22search%22%3A%5B%22marijuana+justice%22%5D%7d&r=2&s=1

2. https://twitter.com/hashtag/MarijuanaJustice?src=hash

- Centrarse en los delincuentes relacionados con el cannabis impide que la policía se centre en los delitos reales. Su objetivo debería ser ayudar a prevenir violaciones, robos, allanamientos y otros delitos violentos.

- Las leyes sobre el cannabis son racialmente desproporcionadas. Como mencioné anteriormente en el libro, los afroamericanos son mucho más propensos a ser arrestados por posesión de cannabis que los estadounidenses blancos. Hasta 3,5 veces más. Esto es inaceptable.

- La prohibición desperdicia recursos públicos, mientras que la legalización y la imposición de impuestos sobre la marihuana generan ingresos. Podríamos destinar esos ingresos al tratamiento de la verdadera adicción y ayudar a millones de estadounidenses adictos a las drogas.

Y estas son solo algunas de las razones.

Si las historias relatadas en este libro, y en muchos otros, le han inquietado o enfadado, le insto a que se implique votando según su conciencia y trabajando por un futuro libre de prohibiciones y encarcelamientos.

Agradecimientos

A todos aquellos que han sido víctimas de la guerra contra las drogas, algunos de los cuales han sido encarcelados, y a aquellos que han compartido sus historias conmigo (muchos de los cuales no aparecen en las páginas de este libro), les agradezco su tiempo, sus experiencias y lo que han compartido.

Y simplemente no podría haber escrito este libro sin la oportunidad de observar de cerca y en profundidad el funcionamiento real de un tribunal de drogas (y a sus funcionarios, jueces, ayudantes y asesores). Ver y experimentar el comportamiento de todos los involucrados fue una experiencia reveladora. Aclaró mi comprensión del proceso y de cómo se sentían respecto a los asistentes al tribunal de drogas como individuos, como indignos de la cortesía común o de un mínimo de respeto. Vi de primera mano cómo se clasifica y etiqueta innumerables veces a los acusados de delitos relacionados con las drogas.

Gracias también a mis amigos, que tuvieron la amabilidad de leer este libro y compartir sus opiniones.

Por último, este libro no habría sido posible sin el amor y el compromiso de mi familia, tanto la cercana como la lejana. A mis hijos y a mi marido David, cuya paciencia y amor sacan lo mejor de mí.

---

[1]1 Experimento de la prisión de Stanford, http://www.prisonexp.org/ (1999-2012)

[2] ProCon, *Cronología histórica,* http://medicalmarijuana.procon.org/view.resource.php?resourceID=000143 (8 de junio de 2012).

[3] 420 Magazine, *Usos modernos de la planta de cannabis,* http://www.420magazine.com/forums/hemp-facts-information/78024-modern-uses-cannabis-plant.html (1 de julio de 2008).

[4] Juez James P. Gray, *Por qué han fracasado nuestras leyes sobre drogas y qué podemos hacer al respecto* (Filadelfia: Temple University Press, 2001), 168

[5] Drug War Rant, *¿Por qué es ilegal la marihuana?,* http://www.drugwarrant.com/articles (2012)

[6] The Washington Post, *El director ejecutivo de Dr. Bronner's Magic Soaps detenido en una protesta a favor del cáñamo,* http://www.washingtonpost.com/local/dr-bronners-magic-soaps-ceo-arrested-in-hemp-protest/2012/06/11/gJQAhwLwUV_story.html (11 de junio de 2012)

[7] Juez James P. Gray, *Por qué han fracasado nuestras leyes sobre drogas y qué podemos hacer al respecto* (Filadelfia: Temple University Press, 2001), 96

[8] Freeman, Morgan. *Rompiendo el tabú,* DVD. Dirigida por Cosmo Feilding Mellen y Fernando Grostein Andrade. Los Ángeles: Sundog Pictures, 2011.

[9] World Prison Population List 8(th) Edition, http://www.prisonstudies.org/info/downloads/wppl-8th_41.pdf (2008)

[10]Lester Grinspoon, M.D. y James B. Bakalar, J.D. «The War on Drugs – A Peace Proposal» (La guerra contra las drogas: una propuesta de paz), *New England Journal of Medicine* 330 (febrero de 1994): 357-360.

[11]Oficina Federal de Investigación. «Crime in the United States» (La delincuencia en Estados Unidos), Washington, D.C.: Oficina de Imprenta del Gobierno, 1991.

[12]Freeman, Morgan. *Rompiendo el tabú,* DVD. Dirigida por Cosmo Feilding Mellen y Fernando Grostein Andrade. Los Ángeles: Sundog Pictures, 2011.

[13] Color Lines, *Masked Racism: Reflections on the Prison Industrial Complex,* http://colorlines.com/archives/1998/09/masked_racism_reflections_on_the_prison_industrial_complex.html (10 de septiembre de 1998)

[14] Rania Khalek, *Esclavos del siglo*XXI*: cómo las empresas explotan la mano de obra penitenciaria,* http://www.alternet.org/world/151732/21st-century_slaves%3A_how_corporations_exploit_prison_labor/?page=entire (21 de julio de 2011)

[15] Juez James P. Gray, *Por qué han fracasado nuestras leyes sobre drogas y qué podemos hacer al respecto* (Filadelfia: Temple University Press, 2001), 125

[16] Instituto Nacional de Justicia, *Tribunales de drogas: la segunda década,* http://www.nij.gov/pubs-sum/211081.htm (junio de 2006)

[17] Comité de Normas de Tribunales de Drogas de la Asociación Nacional de Profesionales de Tribunales de Drogas, *Definición de tribunales de drogas: diez componentes clave,* (enero de 1997). Oficina de Programas Judiciales del Departamento de Justicia de los Estados Unidos.

[18] Democrat Missourian, *Para algunos, así es como debería ser la justicia,* http://www.demo-mo.com/2011/12/30/16588/prosecutor-for-some-this-is-what.html (30 de diciembre de 2011)

[19] Democrat Missourian, *Las personas pueden cambiar y eso ocurre todos los días,* http://www.demo-mo.com/2011/11/19/16227/people-can-change-and-its-happening.html (19 de noviembre de 2011)

[20] Psychology Today, *¿Es adictiva la marihuana?,* http://www.psychologytoday.com/blog/the-teenage-mind/201012/is-marijuana-addictive (5 de diciembre de 2010)

[21] Freeman, Morgan. *Rompiendo el tabú,* DVD. Dirigida por Cosmo Feilding Mellen y Fernando Grostein Andrade. Los Ángeles: Sundog Pictures, 2011.

23 Drug Policy Alliance. *Los tribunales de drogas no son la solución: hacia un enfoque del consumo de drogas centrado en la salud.* http://www.drugpolicy.org/sites/default /files/Drug%20Courts%20Are%20Not%20the%20Answer_Final2.pdf (marzo de 2011)

Don't miss out!

Visit the website below and you can sign up to receive emails whenever Christine D. Shuck publishes a new book. There's no charge and no obligation.

https://books2read.com/r/B-A-BOLF-HMBVI

BOOKS 2 READ

Connecting independent readers to independent writers.

Also by Christine D. Shuck

Benton Security Services
Hired Gun
Smoke and Steel
Broken Code
Benton Security Services Omnibus #1 - Books 1-3

Benton Sicherheitsservice
Heiße Gefahr

Chronicles of Liv Rowan
Fate's Highway
El Camino del Destino

El Fin de la guerra
La Tormenta
Un Mundo Feliz
Cuentos del Colapso

Gliese 581g

G581: The Departure
G581: Mars
G581: Earth
G581: Plague Tales
G581: Zarmina's World
G581: Plague Tales II

Gliese 581g Espanol
G581: La Partida
G581: Marte
G581: Tierra
G581: Cuentos de la Plaga
G581: El Mundo de Zarmina
Cuentos de la Plaga II

Servicios de Seguridad
Mercenario a Sueldo
Humo y Acero
Código Roto

War's End
War's End: The Storm
War's End: A Brave New World
Tales of the Collapse
War's End Omnibus - Books 1-3

Standalone
The War on Drugs: An Old Wives Tale
Get Organized, Stay Organized

Winter's Child
Short-Term Rental Success
Organízate, Permanece Organizado
Alquileres Temporales Con Éxito
La Guerra Contra Las Drogas
Hijo del Invierno
Benton Servicios de Seguridad 1-3 Omnibus
The Oracle of Creation Guidebook

Watch for more at christineshuck.com.

www.ingramcontent.com/pod-product-compliance
Lightning Source LLC
LaVergne TN
LVHW050653051026
849532LV00002B/630
9798233513527